rororo

rororo

Max Annas, aufgewachsen in Westdeutschland, hat die letzten Jahre der DDR genutzt, um sich dort umzusehen und Freundschaften zu schließen. Im Juli 1989 wurde ihm die Einreise schließlich verwehrt. Er arbeitete lange als Journalist, lebte in Südafrika und wurde für seine Romane «Die Farm» (2014), «Die Mauer» (2016), «Finsterwalde» (2019) und «Morduntersuchungskommission» (2020) mit dem Deutschen Krimipreis ausgezeichnet. Weitere Veröffentlichungen: «Illegal» (2017).

«Ein Roman von enormer Dichte.» (Spiegel online)

«Und so ist Annas' Roman auch ein Bemühen um Gerechtigkeit (…). Dass das Setting im dreißigsten Jahr des Mauerfalls und angesichts der politischen Lage im deutschen Osten punktlandet, schadet der Aufmerksamkeit gewiss nicht.» (Frankfurter Allgemeine Zeitung)

«Sehr geiles Buch.» (Radioeins)

MAX ANNAS

MORDUNTERSUCHUNGSKOMMISSION: DER FALL TEO MACAMO

Roman

Rowohlt Taschenbuch Verlag

Veröffentlicht im Rowohlt Taschenbuch Verlag,
Hamburg, August 2020

Covergestaltung Hafen Werbeagentur, Hamburg
Coverabbildung ullstein bild – ddp;
ullstein bild – ddrbildarchiv.de/Manfred Uhlenhut;
Morsa Images / Getty Images; iStock
Satz aus der Minion Pro
bei CPI books GmbH, Leck
Druck und Bindung GGP Media GmbH,
Pößneck, Germany
ISBN 978-3-499-27600-2

Die Rowohlt Verlage haben sich zu einer nachhaltigen Buchproduktion verpflichtet. Gemeinsam mit unseren Partnern und Lieferanten setzen wir uns für eine klimaneutrale Buchproduktion ein, die den Erwerb von Klimazertifikaten zur Kompensation des CO_2-Ausstoßes einschließt.
www.klimaneutralerverlag.de

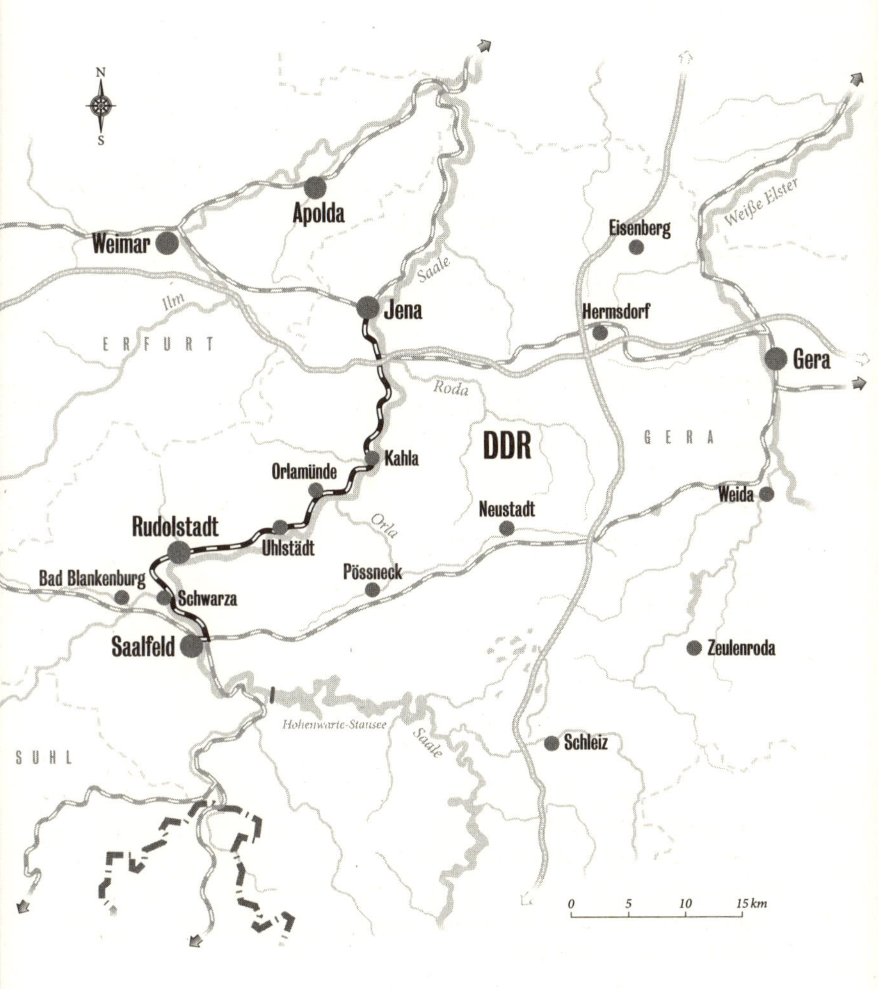
N
S
Apolda
Weimar
Eisenberg
Weiße Elster
Saale
Ilm
Jena
Hermsdorf
E R F U R T
Gera
Roda
DDR
G E R A
Kahla
Orlamünde
Weida
Rudolstadt
Orla
Neustadt
Uhlstädt
Pössneck
Bad Blankenburg
Schwarza
Saalfeld
Zeulenroda
Hohenwarte-Stausee
Saale
Schleiz
S U H L
0
5
10
15 km

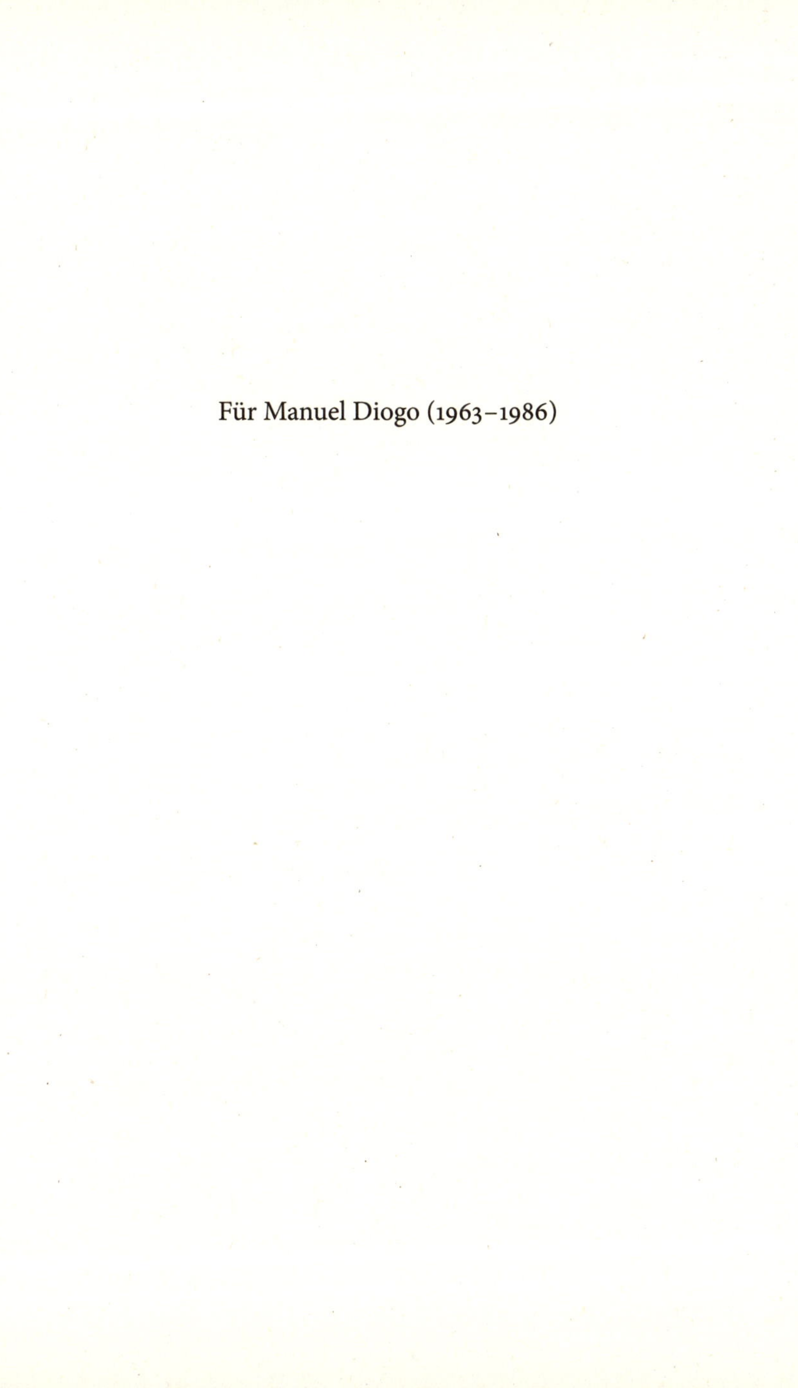

Für Manuel Diogo (1963–1986)

1 | SA 1. 10. 1983

«Und ich sag dir ...» Otto drehte sich zur Seite und wartete darauf, dass Bodo den Satz vollendete. Aber der nahm den letzten Zug von der filterlosen Zigarette und trat ganz in Ruhe den Stummel aus. Dann hielt er den Rauch lange in sich und schüttelte den Kopf. Otto verstand immer noch nicht, wie man so etwas rauchen konnte.

In der Kurve des Ernst-Abbe-Sportfeldes war es leise geworden in den letzten Minuten. Carl Zeiss war drauf und dran, das Spiel aus der Hand zu geben. Als Juri Schlünz von Hansa Rostock zum Freistoß anlief, senkte Bodo den Blick und entließ den Qualm langsam. Otto blickte wieder auf das Spielfeld. Der Ball wurde abgewehrt, in der Kurve gab es ein langes Raunen.

«Trotzdem», sagte Bodo. «Es gibt diese Tage. Du weißt, dass nichts klappt. Den zum Beispiel hab ich schon drin gesehen.»

Bodo erzählte natürlich Unsinn. Er hatte ja gar nicht hingeguckt. Wie hatte er den Ball also drin sehen können? Sonst hatte er aber recht. Carl Zeiss Jena hatte das Tor der Rostocker berannt. Vor allem in der zweiten Halbzeit waren sie drauf und dran gewesen, in Führung zu gehen.

Es gab diese Tage, das stimmte schon. Die Angriffe ihrer Mannschaft waren immer hilfloser geworden. Dabei hatten sie Hansa hier erst vor ein paar Monaten richtig verprügelt. Aber das war eben die letzte Oberligaspielzeit gewesen. Bodo hielt ihm die Zigarettenpackung vor die Nase.

Otto schüttelte den Kopf. Er fragte sich, ob er nicht gehen sollte. Carl Zeiss holte hier heute nichts mehr, so viel war klar. Und der Wagen stand günstig. Wofür konnte man sich als Polizist ausweisen, wenn man sich nicht von Zeit zu Zeit kleine Vorteile verschaffen konnte? Wenn er mit allen anderen das Stadion verließ, dann dauerte der ganze Vorgang so lange, dass er die Verabredung mit Birgit vergessen konnte, pünktlich zum Abendessen zu Hause sein. Jetzt lief wieder einer dieser Angriffe, denen man schon im Ansatz ansah, dass daraus nichts werden würde. Der Ball wurde nach außen abgewehrt.

Wenigstens am Wochenende einmal gemeinsames Abendessen mit den Kindern. Das hatten sie so vor einer Weile vereinbart. Wenn es irgendwie möglich war. Wenn sie beide frei hatten. Wenn nichts Dringendes geschah. Wenn er nicht doch rausmusste.

«Mist.» Bodo stieß ihn an. Schulz rannte an der Außenlinie entlang auf ihr Tor zu und passte in die Mitte.

Verdammt. Da war dieser Typ total frei. Wie hieß der noch?

Und der Typ umkurvte ihren Torhüter Grapenthin und schoss ein. Einfach so. Das war es dann.

«Ich geh jetzt», sagte Otto. In der Kurve Geschrei.

«Hä?» Bodo hatte ihn nicht verstanden.

Otto zeigte nach draußen. «Ich muss los», schrie er so laut, dass Bodo es kapierte.

Er drängelte sich durch die entgeisterten Mienen und die hängenden Schultern und war schnell vor dem Stadion. Schon von weitem sah er Konnie an den Škoda gelehnt. Er hatte den Wagen genau neben Ottos grünem Lada geparkt.

Konnie zeigte auf die Uhr an seinem Arm. Beeil dich. Otto lief die letzten Meter bis zu seinem Auto.

«Fahr mir nach», hörte er Konnie rufen. «Frau tot im Treppenhaus. Und sie ist nicht freiwillig die Treppe runtergefallen.»

«Habt ihr Birgit angerufen?», rief Otto zurück, als er den Lada aufschloss.

Konnie zeigte den gereckten Daumen, als er in den Škoda einstieg.

2

Otto folgte Konnie Richtung Autobahn. Auf der Schnellstraße war nichts los. Sie überholten ein paar Lkw und zwei Trabant, die sich an die Verkehrsregeln hielten. Auch die Brücke über die Saale war fast leer. Er hätte gern mehr erfahren über den Fall, genauso darüber, ob die anderen auch schon unterwegs waren. Oder vielleicht schon vor Ort. Das wäre blöd, schließlich war er der Einzige der Morduntersuchungskommission, der in Jena wohnte. Ausgerechnet er kam dann zu spät zum Ersten Angriff. Vor allem hätte er gern gewusst, wie lange Konnie schon auf ihn gewartet hatte.

Der bog in das Neubaugebiet von Winzerla ein. Vor einem sechsstöckigen Bau standen ein paar Schutzpolizisten und glotzten auf die Neugierigen und Hausbewohner, die sich in gebührendem Abstand versammelt hatten. Fünf plus eins nannten sie diese Art zu bauen, um sich die Aufzüge zu sparen.

Den beigen Wartburg, der nahe der Haustür stand, erkannte er. Das Einsatzfahrzeug der MUK hatte es also schon aus Gera hierhin geschafft. Konnie und er waren die Letzten der Gruppe. Otto parkte seinen Lada ein paar Meter abseits auf einem Grünstreifen. Bevor er die Tür des Wagens schloss, starrte er auf das Haus. Irgendwo hier in der Nähe war er mit Birgit und den Kindern schon mal gewesen. Wen hatten sie da noch besucht? Eine Kollegin seiner Frau. Er erinnerte sich an die Wohnungen. Besser geschnitten als ihre eigene, etwas mehr Licht, größere Küche. Aber sie hatten ja ihre in Lobeda noch nicht so lange. Und die hatten sie auch an der langen Liste vorbei gekriegt. Noch einer der Vorteile, wenn man Polizist war. Auf was Besseres brauchten sie gar nicht erst zu hoffen.

Rolf saß auf dem Treppenabsatz im ersten Stock, beige Windjacke, Hornbrille fast auf der Nasenspitze, breitbeinig, die Hände auf den Knien. Die Zigarette in seinem Mund qualmte, die Asche fiel auf eine Treppenstufe. Als er Otto und Konnie erblickte, zog er und inhalierte, ohne die Zigarette aus dem Mund zu nehmen. Er grüßte nicht. Rolf grüßte nie. Der Scheitel des braunen Haares war so genau gezogen wie immer. Der geriet nur durcheinander, wenn er jemandem die Fresse polierte.

Ganz kurz zögerte Otto, suchte nach einer kleinen verbalen Provokation, aber Konnie drängte ihn von hinten weiter.

Zwischen dem ersten und zweiten Stock war es. Da lag eine Decke über dem Körper. Keine schmale Frau, das sah man auch so. Eine Brille auf dem Boden, nicht verdeckt, eines der Gläser hatte einen Sprung. An der Wand unter dem Fenster waren ein paar Blutspritzer zu sehen. Ein Schutzpolizist, den Otto nicht kannte, stand auf der Treppe darüber und wachte über den Leichnam.

Vor der Wohnungstür wartete Ilja, ein junger Schutzpolizist, mit dem Otto schon zu tun gehabt hatte, und nickte ehrfurchtsvoll. Auf der Klingel stand Radunek. Die Stimmen von Günter und Heinz waren aus der Wohnung zu hören.

«Ehrlich, was für eine Schweinerei.» Günters Bass.

«Das kannst du laut sagen.» Heinz' glockenhelle Stimme dagegen. «Wenn das stimmt, was die Nachbarin gesagt hat ...»

Die beiden drehten sich um, als Otto und Konnie in die Küche traten. Günters riesengroße Gestalt im abgetragenen blauen Anzug. Leicht gekrümmt, als würde er gerade unter einem Türsturz hindurchgehen, Schnitte an den Wangen vom nachlässigen Rasieren. Er hatte die Hände so tief in den Hosentaschen versenkt, wie es eben ging. Gerade einmal zehn Haare waren sorgfältig über die Halbglatze gezogen. Otto hatte sich schon oft vorgenommen, ihm zu sagen, wie scheiße das aussah.

Heinz ging auf und ab. In geschlossenen Räumen machte er das oft. Otto tippte darauf, dass er es sich bei Verhören angewöhnt hatte. Inzwischen machte es sie alle nervös, nicht nur die Verdächtigen. Er war der Erfahrenste der Gruppe und ihr Leiter, was man ihm nicht ansah. Weder wirkte er wie 55 in seinem zu weiten schwarzen Anzug noch wie ein Dauertrinker. Sie wussten es alle besser. Erst im letzten Jahr hatte sich oberhalb des Gürtels eine kleine Wampe entwickelt. Er zog sie ein, als er Ottos Blick bemerkte.

«Schön, dass wir uns darauf verlassen können, dass der Genosse Castorp immer erst dann beim Ersten Angriff erscheint, wenn die Arbeit schon getan ist.» Heinz zeigte auf die Wohnungstür hinter den Neuankömmlingen. «Selbst wenn es mitten in Jena geschieht. Tatortsicherung und -besichtigung liegen hinter uns.» Er wies auf den Kollegen. «Günter hat mit der Tatortuntersuchung bereits begonnen.»

Otto betrachtete den Küchentisch, auf dem eine Schüssel mit Salat und eine mit Kartoffeln standen. Das zweite Gedeck auf dem Tisch war unbenutzt. Er wunderte sich. Warum gab es kein Fleisch?

«Das war der Ehemann.» Konnie beugte sich herab und betrachtete eine Kartoffel, die neben einem der Stühle lag. «Er hat gesehen, dass es keinen Braten gibt. Da ist er ausgerastet.» Er stand wieder auf und blickte in die Runde. Niemand lachte.

«Eine Nachbarin von oben hat gesehen, wie es passiert ist.» Günter fixierte Heinz.

«Ja», übernahm der. «Sie ist von oben gekommen und hat gesehen, wie Radunek seine Frau die Treppe hinabgestoßen hat.»

«Die Treppe runter?», fragte Konnie. «Wie sind sie vom Mittagstisch denn dahin gekommen?»

«Die Treppe runter.» Heinz hob kurz die Augenbrauen. «Und weil sie jetzt tot ist, sind wir hier.»

Otto versuchte, sich die Szene vorzustellen. Es fiel ihm schwer. «Und er hat das mit Absicht gemacht?», fragte er.

«Mit beiden Händen.» Günter hielt seine eigenen Hände nach vorn, als wolle er Radunek kopieren. «Wenn die Frau nicht damit rechnet, dann ist sie auf den Kopf gefallen. Und genau so sieht es aus.»

Heinz stand am Fenster. «Sie wird jetzt abgeholt», sagte er.

«Wo ist denn der Ehemann von Frau Radunek?», fragte Otto. Er guckte auf das zweite Gedeck. Das Messer lag genau senkrecht zur Tischkante, die Gabel nicht ganz.

«Mit seinem Wartburg verschwunden, Baujahr 1972.» Heinz folgte mit seinem Blick irgendetwas, das draußen geschah. «Er ist im letzten Jahr zweimal mit Alkohol am Steuer aufgefallen.»

«Und verwarnt worden», sagte Günter.

«Wo sind die Kinder?», fragte Konnie, der in der Küchentür stand. «Da sind drei Betten.»

«Die suchen wir gerade», sagte Heinz.

«Mich interessiert viel mehr, wo der Radunek ist», sagte Otto.

«Die Nachbarin, Frau Vogel heißt sie», Heinz zeigte nach oben, «hat gesehen, wie er weggefahren ist. Allein. Ohne die Kinder.»

«Und der Radunek hat das mitgekriegt, das mit dieser Frau Vogel?», fragte Konnie.

«Er ist einfach weggefahren», sagte Günter. «Klingt komisch, ich weiß. Und sie sagt, dass er oft im *Feldeck* ist.»

«Das ist ja mitten in Jena.» Konnie schüttelte den Kopf. «Ein Bier kriegt er doch bestimmt auch hier in der Gegend.»

«Wir müssen uns aufteilen», sagte Heinz. «Ihr fahrt zum *Feldeck* und schaut euch da mal um. Und wir befragen die Leute im Haus. Und vor allem suchen wir die Kinder. Rolf hat schon damit begonnen.»

«Klar», sagte Otto. Er hatte eben genau gesehen, wie konzentriert Rolf nach den Kindern suchte.

3

«Ich fahr dir noch mal nach», sagte Otto, während er Konnie die Treppen hinab folgte. «Will den Wagen nicht hier stehen lassen.»

Durch Jena hindurch. Richtung Zwätzen. Die Straßen waren leer, es war gleich Abend. Eine knappe Stunde noch würde es hell sein, und die Leute waren entweder zu Hause oder besuchten irgendwen oder saßen in der Kneipe, so wie Erich Radunek womöglich. Und Birgit würde gleich das Abendessen für sich und die Kinder machen.

Irgendwie hatte es sich ergeben, dass er in der letzten Zeit fast immer mit Konnie unterwegs war. Otto war es recht. Rolf war ihm manchmal unheimlich. Rolf mit seinem Jähzorn, den er meistens zu verbergen wusste. Heinz und Günter hockten sowieso fast immer zusammen. Sie waren die Dienstältesten, und Heinz war der Hauptmann der Morduntersuchungskommission. Günter arbeitete auch schon ewig als Kriminaltechniker.

Wenn es hektisch wurde, waren sie natürlich auch schon

mal in anderen Konstellationen unterwegs. Aber wann wurde es schon mal hektisch? So viel geschah ja nicht. Das hier war der Bezirk Gera und nicht Berlin.

Konnie parkte in einer schmalen Straße hinter einem Wartburg, der halb auf dem Fußweg stand. Ein Reifen oben, die anderen auf der Straße. An einem Kotflügel hatte er frische Schrammen. Das passte. Konnie stand mit einem Zettel in der Hand vor dem Wagen und betrachtete das Kennzeichen. «Das ist unser Mann», sagte er, als Otto aus dem Lada stieg.

Otto kannte das *Feldeck*. Ein paarmal war er selbst schon hier abgestürzt. Einer der Läden, wo man noch was kriegte, wenn überall schon Schicht war. Mit dem entsprechenden Publikum. Jedenfalls später am Abend. Konnie öffnete die Tür.

Drinnen war es schummrig, so dunkel, wie es draußen auch bald sein würde. Otto und Konnie blieben stehen, als die Tür hinter ihnen zugefallen war.

Kaum was los drinnen. Richtig Stimmung war hier sowieso nie vor zehn am Abend. Die Theke war verwaist. An den Tischen saßen vereinzelt Leute. Otto sah ein Paar, knapp vierzig, bei einer Flasche Wein sitzen. Sie waren aufeinander konzentriert und bemerkten nicht, dass sie beobachtet wurden. Ein dünner Trinker starrte auf ein halbvolles und ein leeres Bierglas.

Am letzten Tisch vor den Toiletten stand ein stämmiger Mann auf. Er trug ein kariertes Hemd und zu große Jeans. Zuerst hielt er sich noch am Tisch fest, dann drückte er den Rücken durch und kam wankend auf sie zu. Der Haarkranz um den matt leuchtenden kahlen Kopf herum war verklebt und ungekämmt. Der Mann, der älter wirkte als die neununddreißig Jahre, die er alt war, trug, das konnte man selbst in diesem Licht sehen, einen Zweitagebart über dem Speckgesicht, ein Hemdschoß hing über dem Hosenbund. Als er vor ihnen stehen blieb, roch Otto den Alkoholatem. Er hielt die Handgelenke über Kreuz, als er sie erreicht hatte.

«Ich war es», sagte er. «Ich gebe alles zu.»

Otto holte die Handschellen hervor und legte sie ihm an. «Dafür kriegen Sie auch ein schönes Zimmer bei uns in Gera.»

Konnie murmelte unterdessen: «Kommen Sie mit zur Klärung eines Sachverhalts.» So hatte alles seine Richtigkeit.

Bevor sie ihn ins Auto setzten, sagte Radunek: «Ich hätte es früher tun sollen.» Dabei stieß er auf und wirkte so, als müsste er sich bald übergeben.

Konnie wartete einen Moment und gab ihm einen leichten Schlag auf den Hinterkopf, als er ihn auf die Rückbank des Škoda drückte. Otto setzte sich neben Radunek. Jetzt musste er den Lada doch hier stehenlassen.

Gerade als Konnie den Wagen startete, sagte der Mann noch einmal: «Ich hätte es viel früher tun sollen.»

4 | SO 2. 10. 1983

«Er sagt gar nix mehr.» Otto stand auf dem Gang im Polizeipräsidium in Gera, den Rücken an der Wand, und fuhr sich mit den Händen über die Augen. Der Flur war beinah komplett dunkel. Durch eine offene Tür weit hinten im Gang fiel ein Kegel hellen Lichts in die Dunkelheit.

Heinz und Günter sahen sich an. «Gar nix mehr?» Günter zeigte auf die Tür, vor der sie standen, hinter der nur noch Konnies Stimme leise zu hören war.

«Nee.» Otto reckte die Arme nach oben, bewegte seine Schultern. «Im Wagen hat er gestern noch ein paarmal gesagt: ‹Ich hätte es früher tun sollen.› Und dann kam nichts mehr. Kein Ton. Heute den ganzen Tag auch nicht. Meistens hat er einfach auf den Boden gesehen.»

«Ja. Wo sind wir denn da jetzt? Der Vorsatz. Dass er die Kinder zur Tante gebracht hat …» Heinz redete beinah tonlos.

«Stimmt alles», sagte Otto. «Und die Nachbarin hat ihn bei der Tat gesehen. Wir brauchen sein Geständnis also nicht.»

«Stimmt.» Günter sah Heinz an. «Aber wir fangen ja auch gerade erst mal an mit dem.»

«Was macht der Radunek eigentlich im VEB Schott & Genossen?», fragte Otto.

«Er ist Betriebsgewerkschaftsleiter.» Günter legte seine Haare zurecht. «Ein durchaus verdienter Genosse.»

Heinz hatte die Klinke schon in der Hand, blickte aber noch kurz zurück. «Wir gehen rein. Ich will den sehen.»

Konnie saß auf dem Schreibtisch. Radunek davor auf einem Stuhl mit kurzen Beinen. Er war immer noch in der Kleidung, die er in der Kneipe getragen hatte.

Radunek blickte die drei an, die gerade den Raum betreten hatten. Zuerst Otto. Dann Günter. Seine Augen blieben auf Heinz ruhen.

Heinz steckte die Hände in die Tasche seiner Anzughose. Schloss kurz die Augen. Dann fing er an, im Raum auf und ab zu laufen. «Wir machen morgen weiter. Überlegen Sie sich ganz genau, was Sie sagen wollen, Herr Radunek. Ja?» Er fixierte den Mann auf dem Stuhl, der nicht reagierte. «Denn eins ist ja klar: Reden müssen Sie. Und irgendwann werden Sie auch reden. Das haben hier noch alle getan. Verlassen Sie sich mal darauf.»

5

Günter hielt die Tür zum Gastraum der *Heinrichsbrücke* auf, die anderen gingen im Gänsemarsch hinein. An einzelnen Tischen saßen noch ein paar Gäste vor fast leeren Gläsern. Auf neue warteten sie nicht. Sie wussten, dass sie nicht mehr bedient wurden. Es war schon nach zehn.

Der Tisch hinten in der Ecke am Fenster war gedeckt wie immer um diese Zeit. Besteck und Teller, Gläser für Bier, Wein und Schnaps. Dimitar stand schon am Tisch, als sich Rolf ganz nach innen an die Wand setzte, Heinz und Günter quetschten sich neben ihn, Otto und Konnie gegenüber. Wie immer. «Kein Essen heute», sagte Heinz und zündete sich als Letzter am Tisch eine Zigarette an.

«So klar ist es ja meistens», sagte Rolf, die Augen zur Theke gerichtet. «Wenn man sich ansieht, wie fertig die dann sind … Wie dieser Radunek. Das liegt einfach nicht in der Natur des Menschen. Also … auf gar keinen Fall, wenn er in einer gerechten Gesellschaft lebt.»

«Wie meinst du das?» Konnie drehte sich um, während er redete. «Jetzt könnte Dimitar aber auch mal kommen mit den guten Sachen.»

«Na …» Rolf zeigte auf Dimitar, der sich mit einem Tablett näherte. «Da ist er ja schon. Eigentlich, was wollte ich sagen … Eigentlich sind wir ja manchmal mehr Sachwalter als irgendetwas anderes.»

Otto schüttelte den Kopf. «Sachwalter?» Was wollte Rolf nur damit sagen?

«Ja. Guck mal. In einer Gesellschaft wie unserer …» Rolf unterbrach sich, als Dimitar das Tablett auf den Tisch stellte. Zwei Flaschen Cabernet, acht Flaschen Jenaer Pils, eine angebrochene Flasche Wilthener Goldkrone. Ihre Flasche, die gleich leer sein würde.

Rolf fuhr fort, während er sich Bier ins Glas schüttete. «Also. In einer Gesellschaft wie unserer ist das ja ganz anders als zum Beispiel in Amerika. Ich war vor ein paar Monaten im Kino. Und da hat man einfach ganz klar gesehen, das war ein amerikanischer Film», er überlegte kurz, «ach, ich kann mich nicht an den Titel erinnern, aber man sieht deutlich, wie das läuft, wenn alle nur an ihrem persönlichen Gewinn interessiert sind. Das kann man irgendwann gar nicht mehr kontrollieren. Alle gegen alle. So ist das eben in der spätbürgerlichen Gesellschaft. Wir auf der anderen Seite …»

Otto schaltete ab. Er war sich sicher, dass er den Film auch gesehen hatte. Er guckte alle amerikanischen Filme, die ins Kino kamen. War ja sonst nicht viel los. Aber er wusste nicht, über welchen Streifen Rolf redete. Es war noch gar nicht so lange her, dass er *Vermisst* gesehen hatte. Das Kino war bis auf den letzten Platz voll gewesen. Und da sah man wirklich, was der Kapitalismus aus den Menschen machte. Er trank einen Weinbrand und nahm dann einen Schluck Rotwein.

«Die kennen da keine Grenzen», hörte Otto Rolf wieder. «In Amerika, meine ich. Überall im Westen, meine ich natürlich. Und hier ist das eben ganz anders. Da merkt man ja schon, dass die sozialistische Gesellschaft ihren Sinn hat.»

Günter nickte, Heinz auch. Konnie guckte weg.

Heinz sah Otto in die Augen. Er hielt dem Blick stand, bis Konnie anfing zu reden. Dann drehte er sich zu seinem Nachbarn auf der Bank.

«Das kann man doch deshalb gar nicht vergleichen», sagte Konnie. «Wenn eine Gesellschaft so anders funktioniert, dann funktioniert auch das Verbrechen dort anders. Oder?» Er schaute sich um und wartete auf Zustimmung.

«Ja …», sagte Günter eher gelangweilt. «Die haben dort Verbrechen, weil sie jedes Individuum losschicken, um gegen alle anderen zu kämpfen. Wohin so was geführt hat, kann man ja sehen, wenn man mal ein Geschichtsbuch liest. Unter F wie Faschismus. Und weil man das nicht vergleichen kann, ist das, was wir hier machen, ja auch nicht politisch. Da hat Rolf schon recht. Das Politische setzt bei uns weit vorher an. Das meintest du.» Er richtete seine Augen auf Rolf. «Oder?»

Rolf goss sich Bier nach und schüttelte den Kopf. «Darum geht es doch gerade gar nicht. Ich wollte eigentlich nur sagen, dass der Radunek einfach aus der Bahn geraten ist. Und dass er das auch weiß. So eine Sache gibt es ja wirklich nur, wenn mal alles Schlechte zusammenkommt. Überlegt mal», er guckte Otto und Konnie an, «der hat genau gewusst, dass er große Scheiße gebaut hat. Der ist ja nicht mal richtig geflohen. Einerseits, weil er wusste, dass er sowieso keine Chance hat.

Natürlich kriegen wir den. Wo soll der auch hin? Und dann auch, weil er einfach nur einen trinken wollte, nach dem, was er getan hat.»

«Genau.» Günter nahm sein Bierglas in die Hand. «Auf den Fall. Auf das schnelle Ergebnis.»

Otto hob sein Weinglas, Konnie genauso. Rolf schüttete noch Bier nach.

Heinz hob sein Weinglas am Stiel an. Es war randvoll mit Weinbrand. «Wenn die Dinge mal so einfach wären», sagte er. «Prost, Männer. Gute Arbeit.»

6

Birgit stand in der Küche, als Otto nach Hause kam. Sie räumte Geschirr weg und trocknete sich die Hände an einer Schürze ab.

«Mike schläft im Wohnzimmer», sagte sie und hielt einen Zeigefinger vor die Lippen. «Er hat so gehustet. Damit wenigstens die anderen ihre Ruhe kriegen.»

«Meinst du, er steckt sie sonst an? Kannst du denn morgen zur Arbeit gehen?» Otto küsste Birgit auf die Wange.

«Warten wir ab. Habt ihr den Fall von gestern abgeschlossen?»

Otto lehnte sich an den Rahmen der Küchentür. «Mehr oder weniger. Das ist nur noch Formsache. Aber …» Er drehte sich kurz um und blickte hungrig auf den Esstisch, auf dem sein Teller und die Reste des Abendessens standen. «Das ist was, da stehst du da und begreifst es einfach nicht. Und wenn du weißt, dass du es nicht begreifst, fängst du trotzdem schon wieder an, dich zu wundern. Warum einer seine Frau die Treppe runterstößt. Und weißt du was?»

Birgit wartete.

«Die haben auch drei Kinder. Das geht doch allein schon deshalb nicht. Der kann doch so was nicht machen. Ich meine, was soll denn da passieren? Die Mama ist tot und der Papa im Gefängnis.»

«Wie alt sind die?»

«Älter als unsere. Acht, elf und vierzehn.»

«Vielleicht kennen unsere sie trotzdem von irgendwoher. Winzerla ist ja nicht weit. Komm, lass uns ins Bett gehen.» Sie zeigte auf den schlafenden Mike auf dem Sofa. «Ich bin so müde.»

Sie gingen Hand in Hand ins Schlafzimmer und zogen sich dort aus. Birgit lag schon eingerollt im Bett, als Otto sich die Unterhose über die Knöchel zog. «Die wohnen in den ganz neuen Häusern», sagte er. «Die sind wirklich noch moderner. Aber ich will nicht meckern. Wir können ja ganz froh sein. Hat deine Schwester eigentlich diese Wohnung gekriegt, auf die sie so scharf war?»

Er hörte nur noch Birgits ruhigen Schlafatem. In ein paar Minuten würde sie einen ganz leisen hohen Ton produzieren, so ein vorsichtiges Füüüt. Otto kannte es genau. Er hatte es schon oft gehört.

Als er den Kopf auf das Kissen legte, hatte er wieder die Bilder von Frau Radunek vor Augen. Denk an was anderes, sagte er sich.

Also dachte er an Marion. Wenn alles glattging, würde er sich morgen mit ihr treffen. Kurz nur. Aber er freute sich. Er sah sie vor sich, wie sie im Buchladen etwas aus dem Regal holte. Von ganz oben. Ihm wurde wohl bei dem Gedanken an sie.

7 | MO 3.10.1983

Otto stellte den Lada auf dem Parkplatz vor dem Polizeipräsidium in Gera ab. Das Wochenende war nicht so frei gewesen, wie er gehofft hatte, und auf die Woche, die jetzt begann, verspürte er gar keine Lust. Heute würden sie den Fall Radunek abschließen, und dann würde er sich bis zum nächsten Wochenende ducken.

Eine Minute noch im Auto, sagte er sich und unterdrückte ein Gähnen, bevor er den letzten Zug der Zigarette nahm. Als er neben sich Rolf anhalten sah, stieg er doch aus.

«Na, die Nacht zum Tage gemacht?», fragte Rolf, als er seinen Wartburg abschloss. Sein nach oben gezogener Mundwinkel deutete an, was er meinte.

«Deine Frau ist noch ganz ansehnlich trotz der drei Kinder, oder?» Er strich sein Haar glatt und wandte sich zum Eingang. Otto folgte ihm wortlos.

«Hey», hörten sie Konnie rufen. Er kam mit langen Schritten auf die Tür zu. «Habt ihr schon gehört?»

Otto und Rolf blieben auf den Stufen stehen, die zur Tür hoch führten. «Was?» Rolf schüttelte den Kopf.

«Radunek ist tot.» Konnie war etwas außer Atem.

Otto merkte, dass ihm übel wurde. «Wie das?»

«Hat sich erhängt.»

«So etwas darf es nicht geben.» Rolf ging durch die Tür. «So etwas darf wirklich nicht passieren», sagte er noch einmal. Dann ging er mit schnellen Schritten hinein.

«Wann?», fragte Otto.

«Irgendwann in der Nacht», sagte Konnie. «Er war schon kalt, als sie morgens nachgesehen haben.»

«Auf so einen muss man doch aufpassen.»

«Komm», sagte Konnie und legte Otto kurz eine Hand auf die Schulter. Er ging vor ins Gebäude hinein.

Otto folgte ihm langsam. «Renate und ich haben uns wieder versöhnt», sagte Konnie auf der Treppe hoch zum ersten Stock. «Ich kann dir gar nicht sagen, wie froh ich bin.»

«Keine Scheidung?» Otto war mit seinen Gedanken mehr bei Radunek als bei Renate, Konnies Frau.

«Keine Scheidung.»

«Gut», sagte Otto. Konnie war auf der obersten Stufe stehen geblieben. «Das hätte ich auch nicht sehen wollen. Ich meine … Sie hätten dich versetzt. Du weißt, sie mögen so was nicht. Die Familie ist die kleinste Zelle der Gesellschaft.»

«Ja.» Konnie atmete tief ein und aus und wartete oben auf der Treppe. Als Otto neben ihm ankam, sah er Rolf und Günter im Flur vor Heinz' offener Bürotür. Im Tageslicht, das durch die Tür fiel, konnte er erkennen, dass Günter etwas erklärte. Er benutzte beide Hände, um zu unterstreichen, was die Worte allein nicht zu sagen vermochten.

«Was?», fragte Otto, als Konnie und er an der Tür ankamen.

«Der Fall ist tot», sagte Günter.

«Radunek ist tot.» Otto linste in den Raum hinein, wo Heinz telefonierte. «Und das nur, weil irgendwer nicht aufgepasst hat.»

«Er meint, dass der Fall eingestellt ist», sagte Rolf.

«Ja, klar ist der Fall eingestellt.» Otto wurde lauter, als er wollte. «Der Radunek ist tot und kann nicht mehr vor Gericht erscheinen.»

«Wir legen das als doppelten Selbstmord zu den Akten.» Günter zündete sich eine Zigarette an.

«Was?», rief Otto. «Seid ihr bescheuert?»

«Ist das Beste.» Günter.

«Für alle Beteiligten.» Rolf.

«Aber er hat's doch zugegeben.»

«Jetzt mach dich mal nicht so dick», sagte Rolf. «Der war doch total besoffen. Und im Verhör hat er dann gar nix mehr gesagt.»

«Aber der hat doch im *Feldeck* nur deshalb gehockt, weil er sich ein allerletztes Bier geben wollte. Der ist so schuldig wie Kain und Abel oder wie die in der Bibel heißen.»

«Der war doch komplett weggetreten.» Günter blickte in Heinz' Büro. Das Telefonat war beendet. Heinz stand auf und kam zur Tür.

«Aber die hat sich doch nicht selbst die Treppe runtergeworfen.» Otto wollte Günter packen und hätte es vielleicht auch getan. «Und die Nachbarin hat den Radunek ja auch gesehen.»

Aber Heinz stand schon in der Tür. «Hab ich mir gedacht, dass dir das nicht passt. Aber du musst doch so einen Fall auch mal mit klarem Kopf betrachten. Wie sollen wir das denn vermitteln? Der Genosse Radunek war ein verdienter Arbeiter und ein langjähriges Parteimitglied. Weißt du, wie das nach außen wirkt?»

Otto sah sich um. Konnie blickte zu Boden. Von den anderen konnte er ohnehin nichts erwarten.

«Und du willst doch auch nicht, dass der Klassenfeind das ausnutzt», redete Heinz weiter. «Was meinst du, wie schnell das drüben die Runde macht?»

«Also, was haben wir dann ermittelt?»

«Es gab häusliche Probleme», sagte Günter. «Und die wird es ja wirklich gegeben haben. Oder?»

«Dann hat sich Frau Radunek das Leben genommen.» Rolf.

«Der Genosse Radunek hat das nicht ertragen und seinem Leben auch ein Ende gesetzt.» Heinz.

«Und die Kinder?»

«Das entscheiden andere», sagte Heinz. «Dafür gibt es Lösungen in unserem Land. Wahrscheinlich kommen sie in ein Kinderheim. Aber wenn wir den Radunek zu einem Geständnis gebracht hätten, dann wäre es für sie genauso gekommen. Etwa nicht?»

Otto sah, dass Heinz auf eine Antwort wartete. Aber er drehte sich um und ging davon. Noch bevor er die Stufen erreicht hatte, hörte er Rolf rufen: «Denkst du an das Bier?»

«Jaja», sagte Otto halblaut. «Denke ich dran.» Er war schon auf der Treppe.

8

In der Buchhandlung an der Universität in Jena war an dem Nachmittag nicht viel los. Das konnte man durch die Scheiben von draußen sehen. Otto fuhr mit den Augen die Regale ab und dann das Innere des Ladens, aber er konnte Marion nicht entdecken. Er dachte an Rolf und seine Gefühllosigkeit. An Heinz, der sich zurückzog auf die Befehle, die er selbst empfing. An Günters Schweigen, wenn es ernst wurde. Und an Konnie, der sowieso nichts sagte, wenn es in Diskussionen mal um etwas ging.

Er hatte Lust auf ein Bier.

Aber noch mehr Lust hatte er auf Marion.

Also öffnete er die Tür. Er ging geradewegs auf ein Regal zu, das weit von der Kasse entfernt stand, und nahm ein Buch heraus. *Ein Mord zur rechten Zeit* stand darauf. Was für ein doofer

Titel! Wie konnte ein Mord zur rechten Zeit kommen? Wer hatte sich nur so einen kompletten Unsinn ausgedacht?

«Waren Sie nicht schon letzte Woche hier?», hörte er eine leise Stimme hinter sich. Die Frau flüsterte fast. «Ah, ich sehe, Sie lesen die Fachliteratur. Haben Sie beruflich mit solchen Sachen zu tun?»

Otto stellte das Buch zurück. «Nachmittagsspaziergang», sagte er und sah die Frau an. Sie war beim Friseur gewesen, seit er sie das letzte Mal gesehen hatte. Die dunklen Haare lagen glatt um den Kopf. Und kurz unterhalb der Ohren war Schluss.

«Aber wir hatten verabredet, dass du nicht so oft hier vorbeikommst.» Marion redete ganz leise.

«Ja, aber wie oft ist oft?» Otto versuchte, genauso leise zu sprechen wie sie. «Und wie oft ist so oft? Und wie oft ist vor allem zu oft? Das sieht toll aus.»

«Toll? Was? Alle drei Tage ist zu oft.» Marion stand neben ihm und zeigte demonstrativ irgendwo ins Regal hinein. «Hier kommen nicht so viele Leute rein, die wir nicht kennen, die nicht von der Universität sind. Außer den Wessis, die ihr Geld loswerden müssen.» Sie machte eine Pause und nahm den Arm wieder runter. «Deshalb. Ich kann in fünf Minuten draußen sein.»

«Die Frisur …», sagte Otto so, dass Marion es kaum hören konnte, und hatte die Türklinke schon in der Hand. «Die sieht toll aus.»

Er hatte erst zweimal an der Zigarette gezogen, als Marion im Botanischen Garten ankam. Sie blickte sich um, bevor sie ihn umarmte und auf den Mund küsste. «Ich habe dich vermisst.»

«Ich habe an dich gedacht.» Otto warf die Zigarette weg, bevor sie aufgeraucht war. Marion küsste ihn auch, wenn er nach Tabak schmeckte. Aber er hatte sich angewöhnt, nicht dauernd zu rauchen, wenn er in ihrer Nähe war. «Was hast du am Wochenende gemacht?», fragte er.

«Was schon.» Sie lächelte ihn an. «Ein Buch gelesen. Kurzgeschichten von Nadine Gordimer aus Südafrika.»

«Muss wirklich ganz schlimm sein da.»

«Ja, fürchterlich. Was sie da mit den Schwarzen machen.» Marion machte eine kurze Pause. «Und dann hab ich mich mit Anke getroffen. Ich hab ihr von dir erzählt.»

«Du hast ihr *was*?» Ottos Atem schnappte kurz.

«Nein, nicht so. Ich hab nicht gesagt, wer du bist. Einfach nur, dass es dich gibt. Ich hab ihr nicht einmal deinen Vornamen gesagt.»

«Puuh … Na dann.»

«Und ich hab was Schönes im Radio gehört.»

«Was denn?»

«David Bowie.»

«Uuuh! Das war sicher Westradio, oder? Das muss ich melden. Da bleibt mir gar nichts anderes übrig bei meiner Position. Und es tut mir auch wirklich leid.»

Marion küsste Otto noch einmal. «Ich hab gerade nicht so viel Zeit. Bleibt es bei morgen?»

9

Auf dem Weg nach Apolda fühlte Otto sich leer. Er hätte nicht einfach so bei Marion im Laden auftauchen sollen. Sie hatten ja ihre Verabredung. Die war schon morgen, und morgen war nah. Und er freute sich sehr darauf, sie zu sehen. Richtig zu sehen. Er freute sich auf Sex mit Marion. Aber die Sache mit Radunek lag ihm komisch im Magen. Blinken, auf die linke Spur und den Transporter überholen.

Sie hatten niemandem geschadet mit der Entscheidung, das als doppelten Selbstmord auszugeben. Im Gegenteil. Die Kinder … Mensch, was würde nun aus den Kindern werden?

Jedenfalls würden sie nicht damit leben müssen, dass ihr Vater die Mutter getötet hatte. Vielleicht machte das einiges in ihrem Leben einfacher. Auf der anderen Seite war er in genügend Kinderheimen gewesen, um zu wissen, dass Kinder dort kein einfaches Leben hatten. Blinker und schnell noch an diesem Trabant vorbeirauschen. Und irgendwer würde es ihnen dann doch erzählen. Irgendwann.

Dann würden sie beginnen, Fragen zu stellen, um herauszufinden, was wirklich an diesem Samstagmittag geschehen war. Gut möglich, dass sie keine Antworten kriegen würden. Jedenfalls keine, die mit der Wahrheit zu tun hatten.

Mama hat sich die Treppe hinuntergestürzt. Und Papa hat das nicht ausgehalten und sich deshalb erhängt. Welcher Vater würde das in dieser Situation tun? Die Kinder allein lassen.

Falsche Frage. Welcher Vater würde die Mutter seiner drei Kinder die Treppe hinabstoßen? Der Bus war aber auch langsam. Blinker setzen, Fuß aufs Gas und schnell vorbei.

Die Kinder würden irgendwo im Norden untergebracht und einfach nicht erfahren, was der Vater getan hatte. Scheiße! Der Lkw, der ihm entgegenkam, war schon viel zu nah. Und er bremste überhaupt nicht ab. Otto stieg selbst auf die Bremse und ordnete sich wieder hinter dem Bus ein. Er hupte, als der Lastwagen auf seiner Höhe war. Was für ein Arschloch!

Aber er musste auch besser achtgeben. Wo war er nur mit seinen Gedanken gewesen?

Egal. Gleich war er sowieso in Apolda. Sein Herzschlag ging noch viel zu schnell. Bei so was konnte man schnell mal draufgehen. Er fuhr an der Brauerei vorbei und dann durch die Stadt bis nach Oberroßla und ließ den Wagen vor einem Einfamilienhaus ausrollen. Rudi putzte seinen Wartburg-Kombi. Und er tat es wie immer mit Leidenschaft.

Otto wendete und setzte seinen Lada so in die Einfahrt, dass er einfach zu beladen war. Rudi hatte schon zwei Kisten in den Händen, als er ausstieg. «Sind nur vier dieses Mal von dem Radeberger.»

«Vier nur?»

«Hab nicht mehr gekriegt. Du weißt ja, alle wollen Radeberger. Und manchmal muss man halt auch was für die anderen übriglassen. Manchmal kriegen sogar unsere Gäste was davon ab.» Rudi nickte, um sich selbst zu bestätigen.

«Ich muss es ja auch noch teilen.» Otto öffnete eine der Hintertüren des Lada.

«Man muss nehmen, was man kriegen kann.» Rudi lud die beiden Kisten in den Kofferraum.

«Mach ich ja. Wann bin ich denn mit Bezahlen dran?»

«Nächste Woche.» Rudi verschwand in der Garage und kam mit zwei weiteren Kisten heraus. Er stellte sie so auf die Rückbank, dass sie beim Fahren nicht verrutschten. «Grüß Birgit und die Kinder von mir. Ich brauch übrigens noch eine Benzinpumpe für den Wartburg. Meinst du, einer von euch kann das besorgen? Und ich hab auch wieder was in Oberhof gekriegt über Weihnachten.»

«Ah ja … Ich hör mich mal um wegen der Benzinpumpe», sagte Otto und startete den Wagen. Als er Apolda wieder verlassen hatte, merkte er, dass sein Herz immer noch viel schneller klopfte als sonst.

10 | DI 4.10.1983

«Da haben wir drauf gewartet», sagte Heinz und sah auf. Er saß in seinem Büro am Schreibtisch. Heinz Thiel, der sich immer als Heinz E. Thiel vorstellte, wenn er betrunken war, also richtig betrunken. Otto hatte schon gesehen, dass er dann junge Frauen angesprochen hatte, die deutlich jünger und größer waren als er. Natürlich waren die meisten Frauen jünger und größer als er, und er hatte sie mit eindeutigen Absichten angequatscht. Nüchtern käme er nie auf solche Ideen.

Günter hatte seinen langen Körper auf einem Stuhl zusammengefaltet, der zwischen Tisch und Fenster stand. Er murmelte irgendetwas. Er wusste schon Bescheid. Wusste, was kommen würde. Er wusste immer schon Bescheid, weil Heinz ihm immer alles mitteilte, bevor er die anderen informierte. Günter Cierpinski, ein kluger Mann, sozial mit nicht so vielen Fähigkeiten ausgestattet, aber ein wirklich guter Kriminaltechniker.

Rolf saß auf dem zweiten Stuhl und sah Heinz an. Rolf Reim, den Otto mehr als einmal schon hatte sagen hören, er sei beinah Dichter geworden. Nichts, was ferner läge. Jemand, der Unsicherheit hinter Lautstärke, Obszönität und Brutalität versteckte. Damit zuallererst seine Intelligenz unterdrückte. Otto war um jede Sekunde froh, die er nicht in Rolfs Nähe sein musste.

Und Konnie lehnte an der Wand neben der Tür. Konnie Krumbach, der Junior, den Otto mochte, aber … Gute Ausbildung, aufgeschlossenes Wesen, Grips im Kopf, wache Augen, und wenn sich Otto einen Kollegen aussuchen konnte, um mit ihm unterwegs zu sein, dann war es Konnie. Aber manchmal hatte er eben auch das Gefühl, durch den Jungen hindurchzublicken. Wie durch einen leeren Raum. Das geschah nicht so oft, aber wenn, dann wurde ihm angst und bange. Und das Schlimmste war: Er wusste nicht einmal, warum er überhaupt diese komischen Ideen in Bezug auf Konnie hatte.

Otto drehte sich um und sah aus dem Fenster. Der Parkplatz war voll. Er wusste, was kommen würde. Die Anweisungen kamen spät in diesem Jahr. Er erinnerte sich noch an den letzten 7. Oktober. Es hatte irgendein Gerücht gegeben. Irgendeine Gruppe von Spinnern hatte in einer Straße oder Gasse in Gera ein Theaterstück aufführen wollen. Weil es erstens ein Gerücht gewesen war und zweitens sehr ungenau – wie viele Gerüchte –, und weil es drittens weder klar war, aus welchen Individuen diese Gruppe bestehen sollte, noch was sie genau wo aufführen wollte, hatten sie die Anweisung erhalten, an strategisch wichtigen Punkten zu stehen und sehr wachsam zu sein.

Was für eine bescheuerte Idee. So was ausgerechnet am Tag der Republik zu planen.

Wenn es überhaupt stimmte.

Wenn es überhaupt je gestimmt hatte.

Die Anweisung war jedenfalls klar gewesen. Diesen Unsinn zu verhindern war ein gutes Ziel. Die Leute, die ihn sich ausgedacht hatten, auf frischer Tat zu ertappen, ein besseres. Also war die Anweisung gewesen, die Augen aufzuhalten, um jede im Ansatz verdächtige Zusammenrottung sofort auseinanderzutreiben.

Dann war aber nichts geschehen. Jedenfalls hatte niemand

versucht, irgendwas mit Theater anzufangen. Natürlich waren an dem Tag eine ganze Menge Leute zugeführt worden, aber aus anderen Gründen. Und nicht von ihnen. Sie hatten nur in der Gegend herumgestanden und so vorsichtig in ihre Handfunkgeräte gesprochen, dass es niemand gesehen hatte.

Sie hatten ihren Auftrag erfüllt. Sie waren wachsam gewesen. Das war stets das Wichtigste.

Er hob den Blick zum Himmel und folgte einem Silberreiher mit den Augen. Hoch über der Stadt erkannte Otto ihn an der Form der Flügel und an deren Schlag. Wahrscheinlich überflog er ganz Gera in einem langen Flug. Die Stadt war weder sein Nist- noch sein Beutegebiet. Es gab ohnehin nicht so viele von ihnen in der DDR.

Er fuhr zusammen. Das laute Räuspern von Günter galt ihm. «Wenn der Genosse Castorp seine ungeteilte Aufmerksamkeit nun einmal dieser Runde widmen würde …»

«Entschuldigt.» Otto drehte sich zu den anderen. «Ich war gerade mit dem Kopf woanders.»

«Von welcher Schönheit haben wir denn geträumt?» Heinz' Stimme erreichte ungeahnte akustische Höhen.

«Der Genosse Castorp träumt immer nur von seiner Frau», sagte Rolf leise und ohne sich zu ihm umzudrehen. «Seiner eigenen. Nicht wahr?»

Otto blickte in dessen Richtung, aber Rolf bewegte sich keinen Zentimeter, starrte stur auf Heinz. Was hatte er damit sagen wollen? Von Marion wusste niemand etwas. Konnte niemand wissen.

«Also …» Heinz lehnte sich nach vorn und stützte die Hände so auf den Schreibtisch, dass die Ellbogen nach außen zeigten. «Ich war eben eine Etage höher. Und wir können jetzt erkennen, welche Herausforderungen am Tag der Republik auf uns zukommen. Wir müssen in diesem Jahr sehr wachsam sein.» Er stand auf und fing an, hinter seinem Tisch auf und ab zu gehen. «Und unsere ganze Aufmerksamkeit gilt dieses Jahr Jena, wo es zahlreiche neue Unruheherde gibt.» Nach einer Sekunde sagte er: «Grinst der Genosse Castorp da etwa?»

Otto schüttelte den Kopf. «Natürlich nicht.»

«Also, seit Beginn des Jahres hat es zahllose subversive Aktivitäten in Jena gegeben. Unsere Freunde vom Ministerium für Staatssicherheit haben da wieder einmal ganze Arbeit geleistet. Nichts bleibt unbeobachtet. Und leider gibt es auch in diesem Jahr wieder Hinweise darauf, dass Störer den Anlass nutzen wollen, den der Tag der Republik eben darstellt.» Heinz seufzte.

Günter setzte sich auf und schaute ernst. Rolf drehte sich um und sah Otto frontal an. Konnie hatte die Augen zu Boden gerichtet.

«Was?», fragte Otto in Richtung Rolf.

«Nichts.» Er schüttelte den Kopf. Otto meinte, ein Flackern in Rolfs Augen zu sehen. Das war kein gutes Zeichen. Wirkliches Engagement zeigte Rolf immer nur dann, wenn er etwas kaputt machen konnte.

Heinz hustete. «Wenn ich also kurz unsere Aufgaben darstellen darf. Am meisten wird die Ordnung ja von der Jungen Gemeinde Stadtmitte bedroht. Das sind vom Westen unterstützte Konspirateure, deren Zahl im letzten Jahr noch einmal gewachsen ist, wie wir wissen. Unsere Gewährsleute sind sich nicht ganz sicher, es gibt da einander widersprechende Berichte, was diese Gestalten aushecken, aber dass sie etwas planen, scheint sehr klar.»

Einander widersprechende Berichte bedeutete meist, dass es nichts zu berichten gab. Otto wusste nicht, wie viele Informanten es im Kreis der Jungen Gemeinde gab, aber er war sich ganz sicher, dass es mehr als nur eine Handvoll waren.

«Die Genossen von der Volkspolizei und dem MfS haben

theoretisch alles im Griff», fuhr Heinz fort. «Trotzdem werden unsere Augen gebraucht. Wir haben die Anweisung erhalten, dass wir unsere Aufmerksamkeit auf jene Aktivitäten richten, die sich rund um das Gemeindehaus der Jungen Gemeinde entwickeln und natürlich auch auf dem Platz der Kosmonauten.»

Heinz wartete eine Sekunde. Als sich niemand rührte, machte er weiter. «Also ist alles klar für Freitag. Wenn es keinen Fall gibt, bei dem wir unabkömmlich sind, antreten hier um 8 Uhr. Der Genosse Castorp stößt in Jena dazu. Kleidung ist ja allen klar.»

In der Tat. Kein Anzug, sondern lässig. Lederjacke oder Blouson. Und Schuhe, in denen man zur Not jemandem hinterherrennen konnte.

11

«Wenn wir noch was im Ferienheim im Thüringer Wald kriegen können, sollten wir das machen», sagte Birgit. «Und wenn es geht, hab ich mir gedacht, sollten wir uns vielleicht auch endlich mal um einen Bungalow bewerben. An der Hohenwarte hab ich gedacht. Oder? Was denkst du?» Sie deckte den Tisch, an dem Otto schon saß. Die Kinder waren lärmend in ihrem Zimmer zu hören. «Wieso schafft es Rudi eigentlich immer, da oben was zu kriegen? Der ist doch nur …» Sie sah Otto an, der sich eine frisch aufgeschnittene Wurstscheibe von dem Teller nahm, den Birgit gerade auf den Tisch stellte.

«Lass das doch», sagte sie und zog einen Mundwinkel hoch. «Wir sagen den Kindern immer, dass wir zusammen anfangen.»

«Ich hör ja auch schon auf.» Otto leckte sich die fettigen Finger demonstrativ ab. «Rudi kriegt in der HO-Gaststätte eben immer seine Sachen, nicht nur das Bier. Wir haben ja auch was davon. Und er ist … Er hat eben sehr gute Kontakte.»

«Mögen tu ich ihn ja nicht, den Rudi. Er guckt immer so komisch.»

«Wie meinst du das?»

«Na, du weißt schon. Wie Männer eben manchmal gucken.» Birgit war in der Küche und schnitt Brotscheiben auf der Maschine ab.

Otto hatte die Hand schon über dem Wurstteller, zog sie aber zurück, als Birgit wieder hereinkam.

«Als ob andere Frauen keine Brüste hätten. Was muss er dann immer auf meine starren?»

Otto guckte Birgit in die Augen, dann auf ihre Brüste, dann wieder in ihre Augen.

«Du nimmst mich nicht ernst.»

«Doch. Ich nehme dich natürlich ernst. Ich starre ja auch gern auf … Ich meine, ich gucke mir die ja auch gern an.»

«Das ist was anderes. Du bist mein Mann.»

«Schon.»

«Hol die Kinder.»

«Mach ich. Ich mag ihn eigentlich auch nicht.»

«Rudi?»

«Hmhm. Aber es ist manchmal einfach nützlich, sich mit solchen Leuten gutzustellen.»

Birgit stand mit beiden Händen auf den Tisch gestützt. «Wegen dem Bier?»

«Ja», Otto dachte nach, war aber gerade nicht in der Lage, zwei und zwei zusammenzuzählen, zu müde, zu hungrig. Bei Rudi hatte er so ein Gefühl. Wen der alles kannte, und was der alles kriegte. «Auch deshalb.»

Birgits Gesicht war eine Frage.

«Ich weiß es nicht. Irgendwas sagt mir einfach, dass es gut

ist, den auf seiner Seite zu haben. Ich kann das auch nicht besser sagen. Verstehst du, was ich meine?»

«Ich versuche es. Holst du endlich die Kinder?»

12 | MI 5. 10. 1983

«Warum wir?», fragte Otto und zog an der Zigarette.

Konnie fuhr den Wartburg gerade aus Gera hinaus. «Weil Heinz es so gesagt hat. Die anderen sind beschäftigt.»

«Heinz sagt viel, wenn der Tag lang ist.»

«Er ist eben der Leiter», sagte Konnie langsam. «Vielleicht wirst du auch irgendwann Leiter. Dann sagst du, was die anderen tun sollen.»

Otto atmete aus, bevor er husten musste, und betrachtete Konnies Profil. Er war der Jüngste der Gruppe, vor eineinhalb Jahren erst dazugekommen. Er war selbst auch nur ein paar Jahre älter als der junge Genosse. Und irgendwie war es natürlich, dass sie beide zusammen unterwegs waren. Es fiel ja auch auf, dass sie oft nebeneinander standen oder saßen, wenn es Besprechungen gab oder wenn sie abends in der *Heinrichsbrücke* endeten. Aber er wusste, dass er Konnie eigentlich nicht kannte.

War das ein leises Lächeln auf seinen Lippen?

Und wie hatte er diese letzte Bemerkung zu verstehen?

War Konnie so willig, sich in die Hierarchie einzufügen, wie es diese Sätze sagten? Er wirkte nicht immer so. Aber wer zeigte sich schon so, wie er wirklich war?

Manchmal ertappte er sich dabei, Konnie als einen Freund zu sehen. Na gut, das war eine Freundschaft, die natürlich noch wachsen musste. So etwas brauchte wirklich viel Zeit.

Manchmal aber dachte er auch, was er immer gedacht hatte, seitdem er sich entschlossen hatte, zur Kriminalpolizei zu gehen. Pass auf. Lass dich nicht ein.

Die Gefahr hatte auch lange nicht bestanden. Mit den Alten verband ihn nichts als die Arbeit. Sie waren gute Polizisten, und als solche schätzte er sie. Selbst Rolf. Aber sonst?

«Vielleicht werde ich ja tatsächlich mal Leiter», sagte Otto. «Dann schicke ich dich jeden Morgen nach Lobenstein, um nach dem Rechten zu sehen.»

Jetzt lächelte Konnie richtig.

«Also bitte noch mal genau. Warum sind wir unterwegs? Ich hab nur noch das mit der Schule mitgekriegt, als ich gekommen bin.»

«Dieser Junge aus Eisenberg wird vermisst. Siebzehn Jahre. Seit vorgestern. Da ist er nicht nach Hause gekommen.»

«Und die Kollegen vor Ort?»

«Haben die Lehrer befragt und die Schüler. Familie und Nachbarn. Nichts.»

«Wir machen das also noch mal.»

«Wahrscheinlich. Was bleibt uns anderes übrig?»

Sie waren schon in Eisenberg angekommen. Konnie parkte den Wartburg vor dem kleinen Ladenlokal.

«Nichts Besonderes», sagte der Abschnittsbevollmächtigte, der sich am Vortag um den Fall gekümmert hatte. «Proschke ist ein stiller Jugendlicher, der nicht weiter aufgefallen ist. Weder negativ noch positiv. Niemand sagt etwas Schlechtes über ihn.» Er hatte ein schmales Gesicht und eine zu breite Brille, die ihm tief auf der Nase hing.

«Hat denn irgendwer was Gutes über ihn gesagt?», fragte Otto. Sie standen vor dem Schreibtisch des Genossen. Wenn sie Pech hatten, würden sie den ganzen Tag hier verbringen. Kein Grund, gleich sozial zu werden.

Der ABV blätterte noch in seinen Notizen. Blickte auf noch einen und noch einen Zettel. Wenn das keine Schau war, dann hatte er hart gearbeitet. Jetzt sah er zu ihnen auf und schüttelte den Kopf.

«Nichts?», fragte Otto.

«Nichts, Genosse.» Jetzt zeigte der ABV einen traurigen Gesichtsausdruck. Otto vermochte nicht zu sagen, ob er betrübt war, weil niemand etwas Nettes über den Schüler Proschke, Frank Proschke, gesagt hatte, oder ob die Traurigkeit einfach sein Naturell war. Der ABV legte beide Hände auf den Schreibtisch, um zu zeigen, dass er seine Pflicht erledigt hatte.

«Zur Schule oder zur Familie?», fragte Konnie.

«Schule.» Otto war schon auf dem Weg zum Wagen.

«Er hat sich nicht hervorgetan», sagte der Schulleiter, ein Mann mit Koteletten bis zum Unterkiefer.

Die Frau, die neben ihm stand, trug eine beige Bluse und einen grauen Rock. Sie sah aus wie zwanzig, musste aber älter sein, weil sie die Klassenlehrerin des Jungen war. «Das haben wir dem Genossen Traumann gestern ja alles schon gesagt.» Sie unterstrich ihre Worte mit permanentem Nicken und rieb beim Reden die Hände aneinander. «Aber wir haben natürlich Verständnis dafür, dass Sie auch noch einmal fragen müssen.»

«War Proschke in einem Sportverein?», fragte Konnie.

Die beiden schüttelten den Kopf.

«FDJ?»

Wieder Kopfschütteln.

«Irgendwas mit Kirche?»

Der Schulleiter blies Luft durch die Zähne. Die Klassenlehrerin zog die Schultern nach oben.

«Und die Schulleistungen?»

«Durchschnittlich», sagte der Schulleiter.

«Machen wir das doch mal anders», sagte Otto. «Was wissen Sie über den Schüler Proschke?»

«Seine Eltern haben hier eine kleine Schuhmacherei.» Der Schulleiter.

«Und irgendwann wird er den Laden übernehmen.» Die Klassenlehrerin.

«Er ist nicht so interessiert an den Inhalten …» Der Schulleiter.

«Aber er fällt auch nicht auf.» Die Klassenlehrerin suchte nach Worten. «Wissen Sie, der Proschke war nicht so eifrig, wenn es um wichtige Inhalte ging, in Staatsbürgerkunde zum Beispiel. Und im Wehrunterricht war er immer krank.»

Es klopfte an der Tür.

«Herein», rief der Schulleiter.

Der ABV stand mit einem Bein im Zimmer und schien zu überlegen, was zu tun war. Dann guckte er Otto an. «Können Sie bitte für einen Moment herauskommen?»

«Wir haben», sagte er, als die Tür wieder zu war und die drei Polizisten zusammen auf dem Flur standen, «wir haben eine männliche Leiche im Wald gefunden. Erhängt.»

«Proschke?», fragte Otto.

«Ich habe den Jungen nicht gekannt. Aber von den Fotos her, die ich gesehen habe, würde ich sagen, er ist es.»

«Also ist er noch nicht identifiziert worden?», fragte Konnie.

«Die Eltern wissen noch nichts?», fragte Otto.

«Ich wollte euch zuerst informieren.» Der Abschnittsbevollmächtigte sah Otto fest in die Augen, um zu betonen, dass er davon ausging, das Richtige getan zu haben.

«Das war gut so», sagte Otto. «Dann werden wir uns die Leiche mal ansehen müssen. Wie weit ist es denn?»

«Zwei Kilometer von hier, bei Törpla. Fahrt ihr mir hinterher?»

«Und der Junge hat sich selbst …», fragte Konnie.
«Sieht so aus.»
«Dann haben wir jetzt ganz schön zu tun», sagte Konnie.

13 | DO 6. 10. 1983

Otto wurde wach, als Marion ihn berührte. Zuerst streichelte sie seinen Bauch, dann legte sie die Hand auf seinen Schwanz, der sich nicht mehr regte.

«Eins, zwei, drei, vier», sagte sie. Dann machte sie eine Pause. «Fünf, sechs, sieben.»

«Was machst du?»

«Ich zähle.»

«Ich weiß. Aber was?»

«Die Haare auf deiner Brust.»

«Da bist du schnell fertig.»

«Hmhm … Du schläfst sonst nie ein nach dem Sex. Musst du nicht gleich wieder weg?»

«Nee. Wegen gestern …» Otto war noch nicht ganz klar im Kopf. «Und wegen morgen.»

«Hier ist noch eins.» Marion tippte auf Ottos Brust.

Er reckte seinen Kopf zur Seite und spitzte die Lippen. Bekam einen Kuss. «Ich meine, weil wir gestern und heute Morgen so lange an dem Selbstmord gearbeitet haben. Und morgen dann halt …»

«Was hat der denn geschrieben in dem Abschiedsbrief?»

«Dienstgeheimnis.» Otto zeigte auf ein weiteres Haar, das einsam oberhalb seines Bauchnabels wuchs. «Er wollte nicht zur NVA.»

«Na ja … Aber dann … Dann hätte er doch zu den Bausoldaten gehen können, oder?»

«Wollte er auch nicht. Er wollte gar nicht von zu Hause weg.»

«Und was macht ihr da?»

«Wie meinst du das?»

«Na … Da ist dann ja nicht eure Arbeit. Eigentlich.»

«Ja, aber wir müssen feststellen, ob es wirklich ein Selbstmord war. So was. Deshalb ist der Tote zur Leichenschau gekommen.»

«Habt ihr viele Selbstmorde?»

«Weiß nicht. Was ist viele?»

Marion kuschelte sich an Otto.

«Viele kriegen wir auch gar nicht mit. Die kommen dann zur Leichenöffnung, ohne dass wir bei der MUK mit denen zu tun haben. Warum fragst du?»

«Will ich einfach wissen.»

«Hmhm … Wie war denn dein Tag?»

«War nur ein halber. Da passiert manchmal nicht so viel. Ich hab drei Bücher verkauft, die ich Kunden persönlich empfohlen hab. Das erlebt man als Buchhändler nicht so oft.»

«Was macht ihr denn morgen?»

«Ach, wir müssen zum Platz der Kosmonauten.»

«Fähnchen schwenken?»

«Fähnchen schwenken. Und du? Du hast eben gesagt, du bist auch hier in Jena?»

«Ja, die Kollegen unterstützen. Die sind am Tag der Republik immer so nervös. Irgendwer hat gesagt, dass irgendwer gesagt hat, dass morgen irgendwas geplant ist.»

«Und was macht ihr da genau?»

«Das, was wir immer machen. Wir fangen die Bösewichte.»

14 | FR 7. 10. 1983

Es nieselte leicht, und das schon seit dem frühen Morgen. Es hatte diese kurzen trockenen Phasen gegeben, aber immer war der Regen wiedergekommen. Nun war es nicht mehr lange bis zum Mittag, aber das Volksfest auf dem Platz der Kosmonauten war wegen des Wetters nicht richtig in Schwung gekommen. Die Leute warteten darauf, dass es aufklarte. Allerdings wurde der Regen gerade eher stärker, als nachzulassen.

Für sie war der Regen auch blöd. Mit den Regenschirmen fiel man immer auf. Und man war so unbeweglich. Otto nahm die beiden Bratwürste, die er gerade bezahlt hatte, auf eine Hand, hielt den Schirm in der anderen und ging zu Konnie hinüber, der im Eingang eines Ladens stand.

«Statt Mittag», sagte Konnie, als er in die Wurst gebissen hatte. «Habt ihr bei solchen Einsätzen je etwas zu tun gehabt?»

«Kommt vor», Otto pustete auf seine Wurst, um sie abzukühlen. «Genau hier, vor ein paar Jahren. Am 1. Mai. Das war … egal.» Er biss zu. «Da haben sich ein paar Assis gekloppt. Und die Genossen von der Volkspolizei waren auch schnell zur Stelle und hatten das im Griff. Ich hab das erst gar nicht gesehen. Und dann ist das trotzdem weitergegangen. Ging um Fußball.» Otto grinste Konnie an, der schon den Rest seiner Wurst verdrückte.

«Erfurt …»

«Das darfst du nicht sagen.»

«Was?»

«Das.»

«Erfurt?»

«Kapier es endlich.» Otto tunkte seinen Rest Wurst in den letzten Flecken Senf und schob ihn sich in den Mund.

«Dass ich Erfurt nicht aussprechen darf?» Jetzt grinste auch Konnie.

«Hmhm.»

«Ich hab's ja nicht so mit Fußball. Bevor ich nach Gera zur MUK gegangen bin, bin ich immer beim Handball gewesen.»

«In Halle?»

«SG Dynamo. Wie ist das dann weitergegangen hier?»

«Die Prügelei?»

«Klar.»

«Wir hatten alle Hände voll zu tun. Und ich hab einem von denen, von den anderen, du weißt, was ich meine, einen mitgegeben. Der wollte aber auch nicht ruhig sein. Der hat sich noch gewehrt, als ich ihn schon fast im Barkas hatte. Da hab ich ihm noch mal … Die kleinen Freuden unseres Berufs.»

Konnie zeigte zum Himmel. Ein Fetzen Blau war in der Ferne zu sehen. «Und dieses Jahr?», fragte er.

«Weiß man nie. Die vom MfS haben schon recht. Hier ist eine ganze Menge los gerade. Man sieht das auch im Stadtbild. Ich bin ja häufiger hier als du. Die ganzen Langhaarigen, die werden immer mehr. Ich versteh auch nicht ganz, was die wollen. Aber am Tag der Republik findet man die eher im *Landgrafen* als hier. Warst du schon mal da?»

Als Konnie den Kopf schüttelte, zeigte Otto hinter sich. «HO-Gaststätte. Da oben auf dem Berg. Wahrscheinlich gucken die alle gerade auf die Stadt runter.»

Zwei Stunden später hatte es aufgehört zu regnen. Die Leute

drängten sich an den Wurf- und Wurstbuden. Auf der Bühne gab es Schlager.

«Komm», sagte Otto. «Ich kann das nicht mehr hören. Wir sind ja erreichbar.» Er tippte auf seine Jacke, in der das Funkgerät steckte. Sie drückten sich an der Stadtkirche vorbei und sahen am Rathaus, wie Günter ein Streichholz entzündete und es Heinz hinhielt. Die beiden waren mit sich beschäftigt.

«Da lang», sagte Otto. «Lass uns zur Bibliothek gehen. Wir sind einfach auf Streife, bis wir gebraucht werden. Hast du noch eine Zigarette? Meine sind alle.»

Als Otto sich die Zigarette ansteckte, hörte er das Funkgerät knacken. «Alle verfügbaren Sicherheitskräfte zum Johannisplatz. Provokationen durch Jugendliche.» Das Gerät knackte noch ein paarmal, aber es kam keine weitere Mitteilung. Konnie starrte ihm in die Augen, wartete darauf, dass er etwas vorgab. «Komm», sagte Otto. «Schneller Schritt, kein Rennen.»

Sie liefen am Platz der Kosmonauten entlang und sahen den kleinen Auflauf schon, als sie unter dem Johannistor waren. Uniformierte Volkspolizisten hatten einen Kreis gebildet, sie waren vielleicht ein Dutzend. Drumherum standen einige Genossen in Zivil. Otto erkannte etliche von ihnen. Die Situation war komplett unter Kontrolle. Es gab keinen Grund, so einen Alarm zu machen. Er legte Konnie eine Hand auf die Schulter. «Warte», sagte er.

Zwischen den Kollegen und den Uniformierten hindurch meinte er, ein paar Langhaarige zu sehen. Jung waren sie alle, und sie hatten einfach kein Gefühl dafür, dass sie sich die Zukunft verbauten, wenn sie so rumliefen. Wenn das seine wären, dachte er. Aber die drei waren ja zum Glück noch jung. In den Fenstern rund um den Johannisplatz lagen Leute. Manche zeigten mit dem Finger auf die Jugendlichen. Otto bemerkte jetzt erst, dass die Schlagergruppe schon vor einer Weile aufgehört hatte zu spielen.

Aus der Schillerstraße tauchte Rolf mit hektischem Schritt auf. Otto konnte seine Gesichtszüge schon sehen. Er war bis zum Äußersten angespannt. Aber er wusste auch noch nicht, dass auf dem Johannisplatz alles unter Kontrolle war. Der erste Barkas der Volkspolizei rollte gerade heran, um die Störer mitzunehmen.

Nur aus dem Augenwinkel sah Otto die Bewegung. Nicht mehr als ein Huschen. Als er sich vergewissern wollte, was er genau gesehen hatte, fiel ihm an dem Eckhaus nichts auf. Konnie und er standen immer noch am Übergang zum Johannisplatz. Die Gruppe dort begann sich aufzulösen. Noch ein Barkas rollte heran. Ein paar der Langhaarigen wurden abgeführt, das hatten sie nun davon.

Otto blickte noch einmal auf das Haus an der Ecke, als eine dünne Gestalt in Jeans und Parka aus der Haustür geflitzt kam. Sie war ziemlich schnell und rannte in Richtung Goetheallee. Die langen Haare zottelten im Wind.

Rolf rief laut: «Halt!»

Konnie hatte ganz woanders hingeblickt und den Langhaarigen gar nicht bemerkt.

Rolf begann zu laufen.

Otto rannte auch los und war dem Jungen bald näher gekommen. Als der an der Goetheallee warten musste, weil Autos die Straße passierten, warf Otto sich auf ihn. Der Junge wehrte sich kaum und lag schnell am Boden.

«Idiot!», sagte Otto. Er blickte sich um und sah Rolf, der nur noch wenige Meter entfernt war. Freude auf dem Gesicht. Vorfreude.

Otto holte aus und gab dem Jungen zwei heftige Backpfeifen. Der fing an zu weinen.

Als Rolf sie erreichte, bebte er von Kopf bis Fuß. Otto wusste, was half, ihn zu beruhigen. Er holte aus, ballte die Faust und schlug dem Jungen auf die Nase. Die begann sofort zu bluten. Otto hoffte, dass die Nase nicht gebrochen war.

15 | SA 8.10.1983

Birgit kam aus dem Badezimmer bis vor den halb gedeckten Frühstückstisch. In der Hand hatte sie, was Otto am Vortag am Leib getragen hatte. «Ist das Blut auf deinem Hemd?»

Otto hob die Schultern. «Da waren ein paar Rangeleien gestern. Wir mussten ein paar von denen auch anfassen. Aber weißt du … Man kriegt ja auch nicht alles mit an so einem Tag.»

Birgit drehte sich in der Tür wieder um. «Du könntest wirklich mal den Tisch zu Ende decken. Steht alles in der Küche.»

«Mache ich», sagte er und erhob sich. In der Küche blickte er sich um, sah den Wurstteller und nahm sich eine Scheibe. Dann stellte er ihn in die Durchreiche. Er holte die gekochten Eier aus dem Topf auf der Spüle und starrte auf den Schrank. «Wo sind die Eierbecher?», fragte er laut.

«Unten rechts», kam die Antwort aus dem Badezimmer.

Als Otto sich später ein letztes Stück Salamibrot in den Mund schob, saß Mike schon da und wartete darauf, dass er im Kinderzimmer verschwinden konnte. Der Kleine hatte vor ein paar Tagen nur eine Erkältung gehabt. Kathrin mampfte vor sich hin, und Ruth drückte ein zurechtgeschnittenes Stück Käsebrot platt. Otto betrachtete sie dabei. Irgendwie hatte er gar nicht darauf geachtet, dass die jüngste Tochter den Teller schon selbständig leer aß. Jetzt steckte sie allerdings den Zeigefinger durch das verbliebene Stück Käsebrot. Dann sah sie auf und grinste ihn an. Otto grinste zurück.

«Lass das», sagte Birgit und guckte Otto an. «Sag doch auch mal was.»

«Mama sagt, du sollst das aufessen.» Otto schaute zwischen Ruth und Birgit hin und her.

Er saß immer noch am Tisch, als Birgit abräumte und aus dem Kinderzimmer lautes Rufen und Balgen zu hören war. Birgit beugte sich zu ihm hinab und gab ihm einen Kuss auf die Wange. «Wir eröffnen nächstes Jahr wirklich die neue Produktionsstraße. Und ab nächsten Monat planen die schon drei Schichten in beiden Hallen. Und dann arbeiten bei uns mehr Vietnamesinnen als Deutsche, und wir werden endlich so viel Kleidung herstellen, wie es der Plan immer vorgesehen hat.»

«Und du? Was bedeutet das für dich?»

«Eigentlich nichts. Ich leite meine Schicht wie sonst auch. Aber ein paar von meinen erfahrensten Arbeiterinnen … die verliere ich an die neue Nachtschicht. Die Leitung will ein paar Ältere da haben. Also habe ich wohl mehr zu tun in der ersten Zeit, damit alles klappt. Wir wollen ja nicht, dass die Leistung runterfährt.»

«Ja, klar», sagte Otto.

Das Schreien im Kinderzimmer wurde lauter. «Ich muss mal nach den Kleinen sehen», sagte Birgit.

16 | SO 9.10.1983

«Ich versteh nicht, wo ihr das mit dem Fußball herhabt.» Mutter trug Schweinebraten auf den Tisch. Gemüse und Kartoffeln standen schon da.

Vater leckte sich die Lippen. «Wenigstens führt es dazu, dass sich unsere Söhne regelmäßig treffen.»

Bodo schielte zu Otto herüber, lächelte.

«Wo hat man das schon noch in dieser modernen Zeit?» Vater betrachtete gierig das große Stück Fleisch vor sich.

Mutter verteilte das Essen und setzte sich an den Tisch. «Wenigstens spielen sie nicht jede Woche», sagte sie.

Bodos Lächeln wurde breiter, er hatte ein Stück Fleisch auf der Gabel. Er steckte es in den Mund, bevor er redete. «Sie spielen schon jede Woche. Nur nicht jede Woche hier in Jena.»

«Ach ja», sagte Mutter. «Eigentlich weiß ich das ja.»

«Wo haben sie denn gestern gespielt?», fragte Vater.

«Gar nicht», sagte Otto. «Nächste Woche ist Länderspiel gegen Algerien. Freundschaftsspiel.»

«Und nächste Woche ist Pokal gegen Zwickau.» Bodo nahm sich noch mehr Fleisch.

«Und dann spielen sie beim BFC», sagte Otto. «Da werden sie verlieren.»

«Der BFC ist eben die beste Mannschaft», sagte Vater, der von Fußball gar nichts verstand.

«Ja, manchmal sind sie sicher besser», sagte Otto, sein Teller war schon leer. Er hatte noch etwas anderes vor. «Aber wenn man sich ansieht, wie oft die noch ein entscheidendes Tor in der Nachspielzeit schießen …»

«Lass uns nicht darüber reden.» Bodo zerdrückte eine Kartoffel und putzte den Teller leer.

«Aber das hat doch System. Immer in der letzten Minute.»

«Jetzt redest du ja drüber.»

Man konnte sich mit Bodo über alles unterhalten, nur nicht über die Theorie, dass der BFC als Hauptstadtverein von Leuten unterstützt wurde, die mit Fußball direkt nichts zu tun hatten. Da konnte er fuchsig werden. Das hatte natürlich damit zu tun, dass er selbst beim MfS arbeitete. Aber als eingeschworener Jena-Anhänger hätte er auch einmal den Mund halten können. Konnte er aber nicht. Da hatte er einfach keine Distanz.

«Wie geht es denn auf der Arbeit?», fragte Mutter. Die Frage ging normalerweise an beide Söhne.

«Alles gut», antwortete Bodo dann immer. Er wusste alles über politisch unzuverlässige Elemente in Jena und Umgebung.

«Alles gut», sagte er auch heute. Was sollte er auch erzählen über seine Arbeit? Und mit Daniela und den Kindern schien auch immer alles zu klappen.

Mutter war zufrieden mit der Antwort. «Und du?»

Otto wartete auf den Nachtisch. Mutters Pudding war eine Wucht. «Wir sind viel unterwegs gerade», sagte er. Bei ihm war es nicht ganz so schlimm wie bei Bodo. Manche der Sachen, an denen er arbeitete, standen ja sogar in der Zeitung. «Mal hier und mal da was zu tun. Im Moment sitzen wir einfach viel im Auto.»

«Wann wollt ihr denn, dass wir die Kinder abholen?»

Otto griff in die Hosentasche. «Hier ist Birgits Zettel.» Er reichte ihn über den Tisch. Birgit verbrachte den Sonntag mit den Kindern bei ihren Eltern in der Nähe von Gotha.

Mutter nahm und überflog ihn. «Am Mittwoch musst du die Kinder abholen.» Sie blickte flüchtig zu Vater hinüber. «Da bleib ich im Betrieb. Wir haben Parteiversammlung.»

Vater antwortete nicht. Seit seinem Unfall vor zwei Jahren hatte er mehr mit den Kindern zu tun, als ihm lieb war. Er trug sein Schicksal mit Fassung. Und die Kinder mochten ihn. Er tat immer, als wäre es ihm zu viel.

Aber Otto wusste, dass es ihm Spaß machte, sich von seinen Enkelkindern auf Trab halten zu lassen. «Gut», sagte er zu Mutter, die gerade den Pudding servierte. «Dann ruft dich Birgit am Dienstag auf der Arbeit an.»

17

«Und warum bist du Buchhändler geworden?» Otto blickte aus dem Fenster auf ein baufälliges Haus.

«Und warum du Polizist?»

«Nee, sag mal. Ich mein das ernst.»

Marion legte ihren Arm um seine Hüfte. «Was soll man denn sonst machen?» Sie strich über seinen Rücken und fuhr dann mit der Hand unter seinen dünnen Pullover. «Ich hab so mit interessanten Sachen zu tun, und ich treffe interessante Leute. Manchmal jedenfalls.» Sie fing an, Otto den Pullover über den Kopf zu ziehen.

«Und … lernt man das extra?» Otto pickte einen Flusen von seiner Lippe. Der Pullover lag am Boden.

«Wie meinst du das?»

«Na, das ist ja was anderes als in der Kaufhalle, oder? Preise eintippen für Milch und Kartoffeln. Zwei Mark fuffzehn bitte.»

«Ganz anders.» Marion öffnete den Gürtel an Ottos Hose. «Da ist eine Buchhändlerschule in Leipzig. Nach dem Abitur bin ich dahin.»

«Und? Wie war das?» Otto blickte an sich hinab, wo Marion gerade den Reißverschluss der Hose öffnete.

«Schön. Fast wie im Ferienheim.» Marion stellte sich hinter Otto und schob den Bund der Hose über seine Hüfte. «Das hat gefetzt.»

«Glaub ich nicht.»

«Doch. Da haben wir natürlich was gelernt. Aber wir haben auch viel gelesen und über Literatur diskutiert und sind ins Theater gegangen und …» Sie zog am Gummi von Ottos Unterhose und ließ ihn flitschen. «So …», sagte sie.

«Und wie bist du auf die Idee gekommen?»

Marion zog die Unterhose über Ottos Hintern hinweg und ließ sie auf seine Füße fallen.

«Mein Opa hatte einen Buchladen. Ist ganz lange her. Der hat mir immer davon erzählt.» Sie legte ihre Arme um Otto. «Gehst du schon mal ins Bett? Ich will noch was holen.»

Otto legte sich hin und zog die Decke über den Körper. Er hörte Marion in der Küche und strampelte die Decke wieder weg, bevor sie ins Zimmer kam. Sie war nackt und hielt die Hände hinter dem Rücken verborgen. Vor dem Bett blieb sie stehen und lächelte wie eine Teufelin.

«Du musst die Augen zumachen», sagte sie.

Otto atmete tief ein, schloss die Augen und wartete. Er hörte, wie sie den Deckel von einem Glas drehte. Dann spürte er, wie sie sich auf das Bett setzte.

«Mund auf», sagte sie.

Otto zögerte eine Sekunde.

«Mach schon. Du wirst es nicht bereuen.»

Otto öffnete den Mund ein bisschen.

«Weiter. Komm schon.»

Sperrangelweit nun.

«So ist's gut.»

Ein Finger fuhr zwischen den Lippen hindurch. Süß!, signalisierten die Rezeptoren, noch bevor er den Mund schloss, um den Finger abzulecken. Dunkel!, dann.

«Hmm», sagte er, «Pflaumenmus!» Er öffnete die Augen. «Wo hast du das denn her?»

«Augen zu!», sagte Marion.

«Du hast Kontakte in die Produktion.»

«Und sei leise.»

Otto spürte Marion auf der Brust. Zuerst sehr kühl. Dann fühlte er ihre Lippen und die Zunge genau dort, wo es eben noch kalt gewesen war.

«Hmm», sagte Marion.

«Hmm», sagte Otto.

Der Finger wieder und das Kühle auch. Dieses Mal am Bauch. Dann die Lippen und die Zunge.

«Hmmmm», sagte Otto.

Marion kicherte.

Dann nahm sie seinen Schwanz in die Hand. Er wusste, was kommen würde, und freute sich.

Marion ließ den Schwanz hart werden und verteilte mit dem Finger das Pflaumenmus. Auch auf die Spitze. Trotz der Kälte blieb der Schwanz hart.

Otto spürte Marions Zunge zuerst nah am Bauch. Sie arbeitete sich langsam vor. Sehr langsam. Als sie vorn angekommen war, nahm sie ihn ganz in den Mund.

Er knurrte vor Lust.

«Jetzt bist du dran», sagte sie später.

Otto hielt die Hände nach vorn.

«Dummkopf. Jetzt musst du die Augen natürlich aufmachen.» Marion reichte ihm das Glas, das schon halbleer war, setzte sich ihm gegenüber auf das Bett, schloss aber nicht die Augen.

Er steckte einen Finger in das Glas und leckte ihn ab.

«Na!», sagte Marion. «Nicht naschen. Das ist gegen die Regeln.»

Otto rückte ein Stück näher an sie heran. Er betrachtete sie von oben bis unten und dann von unten bis oben. Einen Finger hatte er schon im Glas. Als er ihn herausholte, zögerte er kurz. Dann bestrich er ihre Lippen mit dem Pflaumenmus. Als er sie langsam abgeleckt hatte, küssten sie sich.

Dann betupfte er eine Brustspitze und nahm sie vorsichtig in den Mund. Zufrieden damit verteilte er mehr auf die andere und saugte heftig an ihr. Dabei spürte er Marions Zittern.

Als er den Finger wieder im Glas hatte, grinste er. Er nahm ordentlich von dem süßen Zeug und näherte sich damit vorsichtig Marions Schenkeln. Als er fast zwischen ihnen war, nahm sie seine Hand und führte sie zum Mund. Sehr gründlich saugte sie den Finger sauber.

«Da nicht», sagte sie dann. «Aber lecken darfst du da trotzdem.»

18 | MO 10. 10. 1983

Als Otto Kahla hinter sich gelassen hatte, sah er schon die drei anderen Wagen in einer langgezogenen Kurve am Straßenrand. Er erkannte Rolfs und Konnies Autos hinter und vor dem Wartburg der MUK. Die Kollegen selbst sah er nicht.

Die Gleise von Jena nach Rudolstadt verliefen parallel zur Straße. Als er sich vergewissert hatte, dass kein Zug in der Nähe war, stieg er hinüber und sah unter sich auf der abfallenden Wiese die Kollegen im Halbkreis. Lange konnten sie noch nicht hier sein, sonst hätten sie schon mit der Arbeit begonnen. Keiner von ihnen sagte ein Wort, als er sich dazustellte.

Die Genossen blickten auf eine Reihe von Bäumen und Sträuchern, die die Saale säumten. Der Fluss war hier nicht sehr breit und floss leise vor sich hin. Zwischen den Männern und den Bäumen ungemähte Wiese. Darauf im Schatten der Bäume ein Toter. Otto sah Jeans und dunkle Halbschuhe. Unter der hellblauen Jacke schien ein rotes Hemd hervor.

Krumm lag der Körper da. Auf dem Bauch, die Glieder verrenkt. Ein Arm war unter dem Körper versteckt, der andere zeigte auf den Fluss. Die Hand war dunkel vor Blut.

Genau wie der Kopf. Da hatte jemand aber ordentlich zugeschlagen. Otto sah noch einmal hin. Der Kopf war eigentlich keiner mehr. Eher ein Stumpf als etwas anderes. Da hatte niemand einfach nur zugeschlagen. Das war ein Werk totaler

Raserei. Alles war blutig und dunkel. Er sah zu den anderen. Jeder Einzelne hatte den Blick auf den Toten gerichtet. Konnie ganz außen auf der anderen Seite. Daneben Heinz, dann Rolf und Günter. Er selbst hatte sich an den Rand gestellt.

Rolf war es, der das Schweigen brach. Zuerst hustete er, dann atmete er durch. «Braunkohle», sagte er.

Heinz schaute auf, Missbilligung in den Augen.

Rolf spürte das. «Das würde mein Ältester sagen», setzte er nach. Dabei legte er den Kopf ein wenig schräg.

Otto sah genau hin. Was aus dem Kragen der Jacke herausschaute, war blutig. Aber er hatte nur das Blut und nicht die dunkle Haut des Toten wahrgenommen. Der Hals war der eines schwarzen Mannes. Jetzt erst, wo er das wusste, konnte er Haut und Blut voneinander unterscheiden.

«Einer von den Afrikanern», sagte Heinz.

«Die Kubaner sind auch schwarz.» Konnies Wortmeldung.

«Die Algerier sind auch Afrikaner.» Das war Günter.

Nur er hatte noch nichts beigetragen, dachte Otto. Aber wo es nichts zu sagen gab, gab es nichts zu sagen. Der Mann, der vor ihnen am Boden lag, war tot. Afrikaner oder nicht. Sie würden herausfinden müssen, wer dafür verantwortlich war. So war es und nicht anders. Aber so schweigend hatten sie den Ersten Angriff noch nie begonnen.

Heinz drehte sich einmal um die eigene Achse. «Ereignisort ist …», sagte er, als er auf die Schienen blickte, «verdammt, der ist doch hier nicht totgeschlagen worden. Also sehen wir uns mal auf der anderen Seite der Gleise um. Oder ist das hier auch der Tatort?»

«Da …» Konnie zeigte auf zerdrücktes Gras vor ihnen. «Auf jeden Fall ist da etwas passiert. Aber die Grashalme richten sich schon wieder auf.»

Sie standen in der Mitte eines vielleicht fünf Meter breiten

Grasstreifens. Hinter ihnen Schienen und Landstraße, vor ihnen Bäume und Gesträuch und dann die Saale. Da waren deutliche Spuren von Bewegung zwischen ihnen und dem Toten. «Wer hat uns denn benachrichtigt?», fragte er.

«Eine Frau …» Rolf zog einen Zettel aus der Jackentasche. «Eine Frau Semmler. Die ist von Saalfeld nach Kahla gefahren, um dort Eingewecktes bei ihrer Tochter abzuholen. Das hat sie so gesagt. Und aus dem Zug hat sie dann hier was liegen gesehen. Das hat sie auch so gesagt. Dann hat sie vom Laden ihrer Tochter aus angerufen. Die Kollegen haben das überprüft und uns benachrichtigt.»

«Dann sind das hier die Spuren der Schutzpolizisten, oder?» Otto sah in die Runde.

Keine Antwort war eine Antwort.

«Wenn der unter die Bahn gekommen ist», sagte Rolf, «dann ist das sowieso ein Fall für die Transportpolizei.»

«Bis wir das wissen, ermitteln wir.» Heinz sah Rolf nicht an, als er ihm antwortete. «Und dann sehen wir weiter.»

«Wo sind die überhaupt? Die von der Schutzpolizei?», fragte Otto. «Die könnten den Ereignisort doch mal absperren?»

«Verkehrsunfall in der Nähe.» Heinz zeigte nach hinten. «Die mussten weg. Konnie, Otto, absperren müsst ihr dann. Günter, der Auffindungsort. Rolf, wir bleiben hier bei Günter und schauen uns um.»

Konnie stand schon am Gleis und wartete einen Zug ab, der in Richtung Rudolstadt fuhr. Als sie an der Straße angekommen waren, rollte ein Funkstreifenwagen vor ihnen aus. Otto sprach den Fahrer an, der ausstieg. «Dass hier niemand durchkommt. Bis auf weiteres ist das unser Ereignisort. Ist ja leicht zu sichern, die Gegend hinter den Gleisen ist ja sonst nicht zugänglich. Oder?»

«Nein. Mal ein paar Angler. Oder Kinder. Aber …» Der

Schutzpolizist sah auf die Uhr. «Die sind ja in der Schule.» Er überlegte kurz. «Nee, sind sie nicht. Sind Schulferien.»

«Gut», sagte Otto und stieg wieder über die Gleise. Günter war mit dem Toten beschäftigt. Er beugte sich zu ihm hinab und hob den ausgestreckten Arm am Jackenärmel hoch. Dann blickte er zu ihnen hinüber und suchte Heinz. Sein Gesichtsausdruck war irgendetwas zwischen angewidert und ratlos. Aber Heinz konnte er nicht finden. Der hatte sich gerade in den Wartburg gesetzt und benutzte das Funktelefon. Sicher sorgte er für den späteren Abtransport des Toten. Auf die Ergebnisse der Leichenschau war Otto gespannt.

19

Otto betrachtete den Leichnam aus der Distanz einiger Meter, während Günter hockend dessen Kleidung durchsuchte. Auf einem Tuch hatte er schon einen Metallring mit einigen Schlüsseln und ein paar Münzen abgelegt. Dann begann er, den Toten herumzudrehen.

Die Zerstörungswut irritierte Otto. Er war schon vielerlei Arten von Tod begegnet. Gleich zu Beginn seiner Laufbahn in der MUK, ganz kurz nach dem Studium der Kriminalistik war das gewesen, hatten sie in Triptis einen älteren Mann unter dem W50 gefunden. Er hatte unter der Hinterachse des Lkw gelegen und sehr hässlich ausgesehen. Ein Doppelreifen war ihm über den Kopf gefahren und hatte nicht viel zurückgelassen, was die Verwandten in Erinnerung behalten wollten. Es hatte sich dann herausgestellt, dass das kein Mord gewesen war und sich die örtlichen Schutzpolizisten um den Fall kümmern mussten. Aber das Bild von dem, was vom Kopf übriggeblieben war, hatte Otto monatelang in seinen Albträumen wiedergefunden.

Das war vorbei. Das mit den Albträumen. Lange schon. Er hatte viel gesehen in den paar Jahren, die er bei der MUK war.

Aber der tote Schwarze da … Der stimmte einfach nicht. Wer wollte denn die Energie aufbringen, einen so zuzurichten? Wer würde überhaupt einem Lebewesen so etwas antun? Er hatte nicht Günters Perspektive, aber Otto konnte von seinem Standpunkt aus sehen, dass dem Kopf auf eine Art Gewalt angetan worden war, die nicht mit dem Tod geendet hatte. Da hatte jemand weiter-, und weiter-, und weitergemacht. Zerstörungswut reichte als Kategorie eigentlich nicht einmal aus, um das zu einzuordnen. Und wenn der Tote von der Bahn überfahren worden war, dann sähe er erstens ganz anders aus und läge zweitens nicht so weit von den Gleisen weg.

Otto betrachtete das Gras zwischen den Schienen und dem Auffindungsort. Zu viele mögliche Spuren hatten schon die Schutzpolizisten zertrampelt, als sie hier angekommen waren, um der Meldung dieser Frau nachzugehen.

«Hey», hörte er Konnie. Otto drehte sich um und sah den Kollegen ein gutes Stück weiter gebückt an den Schienen. Gerade richtete er sich auf und ging ein paar Schritte zur Seite, um eine Bahn passieren zu lassen, die in Richtung Jena fuhr. «Komm mal», rief er dann und winkte dabei.

Otto machte sich zögernd auf. Das war etwas, was sie verfolgen mussten. Denn das konnte jemand beobachtet haben. Von wo mochten die Leute gekommen sein, die den Toten dort abgelegt hatten? Vom Fluss her kaum. Also doch von der anderen Seite der Schienen. Einen erwachsenen Mann aus einem Auto zu heben und ihn über die Schienen zu schleppen, wie viele Leute brauchte es dazu? Und dann noch einen so zugerichteten Leichnam.

Im Augenwinkel sah Otto eine Gebirgsstelze auf einem in

die Wiese ragenden Ast sitzen. Er hatte eben schon gemeint, dieses klare Ssissitt gehört zu haben. Von denen gab es immer mehr hier in den letzten Jahren. Er schaute noch einmal hin, es war ein Weibchen mit gelber Brust und weißer Flanke. Jetzt machte sich der Vogel auch schon wieder auf und flog in einem raschen Bogen über die Saale hinweg. Jedes kleine Insekt, das zu dieser Jahreszeit hier noch umherirrte, würde ihm zum Opfer fallen.

«Guck mal», sagte Konnie, als er ihn erreicht hatte. Er zeigte auf ein ganzes Muster von Blutspritzern, das direkt neben den Schienen auf dem Schotter zu sehen war. Dann wanderte der Finger weiter. Auch auf dem Gras waren Flecken, die von Blut herrühren konnten. Otto beugte sich herab.

«Scheiße!», sagte er. «Das müssen wir hier doch auch absperren.» Dabei fiel sein Blick auf noch mehr dunkles Rot weiter die Strecke entlang. «Warte mal», sagte er. Er machte einige Schritte, dann noch mehr. Bückte sich. Er war schon fast fünfzig Meter weit weg vom Auffindungsort. Klar, sie hatten ihn hier entlang der Gleise transportiert.

20

«Der Tote …» Günter redete, aber die Bahn, die vor dem Fenster entlangfuhr, übertönte ihn. Er zog an seiner Zigarette und sah zu Boden.

Konnie stand auf und schloss das Fenster. Sie hatten für den Nachmittag einen Raum in der Volkspolizeistation in Kahla erhalten. Heinz saß am Schreibtisch, Günter stand versetzt hinter ihm, genau über seinem Kopf das Foto Erich Honeckers. Otto lehnte in einer Ecke, den Arm auf einem halbhohen Aktenschrank. Konnie und Rolf saßen hinter einem zweiten Schreibtisch. Rolf stand gerade auf und warf die Tür zu, die zu einem Raum mit zwei weiteren Arbeitsplätzen führte. Nur einer von ihnen war besetzt.

«Also», hob Günter wieder an. «Der Tote ist auf dem Weg nach Gera. Leichenöffnung wird heute noch stattfinden. Die …» Er blickte zum Fenster hinaus. «Ich sage euch … Was die mit dem Kopf gemacht haben …»

«Was haben die denn mit dem Kopf gemacht?», fragte Otto.

«Nach meiner Einschätzung ist das mit stumpfer Gewalt nicht getan.» Günter blickte zum Boden, suchte offenbar nach Worten. «Egal, welches Gerät da benutzt worden ist, damit wieder und wieder draufzuschlagen, hätte den Kopf nicht in diese Verfassung versetzt. Was ich damit sagen will, ist Folgendes: Der Kopf ist nicht einfach eingeschlagen worden. Da gab es auch andere Kräfte, die gewirkt haben. Dem Schädel fehlt einfach etwas.»

Heinz drehte sich um, wartete auf mehr.

Auch die anderen sagten keinen Ton.

Heinz öffnete die Hände als Zeichen an Günter weiterzureden.

«Ich weiß es nicht», sagte der. «Es wirkt so, als habe es Gewalt von oben gegeben, durch die der Schädel eingedrückt worden ist. Aber eben noch mehr. Jetzt lasst mich nichts sagen, das ich nicht sagen möchte.»

«Also, wie wenn einer mit einem Gegenstand Schwung nimmt und gegen den Kopf schlägt?» Rolf blickte sich um, während er redete, suchte Unterstützung.

«Ja», sagte Günter langsam. «Ungefähr so. Und dann doch wieder anders. Wir werden nach der Leichenöffnung mehr wissen.»

Das war gar nicht Günters Art. Otto wunderte sich. In der

Gruppe herrschte ein Klima der Offenheit. Wenn jemand einen Gedanken oder eine Idee hatte, wurde alles offen ausgesprochen.

«Was haben wir denn sonst?» Heinz entlastete Günter und schaute die anderen drei an.

«Wir haben vor allem keinen Namen», sagte Otto und wartete auf Widerspruch, der aber nicht kam. Papiere waren also keine gefunden worden. «Gibt es irgendeinen Hinweis darauf, wer der Tote sein könnte?»

«Einer der Afrikaner eben.» Rolf.

«Das hatten wir doch schon», sagte Heinz. «Oder ein Kubaner.»

«Aber wie finden wir den Namen?» Günter.

«Bislang liegt keine Vermisstenanzeige vor», sagte Heinz. «Jedenfalls nicht in Jena.»

«Und wenn er nicht aus Jena kommt?», fragte Otto.

«Wir fragen in den Wohnheimen nach», sagte Günter.

«Das macht die Leute nur unruhig», sagte Rolf. «Das spricht sich doch rum. Da stehen wir nicht gut da, wenn wir überall anklopfen und fragen, ob irgendwo einer fehlt.»

«Und weißt du auch, wie lange das dauert?» Otto schüttelte den Kopf. «Bei so vielen Wohnheimen in unserem Bezirk. Und wenn wir das gründlich machen wollen, müssten wir auch in den Betrieben fragen. Und wenn in Jena keine Vermisstenanzeige vorliegt, dann kann der ja von überallher gekommen sein.»

«Vielleicht machen wir erst einmal mit den Blutspuren weiter.» Heinz wartete, bis er sicher war, dass alle seinen Vorschlag gehört hatten. «Gut», sagte er dann. «Otto, Konnie, ihr habt damit sowieso schon angefangen. Geht einfach die Gegend rund um den Auffindungsort noch mal ab. Weiträumig. Wir wollen wissen, von wo der Tote dorthin gebracht worden ist. Günter, du fährst nach Gera zurück und wartest auf die Ergebnisse der Leichenöffnung. Rolf, wir hören uns in Kahla und der Umgebung mal um.»

21

Als Otto seinen Wagen hinter dem Wartburg der Schutzpolizisten abstellte, wurde der Himmel dunkel. Es roch wieder nach Regen.

«Wie lange musst du hier noch bleiben?», fragte er den Uniformierten, der am Straßenrand stand und über die Schienen hinweg blickte.

«Bis sechs», sagte der junge Mann. «Am Abend. Dann kommt die Ablösung.»

Otto und Konnie stiegen über die Gleise und betrachteten den Auffindungsort. Konnie zog die Schultern hoch, als er auf den Flecken Wiese sah, wo der Tote gefunden worden war. «Ja, da hat Günter sein Unwesen getrieben», sagte Otto. «Und daher», er zeigte in Richtung Kahla, «kann er nicht gekommen sein. Also der Blutspur nach.»

Die Schienen entfernten sich von der Saale ungefähr dort, wo sie früher am Morgen die letzte Blutspur gesehen hatten. Sie marschierten noch ein Stück, ohne weitere Spuren zu finden. Die Landschaft wurde offener auf ihrer Seite der Gleise, sie blickten auf eine kleine Siedlung.

«Wie heißt der Ort?», fragte Konnie und wies mit dem Kinn auf die ersten Häuser, die keine hundert Meter entfernt standen, größtenteils von Bäumen verdeckt.

«Großeutersdorf.»

«Scheißname.»

«Ja.» Otto guckte über die Gleise hinweg. «Wir sollten uns

da vielleicht umsehen. Andere Seite der Schienen, andere Seite der Straße. Da ist noch ein Rest der Siedlung.»

Er stieg als Erster über die Gleise, Konnie folgte ihm und seufzte. «Was soll ein Schwarzer denn da drüben zu suchen gehabt haben? Die leben doch alle in der Stadt?»

Das hatte sich Otto auch schon gefragt. Die hatten erstens ihre Wohnheime und zweitens ihre Gründe, sich nicht überall blickenzulassen. Auch wenn es vor ihrer Zeit gewesen war, wussten alle Schwarzen von Merseburg 1979. Alle hatten gehört, dass damals zwei Kubaner ermordet worden waren. Bestimmte Dinge sprachen sich eben rum.

Konnie starrte auf den Boden. Straßenrand, Geröll, weicher Boden, Wurzeln. Dann schüttelte er den Kopf. «Ich denke, die haben den aus einem Wagen geladen.»

«Da, wo die letzten Spuren zu sehen waren?»

«Und dann über die Gleise, und dann haben sie ihn da abgelegt.»

«Aber warum haben sie ihn dann noch diese fünfzig Meter oder so geschleppt?»

«Keine Ahnung. Du?»

«Nee.»

«Die anderen werden unzufrieden sein, wenn wir mit gar nichts ankommen.»

«Damit müssen wir leben. So was gibt es.»

Als Konnie ihn vor der Wache in Kahla absetzte, sah Otto, dass die anderen schon weg waren. Günter war sicher von irgendeinem Uniformierten nach Gera gebracht worden, um mit seiner Arbeit zu beginnen. Und der Wartburg der MUK stand nicht mehr vor der Tür. Heinz und Rolf waren also auch schon unterwegs. Er zündete sich eine Zigarette an, als Konnie mit einer Hand aus dem Fenster des Škoda grüßend davonfuhr.

Er rauchte die Zigarette langsam auf und startete dann den Wagen. An der Landstraße blinkte er nach Norden, nach Jena und zur Autobahn. Er ließ einen Trabant aus Richtung Rudolstadt vorbei, dann einen Barkas, der aus Richtung Jena kam. Und dann folgte er dem Barkas.

Der erste Regentropfen platschte auf die Windschutzscheibe. Er hatte nicht mehr viel Zeit, wenn er sich an der Bahnstrecke umsehen wollte. Und wenn es richtig zu regnen begann, dann war sowieso alles umsonst.

Noch ein Tropfen. Und noch einer. Er überholte den Barkas, fuhr durch Großeutersdorf hindurch, ohne die Geschwindigkeit zu reduzieren, und sah, dass sich Straße und Schienen voneinander entfernten. In Orlamünde fanden sie wieder zusammen, und Otto trat erst auf die Bremse, als er einen Abzweig erreichte.

Er stoppte den Lada und sprang heraus. Es hatte leicht angefangen zu regnen.

Mit langen Schritten lief er zu den Gleisen und blickte in beide Richtungen. Er rannte die Schienen entlang Richtung Süden, bis er außer Atem war und stoppte. Wischte sich Schweiß und Regen von der Stirn und lief zurück zum Auto.

Die Reifen quietschten, als er scharf anfuhr. Anders als die Saale mit ihren vielen kleinen Kurven jenseits der Gleise wand sich die Straße sanft durch das Tal. Otto war weit über der erlaubten Höchstgeschwindigkeit, als er Zeutsch erreichte. Er sah zur Linken eine Straße über Gleise und Fluss führen. Als er selbst eine Kurve auf der Landstraße gefahren war, bremste er und blickte in den Rückspiegel. Die Straße war frei, und er wendete. Dann fuhr er zurück bis zu dem Abzweig und ließ den Wagen auf der Brücke genau über den Schienen stehen.

Der Motor lief noch, als er über das Geländer blickte. Hinter ihm verliefen Gleise und Landstraße parallel, vor ihm die

Schienen und der Fluss, gesäumt von hohen Bäumen. Der Regen wurde stärker.

Entscheide dich.

An der Landstraße entlang.

Oder am Fluss.

Otto rutschte die Böschung hinab und lief zwischen Gleisbett und Fluss Richtung Süden. Er spürte die Feuchtigkeit schon auf dem Gras unter seinen Füßen. Während er lief, starrte er auf den Rand des Gleisbettes. Lief noch schneller, während der Regen begann, dicht zu werden.

Als er erneut außer Atem war, wartete er kurz, Hände auf den Knien. Einen Versuch war es wert gewesen. Er holte Luft, blickte die Schienen entlang und drehte sich dann um.

Mehrere Sekunden und ein paar Schritte brauchte er, um zu verarbeiten, was ihn irritiert hatte, genau in dem Moment, als er sich auf dem Absatz umgedreht hatte.

Erneut drehte er sich und fing an, wieder schneller zu laufen. Und blieb gleich wieder stehen, als er einen roten Schimmer am Boden bemerkte. Er bückte sich und sah, wie das Blut im Nachmittagsregen versickerte.

Er holte ein sauberes Taschentuch aus der Jacke, legte es über die rote Spur und drückte fest darauf. Dann legte er es ordentlich zusammen und steckte es in die Tasche seines Jacketts. Vielleicht ließ sich feststellen, dass das Blut dieselbe Blutgruppe hatte wie das des Toten.

22 | DI 11. 10. 1983

«… und wenn das selbst zehn Kilometer weiter noch zu finden ist, dann müssen wir ganz neu nachdenken.»

Otto war der Letzte, der sich in Gera eingefunden hatte. Er stand noch in der Tür zu Heinz' Büro und hatte seine Beschreibung gerade beendet. Und damit auch die Diskussion, die vorher sicher in eine andere Richtung gelaufen war. Das Taschentuch holte er aus der Jacke. «Hab ich mitgebracht.» Er hielt es so, dass alle einen Blick darauf werfen konnten.

«Dann …» Heinz holte tief Luft. «Dann …»

«Das dauert natürlich ein paar Tage, bis wir den Abgleich haben.» Rolf wandte sich beim Sprechen zu beiden Seiten. «Und vielleicht war es ja ein Tier.»

«Dann … müssen wir tatsächlich neu überlegen.» Heinz hatte seine Sprache wiedergefunden.

«Auf jeden Fall müssen wir das.» Otto faltete das Taschentuch wieder zusammen und legte es auf den Schreibtisch, direkt vor Günters Nase. «Und wenn es ein Tier gewesen sein soll», er sah Rolf an, «dann erklär mir mal, wieso das Vieh Kilometer um Kilometer an der Bahntrasse entlanggelatscht ist. Über Straßen hinweg und durch Städte und Dörfer.»

«Ja, aber die werden den doch nicht so lange an der Trasse entlanggeschleppt haben, den Toten.» Günter nahm das Taschentuch an sich. «Vielleicht ist es ja Blut von unterschiedlichen …», er dachte nach, «… unterschiedlichen Kreaturen. Mensch hier und Tier dort. Vielleicht sind all diese Spuren entlang der Gleise überhaupt nicht von unserem Opfer.»

«In der Tat. Kann das nicht ganz andere Ursachen haben?», fragte Heinz.

«Aber», sagte Otto, «wie lange dauert das denn, bis wir wissen, ob das Blut dieselbe Blutgruppe hat wie das des Toten? Die paar Tage müssen wir eben warten.»

Als niemand etwas sagte, setzte er nach. «Oder habt ihr Hinweise aus der Umgebung des Auffindungsortes?»

Wieder sagte niemand etwas.

«Gut.» Heinz hob die Hände und zog zugleich an der Zigarette, die in seinem Mundwinkel hing. «Als ihr das Blut neben den Schienen gefunden habt, war es ja naheliegend, dass es mit unserem Fall zu tun hat. Sagen wir … Leute, mindestens zwei, haben den Toten, denn wir gehen davon aus, dass der Tote nicht am Auffindungsort gestorben ist, über die Schienen getragen und dann in die Nähe des Flusses. Dort haben sie ihn abgelegt. Nehmen wir also an, sie haben ihn tatsächlich mehr als fünfzig Meter weit durch die Aue getragen, bevor sie ihn dort liegengelassen haben. Obwohl jeder andere Platz meiner Meinung nach genauso gut gewesen wäre. Dann haben wir es bei dem Blut, das ihr neben den Schienen gefunden habt, mit einer Spur zu tun, die mit unserem Fall zu tun hat. So …» Heinz zeigte auf Günter. «Bleiben natürlich noch die Verletzungen, die er am Leib hatte.»

«Er ist überfahren worden. Von irgendwas. Alles Mögliche kann geschehen sein.» Rolf wandte sich an Heinz, ohne die anderen einzubeziehen.

«Ja, das kann sein, aber die Hände und ihre Verletzungen erklärt das nicht. Wer von der Bahn überrollt wurde, sieht ganz anders aus.» Heinz sah in die Runde. «Als wären sie in einen

Mähdrescher gekommen, die Hände.» Er zündete sich eine neue Zigarette an. Dann fixierte er Otto. «Mach mal die Tür zu.» Er zog an der Zigarette und inhalierte tief, dabei holte er eine Flasche Goldkrone aus der obersten Schublade. Als er den Verschluss aufgedreht hatte, roch er mehrere Sekunden lang daran, ohne die Zigarette aus dem Mund zu nehmen. Dann nahm er sie zwischen zwei Finger und setzte die Flasche an. Er trank einen Schluck, drehte die Flasche wieder zu und fuhr sich für alle sichtbar mit der Zunge durch die linke Wange. «Zahnschmerzen», sagte er und suchte nach weiteren Worten. «Aber wenn wir das mit den Blutspuren neben den Schienen ernst nehmen, nah am Tatort und weiter weg, und da kann es ja noch mehr gegeben haben, die der Regen zerstört hat, wenn wir die also ernst nehmen, diese Blutspuren, wie erklären wir uns das? Dann hat das ja schon mit den Zügen zu tun.»

«Der hat sich ja nicht an den Zug gehängt.» Rolf.

«Oder ist mitgeschleift worden.» Günter. «So sieht es ja auch nicht aus.»

«Kann er irgendwo ausgestiegen sein?», fragte Konnie. «Und dann hat sich die Tür geschlossen und …»

Otto schüttelte den Kopf. «Ist das nicht die falsche Seite? Dann wären die Blutspuren ja nicht außen am Gleisbett.»

«Es ergibt sowieso keinen Sinn», sagte Heinz.

«Was machen wir dann?», fragte Otto.

«Was schlägst du vor?».

«Wenn ihr alle Kahla und die Umgebung bearbeitet», sagte Otto, «fahren Konnie und ich die Bahnstrecke ab.»

«Nein, das ist mir zu viel Aufmerksamkeit. Zwei von uns, die die Gleise ablaufen, da stellen sich die Leute Fragen. Das ist mir zu auffällig. Das kriegen ja alle mit. Wenn, dann müsstest du das allein verfolgen.» Heinz sah auf seinen Schreibtisch. «Wir haben ja auch keinen Vermissten.»

«Vielleicht müssen wir den Vermissten doch systematisch suchen», sagte Otto.

«Kommt gar nicht in Frage.» Heinz stand auf und lief hinter dem Schreibtisch auf und ab. «Wir werden nicht die ganzen Wohnheime in der Umgebung abklappern und nach Schwarzen suchen, die eine Nacht woanders verbracht haben. Das irritiert nur zu viele Leute. Stellt euch mal vor, man redet davon, dass wir einen Afrikaner suchen und nicht einmal wissen, wen. Nein», sagte er. «Nein, nein, nein.» Er machte eine kleine Pause und redete dann leise weiter. «Und früher oder später erfahren wir es sowieso, wenn einer der Vertragsarbeiter verschwunden ist. Hoffen wir halt, dass es nicht zu lange dauert.»

23

Otto war gleich nach der Besprechung losgefahren und froh, allein zu sein und nachdenken zu können. Gerade schaltete er die Scheibenwischer aus. Der Regen hatte aufgehört. Die Treffen der Gruppe und der Austausch von Ideen und Gedanken waren das Zentrum der Ermittlung in jedem Mordfall. Dabei ergab es sich oft, dass alle Mitglieder der Gruppe die Rollen einnahmen, die sie sich im Lauf der Zeit erarbeitet hatten. Oder die ihnen zugewiesen worden waren, manchmal war er sich da nicht so sicher.

Rolf war der, der selbst dann noch gegen jeden guten Vorschlag argumentierte, wenn klar war, dass er verfolgt werden musste. Irgendjemand hatte dazu mal ein Fremdwort in die Runde geworfen, es war wohl Günter gewesen. Otto hatte den Begriff vergessen. Auch wenn es manchmal destruktiv erschien, was Rolf vorbrachte, hatte es doch oft einen soliden Hintergrund. Sind wir uns sicher, dass wir das Richtige tun?

Günter war derjenige, der zusammenfasste und dabei immer mit einem Auge auf Heinz blickte. Das war auf der einen Seite nützlich, weil es Momente gab, in denen irgendwer diese Arbeit tun musste. Auf der anderen klang es oft hohl und opportunistisch. Trotzdem waren Günters Beiträge hilfreich, weil sie alle zusammenbrachten auf einer Linie, auf einer Ermittlungslinie.

Dann war da Konnie. Immer mit dieser Art von Zurückhaltung, die er für angemessen hielt. Ich bin der Jüngste hier im Raum, sagte der Blick, sagte die Körperhaltung. Dabei hatte er eine gute Auffassungsgabe. Otto war froh, dass Konnie dabei war. So war er selbst nicht mehr der Jüngste in der MUK.

Und dann Heinz. Als Hauptmann und Leiter war er der Ranghöchste der Gruppe und der erfahrenste Ermittler. Er machte oft den Eindruck, als wollte er verhindern, dass seine Leute abwichen von einer Linie, die er nicht immer deutlich bestimmte. Wenn jemand eine Idee formulierte, die den Gemeinsinn der Gruppe sprengte, dann war er sehr kritisch und oft abweisend. Und trotzdem fand er dann manchmal noch eine Lösung, die es möglich machte, dass sich jemand aus der Gruppe entfernte und seinem eigenen Instinkt folgte. Deshalb war Otto jetzt allein unterwegs. Er fuhr erneut an der Stelle hinter Kahla vorüber, an der sie den Schwarzen gefunden hatten.

Denn letztlich hatten sie alle nur ein Ziel. Wenn es zu einem Kapitalverbrechen gekommen war, mussten alle Kräfte mobilisiert werden, um den Täter zu finden. Dafür, dieses Ziel zu erreichen, tolerierte Heinz auch eine abweichende Meinung.

Was geschah, bevor sich der Rest der MUK wieder auf den Weg machte, war Standard. Eine Sekretärin, wahrscheinlich wurde es wieder Frau Heitmann, wie meist, würde beauftragt, in Gera die Fäden in der Hand zu halten, wenn alle Mitglieder der MUK unterwegs waren. Das war eine schwierige Aufgabe und oft auch eine zeitraubende. Frau Heitmann musste erreichbar sein und die Meldungen weitergeben, die die einzelnen Mitglieder der Gruppe telefonisch durchgaben. Otto wusste, dass Frau Heitmann diese Arbeit gar nicht schätzte. Er hatte es durch Zufall mitbekommen. Ein Gespräch zwischen zwei Frauen im Treppenhaus, die nicht wussten, dass er eine halbe Etage über ihnen eine Zigarette rauchend aus dem Fenster starrte. Und mithörte, wie Frau Heitmann darüber klagte, dass sie kaum einmal auf die Toilette gehen konnte, wenn sie der MUK zugeordnet sei. Sie musste schließlich ständig erreichbar sein. Und nur der eine Wartburg der Morduntersuchungskommission hatte ein Funkgerät. Jede andere Kommunikation lief über das Telefon.

Dann würde ihnen im Polizeipräsidium in Jena ein Raum freigeräumt werden. Es waren nicht viel mehr als vierzig Kilometer zwischen den beiden großen Städten, aber es hatte sich als sinnvoll erwiesen, für die nötigen Besprechungen, und das konnten je nach Lage der Dinge mehrere täglich sein, ein Quartier zu haben, das in der Nähe des Auffindungsortes lag. Und Gera war auch mehr als fünfzig Kilometer entfernt von jener Aue an der Saale. Außerdem war es möglich, dass ihnen in Jena noch zwei oder drei weitere Kriminalisten zugeordnet wurden für die anstehenden Ermittlungen.

Gerade war er durch Zeutsch hindurchgefahren und rollte weiter. Schienen und Fluss waren ein paar hundert Meter abseits nun. Durch Uhlstädt hindurch, gleich neben den Gleisen wieder, dann durch Etzelbach und Kirchhasel in Richtung Rudolstadt. Dort stoppte er den Wagen vor dem Bahnhof und sah, wie Leute aus dem Gebäude kamen. Ein Zug fuhr los nach Jena. Otto musste sich eingestehen, dass er nicht wusste, wonach er eigentlich suchte.

Das Gleisbett weiter abzulaufen, war vielleicht nicht sinnlos, aber er wusste nicht, wo er beginnen sollte. Die Blutspuren würden mittlerweile verschwunden sein. Der Regen würde sie gründlich weggewaschen haben.

Otto versuchte sich zu erinnern, was der Tote bei sich gehabt hatte. Ein Schlüsselring mit einem Zimmer- und einem Fahrradschlüssel.

Dazu eine Abrisskarte für eine Veranstaltung. Von der Rolle, die konnte er überall gekriegt haben. Eine Kassenquittung aus einer Kaufhalle. Auch die konnte aus dem ganzen Land stammen. Ein Westpfennig in der Hosentasche, aber keine Geldbörse. Die hatten sie ihm abgenommen. Genauso wie seine Papiere.

Das war nichts, dachte Otto. Nichts jedenfalls, was ihm weiterhalf.

Ein Bus hielt auf dem Bahnhofsvorplatz. Der Fahrer öffnete das Seitenfenster und zündete sich eine Zigarette an. Er inhalierte und hielt den Rauch erstaunlich lange in der Lunge. Dann entließ er ihn in einem dünnen, nach vorn geblasenen Strahl. Ein Zug fuhr ein, er kam aus Jena. Es dauerte eine Weile, dann marschierten etwa dreißig Jugendliche gesittet aus dem Bahnhofsgebäude und verschwanden im Bus, der bald darauf losfuhr. Der Fahrer hatte seine halbgerauchte Zigarette qualmend aus dem Fenster geworfen.

Otto sah dem Bus hinterher, wie er in Richtung Innenstadt fuhr. Er zündete sich ebenfalls eine Zigarette an. Das Einzige, was er hatte, war der Blutfleck, den er vor dem Regen gerettet hatte. Wenn der dem Afrikaner zuzuordnen war, dann kamen sie weiter. Dann war der Tote in Rudolstadt oder noch früher in den Zug gestiegen. Otto wendete und fuhr zurück. Er würde sich noch ein paar Abschnitte der Gleise ansehen.

24

Im Rückspiegel sah er Rudolstadt kleiner werden und schließlich verschwinden. Otto hielt am Straßenrand. Die Idee war richtig, aber er war nicht konsequent gewesen. Er sollte in die andere Richtung fahren. Weg von Jena, weg von Kahla und auch weg von Rudolstadt. Er suchte ohnehin auf gut Glück, und zwischen Kahla und Rudolstadt hatte er ja schon einen Hinweis auf den Afrikaner gefunden. Er ging jedenfalls davon aus, dass das Blut von ihm stammte.

Otto wendete und fuhr durch Rudolstadt hindurch. Als er die Industrielandschaft Schwarzas und das Chemiefaserkombinat Wilhelm Pieck passierte, kurbelte er das Fenster hoch, zu durchdringend war der süßliche Gestank. Bergauf in Richtung Saalfeld verlor er die Gleise zunächst aus dem Blick.

Auf der kleinen Hochebene zwischen Rudolstadt und Saalfeld angekommen, hielt er am Straßenrand und stieg aus. Er blickte hinunter auf die Saale und die beiden Reihen von Bäumen, die sie säumten, dann dahinter auf den Kulm, den bewaldeten Berg, ganz in Gelb und Rot. Zwischen Fluss und Anstieg lagen die Gleise und ein Panzerweg mit Betonplatten.

Ein Sperber kam auf recht niedriger Höhe auf ihn zugeflogen. Otto konnte ihn gut gegen den grauen Himmel sehen. Auch, dass es eben ein Sperber und kein Habicht war, man erkannte das am schnelleren Flügelschlag. Otto legte den Kopf in den Nacken und folgte ihm mit dem Blick, dann drehte er sich um und sah ihn schließlich im Dunst verschwinden.

Der hatte ein Mordstempo, aber keine Vorstellung davon, was er tat. Wenn er weiter in dieser Geschwindigkeit flog, dann kam er in den Westen. Einfach so. Und das Schönste war: Es kümmerte ihn nicht einmal. Er lebte in einem anderen Bewusstseinszustand.

So schlecht war das nicht, dachte Otto. Er beneidete den Vogel aus beiden Gründen. Weil er es konnte, einfach weiterfliegen, ohne sich zu scheren. Und weil er es tat, ohne Angst zu haben.

Als er den Wagen wieder in Bewegung setzte, fühlte sich Otto orientierungslos. Zwischen Schwarza und Saalfeld fuhr die Bahn durch wildes Gelände, recht fern von Dörfern und Häusern. Was hatte er dort finden wollen? Jetzt ließ er den Wagen über die Saale hinüber und zum Saalfelder Bahnhof ausrollen.

Er stieg aus und betrachtete das Bahnhofsgebäude. Es war spät geworden, fast fünf schon, und er hatte keinerlei Ergebnis vorzuweisen. Nachdem er ein paar Minuten auf dem Vorplatz gestanden und darauf gewartet hatte, dass ihm etwas Gescheites einfiel, betrat er das Gebäude und ging durch bis zum Bahnsteig. Als er sich gerade auf eine Bank gesetzt hatte, kamen Arbeiter die Treppe hoch. Für sie war die Tagschicht zu Ende, und für ihn auch bald.

Heute war Dienstag, und es war noch recht hell. Der tote Afrikaner war sonntags unterwegs gewesen – jaja, Heinz, vorbehaltlich der Ergebnisse der Leichenöffnung. Und im Dunkeln. Wenn er vor dem Abend dort abgelegt worden wäre, hätte das irgendwer bemerkt und die Volkspolizei benachrichtigt.

Wieder runter vom Bahnsteig. Er bewegte sich antizyklisch, die Treppen waren nun voll. Die Leute kamen von der Arbeit und ihm entgegen. Er suchte das Büro des Bahnhofsvorstehers. Als er durch das Fenster in der Holztür blickte, sah nur er einen unbesetzten Schreibtisch. Er klopfte, mehr aus Gewohnheit als in der Hoffnung, dass sich im Inneren des Büros etwas tun würde.

«Was wollen Sie denn?», hörte er eine Stimme hinter sich. Ein korpulenter Mann Mitte fünfzig in Uniform näherte sich mit bedächtigen Schritten. Er hatte das «Sie» so laut ausgesprochen, als wolle er sagen, dass ihm nur jemand in Uniform eine Weisung erteilen könne. Seine war blau, und auf den Schultern war Geflochtenes zu sehen.

Otto zog seinen Ausweis aus der Tasche und hielt ihn dem Mann auf Augenhöhe hin. «Ich muss mal telefonieren», sagte er fast tonlos.

«Ach so», sagte der Uniformierte. Er schloss die Tür auf und wies auf seinen Schreibtisch. «Da», sagte er und blieb so stehen, dass Otto um ihn herum greifen musste, um an den Hörer zu kommen.

«Heitmann», meldete sich sofort die Stimme, die er erwartet hatte. Beide Silben so schnell gesprochen, als wäre sie in großer Eile.

«Oberleutnant Castorp.» Otto ließ eine Sekunde verstreichen, um Frau Heitmann die Gelegenheit zu geben, Luft zu holen und zuzuhören. «Ich bin in Saalfeld und breche meine Untersuchung hier ab. Fahre gleich nach Hause.» Mehr musste die Sekretärin nicht wissen.

«Gut, dass Sie sich endlich melden», hörte er ihre Stimme. «Der Genosse Oberleutnant Reim hat schon vor einer Stunde angerufen und durchgegeben, dass sie in Kahla einen …», sie überlegte einen Moment, «einen Schwarzen gefunden haben. Nein», sie machte wieder eine Pause, «natürlich nicht. In Kahla ist am Sonntag ein Schwarzer gesehen worden und ist nicht mehr auffindbar. Es gibt Hinweise, dass er in einem Wohnheim in Jena lebt.»

Als Otto nichts erwiderte, sagte sie noch: «Oder gelebt hat.»

25 | MI 12.10.1983

Der Raum im Polizeipräsidium in Jena war noch leer, bis auf die zu einem Rechteck zusammengeschobenen Tische und die Stühle, die drum herum standen. Otto setzte sich so ans Fenster, dass er die Tür im Blick hatte. Es kam selten vor, dass er auf die anderen wartete.

Die Wände waren nackt bis auf das Foto des Vorsitzenden des Staatsrates und Generalsekretärs des Politbüros der Sozialistischen Einheitspartei Deutschlands. Er blickte gnädig und voller Vertrauen auf ihn herab. Er wusste, dass sie das Beste geben würden, um den Fall des toten Schwarzen aufzuklären. Otto lächelte das Porträt an.

Radtke kam herein, ohne anzuklopfen. Setzte sich Otto gegenüber auf den ersten Stuhl an der Tür. Wie hieß er noch mal mit Vornamen?

Sie nickten sich zum Gruß zu.

Sie waren keine Freunde.

Radtke war ihnen schon einmal zugeteilt gewesen, als sie auf der Suche nach einem vermissten alten Mann gewesen waren. Er war in Jena verschwunden und galt als verwirrt. Der zuständige Abschnittsbevollmächtigte hatte ihn als jemanden beschrieben, der schon mal ein kritisches Wort über die Sicherheitsorgane hatte verlauten lassen, vor allem, wenn er ein Bier zu viel getrunken hatte.

Sie waren alle schlecht gelaunt gewesen an diesem Tag. Es war kühl und regnerisch, und im Wald hatten sie sich nasse Füße geholt. Als Radtke den alten Mann hinter einem Baum hatte hocken sehen, hatte er ihm erst mal in die Seite getreten. Und das mit großer Gewalt.

Otto hatte es beobachtet. Und als Radtke dem Alten zum zweiten Mal mit Wucht in den Körper getreten hatte, war er ihm in die Parade gefahren. Hatte ihn weggestoßen von dem Alten. Herrgott, das war in erster Linie ein alter und verwirrter Mann. Was er zur Staatsgrenze zu sagen hatte, konnte man ihm später noch vorwerfen, wenn er wieder aufgewärmt und aufgepäppelt worden war.

Seitdem hatten Radtke und er nicht viele Worte gewechselt. Alexander hieß er. Oder?

«Ihr habt ihn schon identifiziert, hab ich gehört.»

«Das ist mir neu», sagte Otto. «Ich war gestern allein unterwegs.»

«Die junge Dame soll sich da einen Zeitvertreib verschafft haben.» Radtke zog einen Mundwinkel hoch. «Man hört ja so einiges von denen.» Er blickte sich demonstrativ in den Schritt.

Ein einzelner Klopfton an der Tür. Andreas' Kopf erschien in dem Spalt zwischen Tür und Rahmen. «Ah», sagte er. «Ihr seid schon da.»

Andreas Wasser war der zweite Kriminalbeamte, den Heinz angefordert hatte, um die MUK zu unterstützen. In erster Linie waren die beiden dafür verantwortlich, ihnen den Rücken freizuhalten, für den Kontakt zur Schutzpolizei und für alles, was damit zu tun hatte, Leute für kleinere Nachforschungen und Befragungen auf die Straße zu schicken.

Andreas setzte sich neben Radtke. Otto sah auf seine Armbanduhr und hörte zur gleichen Zeit auch schon Rolfs Stimme draußen auf dem Flur. Die Tür ging auf, Rolf kam herein, gefolgt von den anderen.

«Also», sagte Heinz noch im Gehen. «Wir haben den Schwarzen gestern nicht identifizieren können, aber wir sind ihm auf der Spur.» Er schlug eine dünne Akte auf. Sah nacheinander Otto und die beiden Jenaer Kriminalisten an.

«Wir haben in Kahla eine», er sah aufs Blatt und las den Namen ab, «Paula Stumph gefunden.» Dann sah er hoch. «Es gab da ein paar Hinweise aus der Bevölkerung. Diese junge Frau», Heinz sah demonstrativ noch einmal in die Akte, obwohl sich Otto sicher war, dass er die wenigen Fakten kannte, «ist 34 Jahre alt, hat zugegeben …»

«Eine junge Witwe», sagte Rolf und blickte Otto an. Er zwinkerte kurz.

«Ja. Der Mann ist 1981 bei einem Arbeitsunfall ums Leben gekommen. Sie hat zugegeben, also zu Protokoll gegeben besser, dass sie sich regelmäßig mit einem Vertragsarbeiter aus dem VEB Carl Zeiss getroffen hat. Der lebt in Jena in einem dieser Wohnheime. Und sie hat ihn auch identifiziert, aber hier beginnen unsere Probleme. Sie kennt ihn nur als Kaunda.»

«Ja, und …» Günter rückte seinen Stuhl zurecht. «Leider gibt es keinen Kaunda in einem der Wohnheime.»

«Ein Rufname also», sagte Heinz.

«Woher kennen die sich denn?», fragte Otto.

«Frau Stumph sagt», Heinz schaute schon wieder in die Akte, «sie wären sich in den Saaleauen beim Spazierengehen begegnet.»

«In den Saaleauen beim Spazierengehen begegnet», wiederholte Rolf leise.

«Gut», sagte Otto. «Die Frau sagt also nicht, wo sie den Mann kennengelernt hat und seinen Namen verrät sie uns auch nicht. Wann haben die sich denn getroffen?»

«Sonntagmittag», sagte Heinz. «Sagt sie.»

«Und dann ist er wieder nach Jena zurückgefahren.» Günter.

«Mit dem Zug.» Rolf.

«Vermisst wird im Moment keiner in Jena», sagte Konnie. «Das haben wir gestern noch überprüft. Also … offiziell vermisst.»

«Offiziell.» Heinz schloss die Akte. «Das heißt nicht viel. Vielleicht hatte er ein paar Tage frei. Und …» Er öffnete die rechte Hand und machte eine Kreisbewegung. «Ihr habt alle gesehen, dass wir die Einsatzgruppe in der Stärke 1:6 gebildet haben. Die Genossen Radtke und Wasser werden uns als zugeordnete Kräfte zunächst einmal unterstützen. Das sollte reichen, um den Toten zu identifizieren und die Mordermittlungen durchzuführen. Jedenfalls ist das der Stand von heute.»

«Also, wie geht ihr denn jetzt vor?», fragte Otto. «Und gibt es ein Foto?»

«*Ihr?*» Rolf sprach so laut, dass ihn alle ansahen.

«Es gibt kein Foto», sagte Konnie und betonte jede Silbe.

«Wie weit bist du denn gekommen gestern?» Heinz sah Otto an.

«Ich habe nicht viel gefunden. Aber ich möchte noch einen Tag dranhängen und da weitermachen.»

«Aber wir haben ihn.» Rolf schüttelte den Kopf.

«Ihr habt gar nichts. Nicht mal einen Namen. Und wenn er nach Jena zurückgefahren ist, was machen wir dann aus den Blutspuren, die wir gefunden haben? Das war doch die andere Richtung.»

«Vielleicht ist er jemandem begegnet», sagte Heinz und sah Otto in die Augen. «Vielleicht hat er seine Pläne geändert.»

26 | DO 13.10.1983

Otto erreichte das Wohnheim, das hoch über der Rudolstädter Straße am Rand von Winzerla gelegen war, als Erster. Er stieg aus, grüßte die beiden Uniformierten, die vor der Tür warteten, mit ausgestrecktem Zeigefinger und erhielt ein doppeltes schweigendes Nicken zurück. Dann zündete er sich eine Zigarette an und blickte sich um.

Die Tür zum Wohnheim war offen. Otto sah zwei schwarze Männer eine Treppe herunterkommen. Einer von ihnen zuckte kurz, als er die beiden Polizisten sah, die mit dem Rücken zum Eingang standen. Er zog den anderen zur Seite. Mit schnellen Schritten verschwanden die beiden in einem Flur.

Es war fast Mittag, und die Suche nach diesem Kaunda war in dem anderen Vertragsarbeiter-Wohnheim in Lobeda nicht erfolgreich gewesen. Sie hatten sich aufgeteilt und alle Räume geöffnet, viele davon leer, hatten Schlafende geweckt, die sich von der Nachschicht ausruhten, ihre Fragen wiederholt und auf einfachstes Deutsch heruntergebrochen, bis schließlich nur das eine Wort übriggeblieben war.

«Kaunda?»

Und weil es in dieser Phase der Ermittlung schnell gehen musste, hatten sie es dabei fast immer bewenden lassen. Die Frage, ob jemand Kaunda einfach nicht kannte, oder nicht wusste, wo er sich aufhielt, stellten sie erst gar nicht.

Hier würde es ähnlich ablaufen. Die, die wach waren, wollten ihre Ruhe haben. Wer schlief, wollte weiterschlafen. Die meisten wären auf der Tagschicht im Carl Zeiss. Heinz hatte ihnen untersagt, den Grund ihrer kleinen Aktion zu benennen. Dabei wäre genau das der Schlüssel zu den Leuten. Wenn sie mit einem Foto von der Leiche durch die Flure gehen konnten, dann würden sie die Antworten, die sie suchten, schon kriegen. «Keine unnötige Unruhe stiften», hatte Heinz gesagt.

Konnies Škoda hielt hinter seinem Wagen. Otto schnippte den Stummel der Zigarette weg, zündete sich gleich eine neue an und stieg aus.

«Wir haben noch Informationen erhalten von einem IKM, den Heinz angerufen hat. Der hat das Umfeld von dem anderen Wohnheim im Blick.» Konnie holte eine Zigarette aus der Packung, zündete sie an und stellte sich neben Otto. «Passiert aber gar nicht so viel da, sagt der.» Er ließ den Rauch langsam aus der Nase. «Oder jedenfalls immer dasselbe.»

«Und kein Kaunda.»

«Kein Kaunda. Der hat den Namen noch nie gehört, kennt aber auch nicht alle persönlich. Wohnt nur gegenüber und soll das Wohnheim im Auge behalten.»

Der Wartburg stoppte direkt vor ihnen. Die drei anderen stiegen aus. Günter blickte gleich an dem Gebäude hoch. «Fünf Etagen», sagte er. «Am besten teilen wir uns auf.»

Auf den verschiedenen Etagen lebten Algerier und Kubaner und andere Nationalitäten, aber die Mosambikaner waren in der Mehrheit. Anders als in den anderen Stockwerken war es ganz oben ruhig. Der Flur war dunkel, nur eine Tür am Ende des Ganges war offen. Otto ging langsam auf den Flecken Tageslicht zu. Ein Mann stand dort an einer Kochplatte und stierte müde auf ein kochendes Ei. Er sah Otto an, hob kurz die

Augenlider und konzentrierte sich dann wieder auf den Topf mit dem Ei.

«Kaunda?», fragte Otto.

Der Mann hob die Schultern.

«Wo ist er?»

Der Mann hob die Schultern noch einmal.

Otto hielt es wie im letzten Wohnheim. Wenn einer nicht reden wollte, drängte er nicht. Um wirklich gründlich zu suchen, musste man so ein Wohnheim sowieso auf den Kopf stellen. Sie hofften aber, auf diese Art heute zu einem Ergebnis zu kommen.

Er klopfte einmal leise an die nächste Tür. Es war dunkel darin und roch nach Schlaf. «Kaunda?», rief er leise.

Einer röchelte als Antwort. Ein anderer sagte halb schnarchend: «Nein.»

«Wo?», fragte Otto.

«Nein!», hörte er wieder.

Der Raum gegenüber war hell und leer. Eine Tür weiter dasselbe Bild. Wieder gegenüber erneut Schlafende. Zuerst erhielt er gar keine Antwort. Dann rief er etwas lauter in den Raum hinein, bevor er überhaupt etwas hörte.

Er hatte in beinah alle Räume hineingesehen, hatte bald das Treppenhaus wieder erreicht. Aus den unteren Etagen kamen Rufe und Schritte. Nichts deutete darauf hin, dass einer der Genossen erfolgreich gewesen war. Und mittlerweile standen ein paar von den Afrikanern auf dem Gang und unterhielten sich in einer Sprache, die er nicht verstand. Es war kein müdes Gerade-aufgestanden-Reden, das er hörte. Eher ein Was-will-der-Kerl-da? Vielleicht auch ein Ist-das-ein-Polizist?

Die vorletzte Tür auf der einen Seite. Wieder roch es nach Schlaf und nach Fürzen, als er sie öffnete. Er hatte wie immer leise hineingerufen, ein schwaches «Nein» wahrgenommen und die Tür an der Klinke schon wieder zu sich gezogen, als er deutlich das «Ja!» hörte.

27

«Wir haben uns auf einer Feier kennengelernt», sagte Kaunda, der eigentlich Elisio Amurane hieß. Er war nervös und sprach hastig, Otto hatte Mühe, ihn zu verstehen. «Das war bei uns im Wohnheim.»

Sie hatten Amurane ins Polizeipräsidium in Jena gebracht, obwohl nichts gegen ihn vorlag. «Nicht hier!», hatte Heinz gesagt, als Otto den Gesuchten gefunden hatte.

Jetzt saßen Otto und Rolf ihm gegenüber in einem kleinen Verhörzimmer. Amurane trug eine quadratische Hornbrille zu kurzgeschorenem Haar und fühlte sich sichtlich unwohl. Otto hätte ihn gleich im Wohnheim verhört, schließlich ging es darum, im Fall weiterzukommen. Und Amurane war eine Sackgasse, da legte er sich fest. Je eher die Sache erledigt war, desto besser für alle. Kaunda war nicht tot, also hatten sie immer noch eine Leiche zu identifizieren.

«Wir wissen, dass Sie am Sonntag in Kahla waren, Herr Amurane», Rolf hatte seine Stimme um eine halbe Oktave gesenkt. Er wirkte streng.

Amurane nickte.

«Waren Sie allein da?»

«Wie meinen Sie das?», fragte Amurane und blickte abwechselnd zu den beiden Männern, die ihm gegenübersaßen.

Otto hob die Hand und fixierte Rolf kurz. «Herr Amurane, wir wollen nur sicherstellen, dass wir die Informationen kriegen, die wir in einem wichtigen Fall brauchen.» Sie hatten ihm nicht gesagt, worum es ging. Jetzt bemerkte Otto, dass sich die Stirn des Mosambikaners in Falten legte.

«Was ist?», fragte er und sprach dabei schneller als bisher. «Ist Paula etwas passiert?»

Otto schüttelte den Kopf. «Sind Sie denn oft nach Kahla gefahren?», fragte er.

Amurane blickte zwischen Otto und Rolf hin und her.

«Wir wissen doch, dass Sie Frau Stumph häufiger getroffen haben.»

Amurane nickte langsam.

«Haben Sie sich immer dort getroffen?» Rolf lehnte sich nach vorn. «Oder auch manchmal in Jena?»

Otto legte Rolf eine Hand auf das Knie.

«In Kahla immer», sagte Amurane. «Da ist es sicherer.»

«Was meinen Sie mit sicherer?» Ottos Hand lag noch immer auf Rolfs Knie. Er wollte, dass der Genosse schwieg und der Mosambikaner redete.

«Paula … Frau Stumph hat in Kahla ein Haus.»

«Und das ist besser als die Doppelzimmer im Wohnheim.» Otto stellte hier keine Frage.

Amurane nickte.

«Sie sind allein nach Kahla gefahren?»

Amurane nickte schon wieder.

«Wie?»

Amurane sah ihn ratlos an.

«Mit welchem Verkehrsmittel?»

«Mit der Eisenbahn.»

«Und dann sind Sie vom Bahnhof in Kahla zu Fuß zum Haus von Frau Stumph gegangen?»

Amurane dachte nach. «Warum fragen Sie das?»

«Antworten Sie doch einfach.»

«Ja. Zu Fuß.»

«Und haben Sie in Kahla noch einen anderen Mosambikaner gesehen?»

Jetzt lächelte Amurane. «Nein.»

«Einen anderen Schwarzen?»

Amurane schüttelte den Kopf.

«Wann haben Sie denn Kahla an diesem Sonntag wieder verlassen?»

«Am nächsten Morgen. Mit dem ersten Zug. Ich musste arbeiten.»

«Wann fährt der?»

«Um 4.43 Uhr.»

«Und da haben Sie auch nichts bemerkt. Keinen Afrikaner, der mit Ihnen gewartet hat. Auf dem Bahnsteig?»

28 | FR 14.10.1983

«Warum ausgerechnet dieser IKM?» Konnie drehte sich auf dem Beifahrersitz um, als sie auf der Höhe des Auffindungsortes hinter Kahla waren. «Wir wissen doch noch gar nichts über den Toten?»

«Er ist einer von denen, die sich nur mit den Mosambikanern beschäftigen.» Otto starrte die Straße geradeaus, blinkte und überholte einen Lieferwagen. Er hatte nicht viele gute Erfahrungen gemacht mit den Inoffiziellen Kriminalistischen Mitarbeitern. Aber Heinz hatte sie hingeschickt. «Vielleicht hat er ja irgendetwas mitgekriegt. Das Gute an denen ist … Sie wissen oft Sachen, die die anderen nicht sehen.» Man durfte sie jedenfalls nicht ignorieren.

Konnie prüfte seine Uhr. «Wir kommen sowieso zu spät. Zehn Minuten noch, wenn Heinz den erreicht hat.»

«Der wird auf uns warten.» Otto bremste und kam hinter einem Traktor fast zum Halten. Dann blinkte er und überholte.

In Rudolstadt stoppten sie nahe der Altstadt vor einem eingerüsteten freistehenden Gründerzeitgebäude mit drei Etagen. Eine beige Wartburg-Limousine stand davor. Otto und Konnie schauten auf ein Gerüst, das so alt aussah wie das ganze Haus. Putz und Stuck waren kaum noch zu sehen. Ein Windstoß, dachte Otto, und das ganze Ding fällt in sich zusammen. Die

Haustür ging auf, und ein Mann in grauem Kittel und Schutzhelm erschien.

«Kommt schon!», rief er und blickte verstohlen auf seine Armbanduhr. «Und wundert euch nicht. Ich tauche hier immer so auf, wenn Leute von euch mich sprechen wollen. Kümmert sich keiner mehr um das Haus, also denken sie, ich hätte hier was zu sagen. Und …», er zeigte nach oben, «… da passiert schon nichts. Das letzte Mal, als hier was runtergekommen ist, das war … Egal.» Er führte sie zu einem Hofausgang, die Türen hingen schräg in den Angeln. Draußen war ein vernachlässigter Garten zu sehen. «Ihr wollt irgendetwas über die Mosambikaner wissen.»

«Sie arbeiten im Chemiefaserkombinat?», fragte Konnie.

«Ich mache Instandhaltung», sagte der Mann. «Seit die Mosambikaner da sind, läuft alles viel besser, sag ich euch. Fast keine Produktionsausfälle mehr. Die arbeiten fast wie wir. Keine Beschwerden von meiner Seite. Und freundlich sind sie auch. Die meisten jedenfalls. Einen von denen hab ich sogar mal zu uns nach Hause eingeladen. Ein paar von denen trinken halt zu viel. Und … natürlich will man nicht in der Nähe von den Wohnheimen leben.» Er nahm den Helm ab und wischte sich über die Stirn. Er hatte nicht mehr viele Haare auf dem Kopf. Dafür fielen die starken Koteletten umso stärker auf. «Ihr wollt irgendetwas Bestimmtes wissen. Oder?» Er setzte den Helm wieder auf.

Otto betrachtete den Garten und hörte dem Mann ohne echtes Interesse zu. «Ist irgendwer in den letzten Tagen aufgefallen?»

«Durch was?»

«Durch was auch immer.»

«Nicht, dass ich wüsste.»

«Irgendwas aus den anderen Betrieben gehört? Hat jemand was erzählt? »

«Nichts gehört. Die anderen Betriebe sind ja auch gleich bei uns …»

«Was ist denn Ihre genaue Aufgabe?», fragte Konnie.

«Ja …» Der IKM nahm den Helm wieder ab. Es gab gar keinen Grund zu schwitzen. Er tat es aber. «Das steht doch alles in euren Unterlagen.»

«Die konnten wir nicht mehr einsehen.»

Das war nicht ganz korrekt. Otto hatte sie eingesehen. Der Mann konnte von Glück reden, dass er so gut davongekommen war. Sie hatten ihn vor drei Jahren bei einem Einbruch erwischt. Und anstatt ein paar Jahre abzusitzen, hatten sie ihm die Möglichkeit gegeben, wieder zu arbeiten. Er hatte jetzt eine kleine Zusatzaufgabe. Und für seine Unkosten bekam er sogar einen monatlichen Zuschuss. Im Garten hackte eine Amsel auf irgendetwas ein. Sie hob kurz den Kopf, lauschte und hackte weiter.

«Ist irgendeiner von den Mosambikanern zuletzt mal abwesend gewesen?», hörte er Konnie.

«Abwesend? Also nicht in meinem Werk.»

«Und woanders?», fragte Otto.

«Da habe ich auch sonst nichts gehört.»

«Was ist denn …» Otto drehte sich zu dem Mann, dessen Namen er schon wieder vergessen hatte. Er sah, dass der IKM die Schultern justierte, und fühlte physisch, das sich der andere sehr wichtig nahm. «Was ist denn», fragte er, «wenn einer mal zwei Tage fehlt. Kriegen Sie das mit?»

«Ja, normalerweise schon. Ich bin ja viel unterwegs auf dem Gelände. Rede mit den Leuten.»

«Aber wenn in einem anderen Betrieb einer fehlt …»

Der IKM blies Luft durch die Lippen. «Manchmal schon, aber nicht immer. Ich wüsste ja schon gern, was einer von denen ausgefressen hat. Darum geht es doch, oder?»

29

Die anderen warteten schon in Jena auf sie. Frau Heitmann hatte alles koordiniert, dafür war sie an Bord.

Am Fenster standen die beiden Jenaer Kriminalisten und unterhielten sich. Die anderen hockten schweigend um den großen Tisch verteilt und schauten auf, als Otto die Tür öffnete.

«Gut», sagte Heinz, der nicht wartete, bis sich alle hingesetzt hatten. «Es ist spät. Wir haben in Jena keine weiteren Ergebnisse erzielen können. Wir waren vor Ort in den Wohnheimen. Wir haben die Pförtner und die Betreuer ins Vertrauen gezogen. Wir haben verschiedene IKMs kontaktiert, und niemand ist in der Lage, einen Vermissten zu benennen. Einige sind in Urlaub, einer war alkoholisiert und zwei Tage hintereinander nicht am Band, aber das war es auch schon. Wenn wir also ehrlich sind, dann müssen wir zugeben, dass wir mit der Idee, der Afrikaner könnte aus Jena sein, keinen Schritt weiterkommen.» Er fixierte Otto und Konnie, die sich nebeneinandergesetzt hatten. «Was habt ihr erreicht?»

«Wir haben den IKM fast eine Stunde lang bearbeitet», sagte Konnie, «aber herausgefunden haben wir nichts.»

Er ließ eine Pause, die Otto nutzte. «Der IKM hat uns nichts sagen können. Im Chemiefaserkombinat scheint nichts auffällig geworden zu sein. Und dann haben wir die kleineren Betriebe abgeklappert. Auch da … Ein paar sind in Urlaub, die meisten von denen in Mosambik. Ein paar Unregelmäßigkeiten, aber keine Fälle, die uns helfen. Und das alles hat so lange gedauert, dass wir die Idee, die Gleise weiter abzusuchen, nicht weiterverfolgt haben.»

Heinz stand auf und fing an, auf und ab zu gehen. «Genosse Wasser, wenn Sie das mal kurz zusammenfassen, was Sie mir eben erzählt haben.»

Andreas nickte. «Wir haben am Telefon gesessen und die Betriebe im Umkreis von fünfzig Kilometern rund um Kahla angerufen. Die, von denen wir wussten, dass dort Afrikaner arbeiten. Wir haben Erfurt miteinbezogen, obwohl das knapp außerhalb von diesem Radius liegt. Genauso Zwickau und Suhl. Gerade in Suhl arbeiten ja bei der Fajas viele von den Mosambikanern. Wir haben keinen gefunden, der gerade vermisst gemeldet ist, auch nicht als vermisst gilt oder einen Tag unerlaubt gefehlt hat, den wir nicht telefonisch aufspüren konnten. Ein paarmal war das recht viel Arbeit. Aber dann hat uns ein Pförtner in einem Wohnheim geholfen oder ein IKM, der in einer Kneipe nachgesehen hat, wo einer seine Schicht abgesessen hat. In Suhl und in Saalfeld sind eine ganze Menge von den Mosambikanern in Urlaub, das nur nebenbei. Vielleicht sollten wir den Radius noch etwas vergrößern.»

Heinz wartete eine Sekunde, sagte dann: «Günter.»

Der räusperte sich lange und blickte auf einen kleinen Zettel, den er aus der Nähe betrachtete, um dann tief Luft zu holen. «Ihr habt die Spuren ja gesehen am Fluss. Die Kollegen von der Schutzpolizei hatten davon zu viele schon vernichtet. Ich betone das nur, weil ich glaube, dass das das Wichtigste ist, was wir gerade haben. Also …» Günter holte Luft. Otto kannte das. Wenn er referierte, dann redete er ohne Punkt und Komma. Leise und fokussiert, so als müsse er beim Sprechen noch einmal überprüfen, was er gerade vortrug. Seine tiefe Stimme füllte den Raum, obwohl er sie nicht erhob.

«Also …», sagte er noch einmal. «Wir können vielleicht vermuten, dass der Tote die kleine Böschung in der Aue hinabgerollt ist. Vereinzelte Blutspuren, hier und da platt gewalztes Gras. Aber …» Er machte eine Pause und schaute auf, was er sonst eigentlich nicht tat. «Ich meine erkannt zu haben, dass es dort Intervalle gab. Dort, wo er gerollt ist. Das ist natürlich nicht viel mehr als eine Wahrnehmung am Rande, die darauf basiert, was ich gesehen habe, als ich den Auffindungsort für mich hatte. Aber wenn das stimmt, was ich glaube, dann bedeuten diese Intervalle, in denen das Gras eben nicht so platt war, dass der Tote diese Stelle nicht oder nur sehr oberflächlich berührt hat. Und das wiederum weist auf die Geschwindigkeit seiner Bewegung hin. Ich hatte mich schon gleich da unten darüber gewundert, dass der so weit gerollt ist, denn ich war nicht davon ausgegangen, dass man ihn dort abgelegt hat, wo wir ihn gefunden haben, wegen dieser Spuren, also gehe ich davon aus, dass man ihn nicht am Gleis abgelegt und ihm dann einen Schubs gegeben hat. Dann hätte er nämlich nicht viel mehr als eine Umdrehung gemacht und wäre liegen geblieben. Könnt ihr mir folgen?»

Günter holte Luft. «Und wenn … Wisst ihr, was das bedeutet?»

«Er ist aus dem Zug geworfen worden», sagte Konnie.

«Das ist eine mögliche Erklärung dafür.» Günter sah kurz hoch. «Eine gute Erklärung. Dann nämlich hat er die nötige Dynamik in der Bewegung, die Fallhöhe, das eigene Gewicht. Und dann passt das mit dem Auffindungsort. Das sind nur ein paar Meter. Aber wenn er sich so bewegt und die Umdrehungen zuerst so schnell sind, dann haben wir diese unregelmäßigen Abdrücke auf dem Gras. Und auch die Blutspuren vor Ort weisen darauf hin, auf dieses Unregelmäßige, aber wir wissen natürlich nicht, wie viel er da noch in sich hatte. Blut hatte er schon viel verloren. Ich verlasse mich also mehr auf meinen Eindruck von dieser Rollbewegung, das ist aussagekräftiger. Also ja … das ist auch mein Eindruck. Er ist aus dem Zug geworfen worden.»

Jetzt schaute Günter auf.

«So was macht doch in der DDR keiner», sagte Rolf.

«Was ich dabei irritierend finde», meldete sich Andreas Wasser, «ist das: Du sagst, dass er schon viel Blut verloren hatte, bevor er aus dem Zug geworfen wurde. Das muss doch jemand bemerkt haben. Selbst in einem leeren Zug kommt doch irgendwann einmal jemand an einer großen Blutlache vorbei.»

Günter zeigte auf sein Papier. «Das ist das Nächste, was ich euch erzählen wollte.»

«Wartet», sagte Heinz. Er hatte den Kopf gesenkt. «Das ist doch absurd. Warum sollte jemand so etwas tun? Der war doch wahrscheinlich ein Arbeiter wie alle anderen auch. Da war doch nichts zu holen. Das passt für mich nicht.»

Er sah auf. «Günter …», sagte er.

«Ja, das ist das Zweite, was ich erzählen wollte.» Günter hatte die Nase wieder auf dem Zettel und redete mehr mit sich als mit den anderen. «Du hast das ja schon gesagt, Andreas, das mit dem Blut. Der Tote hat das nicht verloren, nachdem er aus dem Zug geworfen wurde, dafür haben wir dort zu wenig Blut gefunden – falls er denn aus dem Zug geworfen wurde. Also vorher. Und wenn er nicht schon tot und mit eingeschlagenem Schädel in den Zug gebracht wurde, dann ist er im Zug gestorben. Das ist schon richtig.»

«Das kann nicht sein.» Konnie trommelte mit den Fingern auf den Tisch. «Davon wüssten wir einfach.»

«Sollte man meinen.» Auch Radtke meldete sich. «Das ist doch hier nicht wie in einem amerikanischen Gangsterroman. Das ist die Deutsche Demokratische Republik, und so etwas bleibt eben nicht verborgen.»

«Egal, was da passiert ist, das muss doch mindestens der Schaffner gesehen haben», sagte Konnie.

«Der hat es sich in seinem Abteil gemütlich gemacht und geschlafen.» In der Theorie sollte es in jedem Zug einen Schaffner geben, aber Otto hatte es mehr als einmal erlebt, dass der Plan nicht erfüllt wurde.

Als einige Sekunden lang Stille über dem Raum lag, hob Günter den Finger. «Es gibt da noch eine dritte Sache, von der ihr wissen müsst. Das mit den Verletzungen am Kopf, das stimmt nicht überein mit dem Fall oder dem Sturz aus dem Zug, sonst wäre da alles voller Blut. Das hatte ich ja indirekt schon ausgedrückt, und das geht auch einher mit der Annahme, dass die anderen Blutspuren, die wir gefunden haben, dem Toten zuzuordnen sind. Das gilt übrigens auch für die Hände, was ich jetzt sage. Die Verletzungen … nein, die Beschädigungen am Kopf sind nicht einfach nur durch ein paar Schläge verursacht worden, auch nicht durch brutale Schläge. Und … versteht mich nicht falsch, die Schläge müssen extrem brutal gewesen sein. Mein Problem ist dabei Folgendes: Die Schläge, oder was auch immer es auch war, und womit auch immer es ausgeführt wurde, irritieren mich im Moment noch sehr. Stellt euch mal vor, jemand drischt auf einen Kopf ein, abgesehen davon, dass ein Kopf nur soundso viel Gewalt aushält, für mehr ist er nicht geschaffen, wenn also jemand auf einen Kopf einschlägt, dann findet man nur ein paar Einschläge, und das war es dann. Wenn es schlimm kommt, dann geht es weiter, obwohl sich die attackierte Person nicht mehr wehrt und vielleicht sogar schon nicht mehr lebt. Das haben wir ja vor zwei Jahren bei diesem … egal, ihr wisst, wovon ich rede. In jedem Fall verhält es sich dann so, dass sich die Gewalteinwirkung deutlich bestimmen lässt. Die Schläge kommen meist aus einer Richtung, und das ist auch erkennbar. Oder stellen wir uns vor, der Tote wäre von zwei Seiten attackiert worden. Dann hätten wir das auch auf eine Art und Weise, die wir hinterher erkennen und erklären könnten.»

Günter atmete aus. Niemand sagte ein Wort. «Hier sieht es

für mich allerdings weniger so aus, als hätte jemand mit etwas gegen den Kopf geschlagen. Vielmehr liegt es nah, darüber nachzudenken, ob es nicht umgekehrt gewesen ist.»

«Wie – umgekehrt?», fragte Konnie. «Der Kopf ist gegen irgendetwas geschlagen worden?»

«Das meine ich. Immer und immer und immer wieder. Und die Hände haben zuerst noch versucht, das zu verhindern. Normaler Effekt ...»

«Mit dem Zug passt das nicht zusammen.» Rolf stand auf und streckte sich. «Lasst uns morgen früh weitermachen.»

Heinz nickte. Günter schaute noch einmal auf seinen Zettel, steckte ihn in die Jacke und stand auch auf. Kurz darauf war Otto mit Heinz allein im Raum. Heinz holte einen Flachmann aus der Jacke und setzte ihn an. Steckte die Flasche wieder weg. «Willst du weitermachen mit deiner Idee? Die Bahnstrecke?»

«Immerhin ist das eine Ermittlungsrichtung.»

«Immerhin», sagte Heinz.

Otto stand auf. «Und wer sagt denn, dass der Tote nicht einer von denen ist, die gerade auf Urlaub sind?»

30

Als Otto die Wohnung aufschloss, war es still. Er ging leise zur Tür des Kinderzimmers und hörte die Stimme von Ruth, der Kleinsten. «Wann ist denn Weihnachten?»

«Ah», sagte Birgit und dehnte den Ton lange aus. Dann machte sie eine Pause, um dem Kind zu zeigen, dass sie angestrengt nachdachte. «Da musst du noch ganz oft einschlafen und wieder wach werden.»

«Zehnmal?»

«Mehr als doppelt so viel.»

«So lange?»

«So lange. Jetzt schlaf schön.»

Otto hörte ein schmatzendes Kussgeräusch, dann erschien Birgit in der Tür und atmete hörbar aus. Sie drückte die Klinke leise und umarmte Otto dann. «Irgendwie wollte sie heute nicht schlafen.»

«Aber irgendwie schaffst du es dann ja doch immer wieder.»

«Ja. Du bist spät. Dabei arbeitet ihr doch in der Nähe.»

«Ist aber nicht so einfach gerade.» Otto überlegte, was er erzählen wollte und durfte. Von dem toten Afrikaner war noch nichts bekannt geworden in der Öffentlichkeit. Weder die Zeitungen noch das Fernsehen hatten über den Toten berichtet. Und er hatte Birgit gegenüber bisher auch nur ein paar Andeutungen gemacht. «Und ich weiß nicht … Irgendwie stimmt da was nicht bei dem Toten. Der hat an der Bahnstrecke gelegen. Und ich bin mir sicher, dass er vorher im Zug gewesen ist.»

Birgit zog Otto ins Wohnzimmer und schob ihn sanft auf die Couch. Dann holte sie eine Flasche Cabernet hervor und entkorkte sie. «Red weiter», sagte sie, während sie den Wein eingoss.

«Also …» sagte Otto. «Ach, das ist es eigentlich auch schon. Ich weiß ja noch gar nicht, was da nicht stimmt.»

«Und die anderen?» Birgit setzte sich ihm gegenüber in einen der Sessel.

«Sind sich auch nicht sicher. Wir haben noch gar nichts. Und wir wissen nicht, wo wir anfangen sollen. Und die Afrikaner erzählen uns auch nicht alles.»

«Ist bei uns auch nicht anders. Die Vietnamesinnen sind am liebsten unter sich. Und wenn es mal ein Problem gibt, dann sagt keiner von denen was.» Birgit zündete zwei Zigaretten an. Eine davon reichte sie Otto, der sie nahm und gierig daran zog. Birgit inhalierte und ließ den Rauch durch die Nase hinaus.

«Und die haben mich gefragt, ob ich die Nachtschicht machen will als Leiter.»

Das passt gar nicht, dachte Otto. Das würde die ganze Familienorganisation durcheinanderbringen. Aber er sagte nichts und wartete darauf, was Birgit noch erzählen wollte.

«Das bringt auch mehr Geld. Aber es geht einfach nicht. Das wäre schon ab Januar.»

«Wir haben im Moment keine echten Geldsorgen.»

«Ja, schon.»

«Wir geben das Geld, das wir verdienen, sowieso nie aus.»

Birgit trank ihr Glas leer, ohne den letzten Satz zu kommentieren. Dann setzte sie sich neben Otto auf die Couch und fing an, ihn zu streicheln.

31 | SA 15. 10. 1983

Auf dem Parkplatz des kleinen Bahnhofs in Schwarza stieg Otto aus dem Lada. Der Eingang zum Chemiefaserkombinat fast vor ihm. Es war diesig und deutlich wärmer als an den Vortagen, und der Geruch der Produktion lag wie eine feuchte Mütze auf der Umgebung. Die Bahnschienen verliefen hier zwischen Straße und Betriebsgelände. Weiter in Richtung Rudolstadt führten sie sogar mitten durch ein Wohngebiet, da erwartete er nicht, noch irgendetwas zu finden. Trotzdem machte er sich auf, die Gleise abzugehen. Im Zweifelsfall hatten spielende Kinder, die Straßenreinigung und der Herbstwind zusammen mit dem starken Regen vor ein paar Tagen alle Spuren verwischt.

Samstags waren die Straßen nicht so belebt wie in der Woche. Otto sah auf die Armbanduhr. Nach neun. Es dauerte fast eine Stunde, bis er den Rudolstädter Bahnhof erreichte. Er ging an der Straße entlang zurück. Als er sich wieder in den Lada setzte, war es fast zwölf Uhr. Gefunden hatte er nichts.

Ein paar hundert Meter weiter stellte er den Wagen erneut ab. Ein graugrüner Flecken an der Straße, gerade groß genug, um das Auto zu parken. Die Bebauung war zu Ende. Er blickte die Schienen entlang, die zwischen einem abgeernteten Getreidefeld und einem Waldstück in Richtung Saalfeld liefen. Der Fluss hatte eine Kurve geschlagen und war hinter ihm. Der

Panzerweg aus Betonplatten, den er einige Tage zuvor schon von der Landstraße aus gesehen hatte, verlief entlang der Schienen. Otto schloss den Wagen ab und ließ den Zug nach Jena vorüberfahren, bevor er den Gleisen folgte.

Er hielt sich auf der nördlichen Seite, jener, wo der Tote gefunden worden war. Zerknüllte Zeitungsblätter lagen neben dem Gleisbett, ein verwaschener Haufen menschlicher Scheiße auf einer der Betonplatten, auch die Exkremente anderer Lebewesen sah er, kleiner, kompakter, ein zertretenes Spielzeugauto, dessen ursprüngliche Form er nicht mehr erkennen konnte, die verwitterte Hälfte eines alten Koffers, ein zerrissenes und vergilbtes Buch, dessen Blätter noch weich waren vom Regen. Er blieb stehen und blickte geradeaus. So ging es weiter. Der Panzerweg endete gleich im Wald, der die Schienen von nun an säumte. Hier war nur noch ein Trampelpfad vor ihm.

Er war dem Fluss wieder näher gekommen. Wusste er eigentlich, wonach er suchte?

Oder verschwendete er nur seine Zeit und Energie?

Konnte der Tote hier gewesen sein?

Otto hatte auf keine dieser Fragen eine Antwort. Er drehte sich um und ging zurück. Bald verfiel er in einen Laufschritt. Am Lada angekommen, war er schweißgebadet. Über die Motorhaube gebeugt, pustete er durch. Zurück nach Jena. Ich habe nichts gefunden. Aber den Versuch war es wert. Und schön, dass ihr wenigstens was ermittelt habt. Es geht doch nichts über kompetente Kollegen.

Als er Rudolstadt verließ, hatte er eine Idee. Zwei längere Gleisabschnitte, die durch unbewohntes Gebiet verliefen, hatte er noch nicht gesehen. Auf halbem Weg nach Etzelbach bog er ab und näherte sich den Schienen, die die Straße wie ein T abschnitten. Er ließ den Wagen stehen und lief an den Schienen entlang zurück in Richtung Rudolstadt. Auf der einen Seite ungenutzte Wiese, auf der anderen, hinter den Schienen, ein kahles Feld. Der Zug nach Saalfeld fuhr vorüber, und Otto machte einen Schritt zur Seite. Dann lief er weiter. Als er fast wieder in Rudolstadt angekommen war, drehte er um und lief noch schneller zurück.

Beim Laufen sah er auf die Uhr. Schon drei durch. Gleich war er wieder an der Stelle, wo er den Wagen abgestellt hatte. Dort würde er sein Tempo reduzieren, um aufmerksamer gucken zu können. Otto bemerkte ein flatterndes Stück Papier in einem Strauch. Er ging ein paar Schritte zurück und stand vor einem Teich, der von Bäumen und Gesträuch umgeben war. Zwischen ein paar Zweigen eines dornigen Busches zitterte ein Stück Pappe vor sich hin. Bemerk mich, rief sie. Sie rief laut, und trotzdem hätte er sie beinah übersehen.

Er bückte sich und zog die Pappe aus den dürren Zweigen. Es war der größte Teil einer Stechkarte. Ab- und aufgerissen vor allem oben, wo ein Name stehen sollte, verwaschen und verblichen von Regen und Sonne. Mit dem Toten konnte die nichts zu tun haben, dafür hing sie hier schon zu lange.

Als er seinen Lada längst wieder passiert hatte, merkte er, dass seine Aufmerksamkeit nachließ. Der Verkehr auf der nahen Landstraße war stärker geworden.

Bleib konzentriert.

Er reduzierte sein Tempo und ging weiter. Fern bemerkte er einen Hasen am Rand der Wiese springen. So einen hatte er lange nicht gesehen. Unrat am Gleisbett. Ein zerfleddertes Schulheft. Hinter sich hörte Otto einen Zug, der sich näherte. Er trat zur Seite und wartete ab. Der Fahrtwind ließ ihn frösteln.

Richtig kalt wurde ihm, als er dem Zug hinterherblickte. Nicht direkt an den Gleisen, aber doch nah, lag etwas, das aussah wie der kleine Teil einer Schüssel. Halb versteckt unter einem dicken Büschel von hohem Gras.

Es war das, was er suchte. Er hatte nicht gewusst, was es sein würde, das er suchte. Aber in dem Moment, als er es sah, war es Otto sofort klar. Er wusste auch, dass er keine Schüssel sah. Doch so rund und geschwungen geformt, wie es war, hatte sich im Schatten ein wenig Flüssigkeit darin gesammelt und gehalten.

Ganz langsam näherte er sich dem Gegenstand, so als könne er besser begreifen, was geschehen sein musste, damit dieser hier zum Liegen kam. Otto blickte sich um, aber niemand machte ihm diese Entdeckung streitig.

So langsam, wie er sich genähert hatte, bückte er sich auch. Ameisen kreisten um das Stück in einer Ordnung, die er nicht verstand. Dabei war in dem Gegenstand, der kaum größer war als die Handfläche eines Kindes, nichts mehr zu holen. Otto erhob sich wieder und überprüfte die Gegend. Wo ein Stück lag, konnten noch andere sein. Aber nach einer Weile gab er die Suche auf. Er holte ein frisches Taschentuch aus der Jackentasche und verscheuchte zuerst die Ameisen damit. Dann wickelte er den Gegenstand sorgfältig ein und trug ihn zum Auto.

Otto zweifelte nicht daran, dass er ein Stück des Schädels gefunden hatte. Damit wussten sie nun zweifelsfrei, woher der Tote gekommen war. Und sie wussten auch, dass sie sich um die Bahnstrecke kümmern mussten, wenn sie wissen wollten, wie der Afrikaner gestorben war.

32 | SO 16. 10. 1983

«Schöne Scheiße!» Heinz saß in der provisorischen Ermittlungszentrale in Jena und sah in die Runde. Konnie fehlte noch. «Scheiße!», sagte Heinz noch einmal. Die Fenster des Raumes waren offen. Draußen machten die Vögel ordentlich Morgenlärm. Otto hörte genau hin und erkannte die Stimme einer Haubenlerche, bei der man nie wusste, woran man war. Die allermeisten von ihnen, die in der DDR lebten, blieben auch hier. In die Stadt gehörte der Vogel eigentlich nicht. Aber sein Gesang war so schön. Da kam kaum ein anderer Vogel mit. Meist war es ein viersilbiger Rhythmus, den die Vögel variierten. Dabei griffen sie auch auf Melodien der Konkurrenz zurück, wenn einer von denen in der Nähe ebenfalls sang. Haubenlerchen waren einfach erstaunlich.

«Das dauert auch ein paar Tage!» Günter streckte sich.

«Aber wir werden da ja keine Überraschungen mehr erleben. Ich meine …» Konnie kam in den Raum, als Otto redete. Er setzte sich grußlos auf den Stuhl, der der Tür am nächsten stand. «Ich meine, wir haben eine Leiche, der ein Teil vom Schädel fehlt, und ein Stück Schädel, das wir gefunden haben, als wir nach Spuren gesucht haben. Wo ist das Problem?»

«Gar kein Problem», sagte Heinz. «Wir sind uns so sicher wie du, dass das Schädelstück von unserer Leiche ist. Die Frage ist nur: Wie kommt es dahin?»

«Ein Tier vielleicht», sagte Rolf ohne Betonung.

Rolf wieder mit seinen Tieren.

«Aber ein Tier rennt nicht an der Bahnstrecke entlang», sagte Konnie. «Das sind wie viele Kilometer vom Auffindungsort bis dort, wo Otto das Schädelstück gefunden hat?»

«Etwas mehr als zehn», sagte Otto leise.

Rolf sah zur Seite. Er wusste selbst, dass er die Idee nur formuliert hatte, damit sie ausgeschlossen werden konnte. Dabei warf er Otto so einen Blick zu. War das Spott? Mitleid? Überlegenheit. Ja, vielleicht.

«Wenn diese Geschichte stimmt mit der Geschwindigkeit, mit der der …», Andreas Wasser überlegte offenbar, wie er den Satz zu Ende bringen wollte, «mit der der Tote die Böschung hinabgerollt ist, und ich will das gar nicht anzweifeln, Günter, was du da entworfen hast, dann müsste ja jemand genauso den Schädel oder diesen Teil von ihm aus dem fahrenden Zug geworfen haben. Das klingt so …»

«Das klingt nicht glaubwürdig», sagte Heinz. «Und außerdem müsste ja eine Tür offen gewesen sein, um den ganzen Körper hinauszuwerfen. Der passt nicht einfach so durch ein Fenster. Und die Türen lassen sich so schwer öffnen, die kriegt man ja schon kaum auf, wenn man auf dem Bahnsteig steht.»

«Nee, kommt, Genossen.» Otto sah Heinz ins Gesicht. «Die Türen im Zug kann man öffnen, auch während der Fahrt. Aber trotzdem stimmt das doch hinten und vorne nicht. Man kann doch niemanden einfach aus einem fahrenden Zug werfen. Wie soll das denn gehen? Zum einen kriegen das doch andere Leute mit. Ach, Schatz, guck mal, die werfen da gerade einen Mann raus, gibst du mir noch einen Keks? Und dann das ganze Blut. Da muss doch alles voll davon gewesen sein. Und ich rede noch nicht einmal davon, dass das Schädelstück dann auch irgendwann rausgeworfen worden sein soll, bevor sie dann den Körper rausgestoßen haben.»

«Vielleicht war es ein Zug mit Sechserabteilen», sagte Heinz. «Kann man die nicht blickdicht verschließen? Mit Vorhängen?»

«Auch das Abteil wäre ja komplett mit Blut besudelt», sagte Günter.

«Ja. Und wir hätten davon gehört.» Otto drehte sich wieder zu den anderen. «So etwas bleibt doch in der Deutschen Demokratischen Republik nicht unbemerkt.»

33

«Meinst du, dass wir in Saalfeld was erreichen?» Sie saßen in Konnies Škoda und hatten Rudolstadt schon hinter sich gelassen. Saalfeld konnten sie von oben sehen und würden gleich hinabrollen, um in die Neubausiedlung Gorndorf zu gelangen, wo in der Stadt das größte Wohnheim für die Vertragsarbeiter war.

«Von irgendwo muss der ja gekommen sein. Und in Saalfeld starten die meisten Züge.»

«Weißt du, was mich verwirrt?» Konnie musste das Tempo hinter einem Barkas rausnehmen. «Dass der Schädelknochen so weit weg vom Rest des Körpers aufgefunden wurde. Nein», sagte er nach einer kurzen Pause. «Es verwirrt mich nicht. Es beunruhigt mich.»

Otto nickte und schob dann ein langgezogenes «Ja» hinterher, weil Konnie mit dem langsamen Kleinbus vor ihnen beschäftigt war und sein Nicken gar nicht sehen konnte. Das machte ihm auch Sorgen. Aber das war nicht alles, was hier nicht passte. Wie konnte ein Teil des Schädels so weit weg vom Auffindungsort der Leiche sein? Was war mit dem Kopf geschehen? Und was von dem Leib, als der Kopf schon nicht mehr intakt gewesen war? Und welche Rolle spielte die verwaschene Blutspur, die er ein paar Kilometer vom Auffindungsort entfernt gefunden hatte, bevor der Regen alles wegspülen konnte?

Vor allem mussten sie wissen, wer von den Vertragsarbeitern vermisst wurde. Sie brauchten einen Namen, und sie brauchten eine Geschichte. Und wenn sie in der Umgebung von Saalfeld nichts erreichten, dann mussten sie das Netz noch weiter auswerfen. Die beiden Jenaer Genossen und Rolf suchten weiter nach Hinweisen am Telefon. Wohnheime, Betriebe, ABVs, Gerüchte, was immer sie kriegen konnten. Günter und Heinz waren nach Gera unterwegs. Günter zur Rechtsmedizin, Heinz musste ihren Fall eine Etage höher darstellen. Immerhin war ein Ausländer beteiligt.

Mitten im Neubaugebiet von Gorndorf lag ein fünfgeschossiger Bau, grau und verwaschen wirkte er unter der geschlossenen Wolkendecke. Vor dem Eingang standen ein paar Afrikaner und redeten. Ein paar Meter weiter hing Wäsche an einer Stange. Konnie fuhr direkt vor die Tür, sodass ein paar der Männer ihm ausweichen und Platz für den Škoda machen mussten.

Otto ging voraus und hielt seinen Dienstausweis an das Fenster der Pförtnerkabine. Der Mann hinter der Scheibe war fast sechzig und fuhr sich mit einer Hand über den grauen Backenbart, als er bemerkte, dass er beobachtet wurde. Sofort stand er auf und schaute beflissen.

«Ja?», fragte er.

«Wir suchen nach einem Vermissten», sagte Otto. «Und wir haben Grund zu der Annahme, dass er vielleicht …»

Noch bevor er den Satz zu Ende gesprochen hatte, hielt der Pförtner, der nicht aufhörte zu nicken, einen Hausausweis vor das Glas. «Jaja», sagte er. «Unser Teo Macamo ist nicht zurückgekommen. Dabei hätte er heute schon wieder arbeiten müssen. Der hatte Urlaub. Aber er ist nicht da.»

Otto trat näher an das Glas heran. Von einem schlecht ausgeleuchteten Porträtfoto starrte ihn ein junger Mann an. Dicke Brille, dünner Schnurrbart, hohle Wangen, die Augen auf eine Art aufgerissen, die Otto nicht zu deuten wusste. Angst? Aufgeregtheit? Ein Blitzlicht?

«Ist er das?», hörte er Konnie hinter sich fragen. «Dann war das aber jetzt einfach.»

34

«Ich gehe den Betreuer holen», sagte der Pförtner und verschwand in einem unbeleuchteten Gang.

Otto und Konnie standen vor einer verschlossenen Bürotür schräg gegenüber der Pförtnerkabine. Kein Schild erklärte, wessen Büro sich hinter der Tür befand. Zwei Afrikaner kamen ins Haus und unterbrachen ihr Gespräch, als sie sie sahen. Sie gingen in die Richtung, in der der Pförtner verschwunden war, und setzten ihre Unterhaltung fort.

Der Pförtner erschien wieder und zuckte kurz mit den Schultern. Zeigte in den anderen Gang hinein und ging dann in die Richtung.

«Was macht ein Betreuer?», fragte Konnie.

«Er ist der Chef hier», sagte Otto. «Der Heimleiter. Nichts geschieht hier ohne ihn.»

Der Pförtner erschien wieder und ging langsam die Treppe zum ersten Stock hinauf.

Aus dem Keller kamen zwei Männer mit Taschen voller Wäsche. Sie gingen hinaus, ohne sich um die beiden Polizisten zu scheren.

Irgendwo oben im Haus wurde der Klang eines Radios lauter, dann wieder leiser. Kurz darauf erschien der Pförtner wieder. Hinter ihm tauchte ein kleiner dicker Mann auf. Er trug einen zu engen Pullover mit Karomuster und einen Schnurrbart, der weit über die Mundwinkel hinausragte. In der Hand hielt er schon einen Schlüssel, den er demonstrativ vorzeigte.

«Genossen», sagte er. Er öffnete die Tür und zeigte in sein Büro. Otto sah ein Regal mit Akten, einen Schrank mit Schubladen und einen Schreibtisch, auf dem sich nicht mehr als ein Telefon und eine dünne Akte befanden. Der Dicke nahm dahinter Platz.

«Teo Macamo …», sagte er und zeigte auf die beiden Stühle ihm gegenüber. «Sind Sie sicher, dass er es ist?»

«Wie meinen Sie das?», fragte Otto, als er sich noch nicht ganz hingesetzt hatte.

«Na, das ganze Herumfragen», sagte der Betreuer, dessen Namen sie immer noch nicht wussten. «Die Anrufe in den Wohnheimen. Ob jemand vermisst wird. Das spricht sich herum.» Er zündete sich eine Filterlose an und bot die Packung dann an. Konnie nahm sich eine heraus. Otto holte seine eigenen Zigaretten hervor.

«Wenn die Polizei in einem Wohnheim anruft, dann kriegt man das mit.» Heinz hatte recht gehabt mit seiner Vorsicht, dachte Otto. «Und irgendwie haben ja alle gewusst, dass es einen toten Afrikaner gegeben hat. Wir wussten nur nicht, ob es einer von unseren Mosis gewesen ist.»

Otto zeigte auf die Akte, der Mann gab sie ihm.

«Teo Macamo ist am Sonntag nach Naumburg gefahren. Da hat er eine Freundin. Na ja … gehabt. Wenn er das war. Der Tote, meine ich.»

Otto öffnete die Akte. Nur zwei Blätter darin. Das obere enthielt ein paar Daten zu Teo Macamo. Er war 21 Jahre alt und seit drei Jahren in der DDR. Geboren in Chimoio, wo immer in Mosambik das auch war. Das zweite Blatt betraf Urlaubszeiten. Fein säuberlich mit der Hand eingetragen waren Abwesenheiten. Otto konnte nicht erkennen, ob sie sich auf das Wohnheim oder auf den Betrieb bezogen.

«Wo hat er denn gearbeitet?», fragte er.

«WEMA.»

«Und war er häufiger in Naumburg?» Otto versuchte, aus den Abwesenheiten schlau zu werden.

Der Betreuer hob die Schultern. «Das haben hier alle gewusst. Da hätten Sie uns nur mal fragen müssen.»

«Und wann ist der am Sonntag von hier verschwunden?»

Der Betreuer stand auf. «Da muss ich beim Pförtner nachsehen.» Er war kaum eine Minute weg und stand dann hinter ihnen. «Nachmittags», sagte er. «Der ist kurz vor vier hier raus.»

35

«Musst du gleich nach Hause?» Marion rekelte sich unter dem Betttuch und drehte sich auf die Seite. Sie tippte Otto auf die Nase.

«Alles im Lot.» Otto schüttelte sich. «Wir waren beide kurz weggenickt. Oder?»

«Hmhm … Weil es schön war.»

«Sehr.»

«Aber du wirkst ein bisschen unkonzentriert.»

«Wirklich?» Otto drehte sich auch. Beide lagen auf der Seite und sahen sich an. Nach einer Weile verschwand Ottos Lächeln. «Sag mal …» Er machte eine Pause.

«Ja …»

«Wer weiß eigentlich von uns?»

«Du meinst außer Anke?»

«Außer Anke.»

«Keiner», sagte Marion. «Warum?»

«Ist vielleicht nur Verfolgungswahn.»

«Geht dir denn jemand hinterher?»

«Nicht so eine Sorte von Verfolgung.»

Marion wartete. Sie nahm Ottos Hand in ihre.

«Da ist ein Kollege von mir.»

«Kenne ich den?»

«Natürlich nicht. Also, wahrscheinlich nicht. Was ich sagen will … Der Kollege und ich, wir sind nicht die besten Freunde. Er ist kein schlechter Polizist, aber ich mag ihn nicht. Und ich glaube, er mag mich auch nicht. Wir gehen uns automatisch aus dem Weg. Da muss keiner groß was sagen. Und wenn es die Möglichkeit gibt, dann vermeiden wir es, zusammen in einem Raum zu sein. Ich jedenfalls.»

«Und der weiß von uns?» Marion hatte Ottos Hand losgelassen.

«Nein, das sage ich ja gar nicht. Obwohl … Rolf – so heißt der Kollege –, der ist normalerweise einfach gut informiert. Und nicht nur, wenn es um unsere Fälle geht. Manchmal erzählt er Sachen, bei denen ich mir denke: Wo hat er das denn her? Er kennt auf jeden Fall Leute.»

«Aber die erzählen ihm nicht von uns. Oder?»

«So meine ich das ja gar nicht. Aber Rolf hat mich in den letzten Tagen manchmal so komisch angesehen.»

«Das kann aber bestimmt alles Mögliche bedeuten.»

«Ja, sicher.»

Marion hatte Ottos Hand wieder in ihre genommen. Sie streichelte jeden einzelnen seiner Finger mit ihrem Daumen.

«Und vor einer Woche hat er auch was gesagt.»

«Was denn?»

Otto schüttelte den Kopf. «Ich weiß es nicht mehr. Oder doch … Er hat da eigentlich auch nichts gesagt. Aber hätte er fast. Mich hat es auf jeden Fall ziemlich nervös gemacht.»

«Und woher soll er von uns wissen? So wie wir aufpassen?»

«Stimmt schon.»

«Du kommst ja nicht mal vorn ins Haus rein.»

«Wegen dem ABV.»

«Wir müssen einfach vorsichtig sein.»

«Wir sind vorsichtig.»

«Ja, du hast recht.» Otto nahm Marion in den Arm. Sie machte sich frei und presste seine Schultern auf die Matratze. Dann setzte sie sich auf seinen Bauch. «So wie wir aufpassen, kann niemand von uns wissen.»

Otto dachte an ihr Treffen im Botanischen Garten. Und an andere, bei denen sie auch nicht so genau darauf geachtet hatten, ob sie von irgendwem gesehen wurden. Dann legte er seine Arme um Marion.

36 | MO 17.10.1983

«Wenn dieser Macamo am Sonntag in den Zug nach Naumburg gestiegen ist …» Heinz fixierte Otto.

«Vier Möglichkeiten, die sich da anbieten.» Otto sah auf den Zettel vor sich. «16.58 Uhr geht ein Zug ab Saalfeld, dann der D-Zug um 17.22 Uhr, einer um 17.51 Uhr und der Letzte um 20.53 Uhr. Wenn er den Ersten oder den Letzten nimmt, dann muss er umsteigen.»

«Und dann …» Heinz blickte in die Runde im Jenaer Besprechungsraum. Er öffnete die Hände als Einladung an die anderen. Günter saß mit krummem Rücken da und sah nicht auf. Rolf hatte sich auf seinem Stuhl zurückgelehnt und starrte an die Decke. Konnie hatte seine Augen auf Otto gerichtet. Die beiden Jenaer Kollegen genauso.

«Also gut», sagte Otto. «Ihr habt ja diese Frau Stake in Naumburg gestern noch überprüft, die er besuchen wollte.» Er blickte Wasser und Radtke kurz an. «Wir wissen, dass er um 16 Uhr das Wohnheim verlassen hat. Da kann er gut den Zug kurz vor 17 Uhr genommen haben. Wenn er den verpasst hat, zum Beispiel, weil er noch irgendwen getroffen hat, dann hat er eben den Zweiten gekriegt. Die Frau am Schalter in Saalfeld haben wir gestern noch befragt. Sie kann sich nicht an Macamo erinnern.»

«Also können wir später am Tag vielleicht», sagte Heinz,

«den Zug herausfiltern, den unser Mann genommen hat. So weit, so gut. Unser Problem beginnt danach.»

«Warum hat sich Frau Stake nicht vorher gemeldet?», fragte Rolf. «Wenn der da nicht angekommen ist, musste sie sich doch Sorgen machen.»

«Sie hatten sich gestritten», sagte Andreas Wasser. «Es war gar nicht klar, ob er überhaupt kommt. Und auch nicht, wann. Und als er am späten Abend noch nicht aufgetaucht war, hat sie den Besuch als erledigt angesehen.»

«Außerdem», Konnie hob den Zeigefinger, «wusste sie nicht, dass wir einen Toten hatten. Wir haben das ja nicht nach außen gegeben.»

«Was uns also wieder auf die Frage zurückwirft, was im Zug geschehen ist.» Heinz zündete sich eine Zigarette an und inhalierte. «Irgendjemand?», fragte er, während der Rauch aus seinem Mund entwich.

«Vielleicht ist er ja gar nicht in den Zug eingestiegen.» Günter richtete sich auf. «Er hat irgendjemanden getroffen, bevor er den Fahrschein gekauft hat.»

«Aber die Leiche …», sagte Konnie leise.

«Jaja», wiegelte Günter ab. «Ich weiß. Die Leiche lag an den Schienen. Und das Schädelstück haben wir auch da gefunden. Aber lasst uns doch mal aussprechen, was wir sonst noch für Möglichkeiten sehen.»

«Was bleibt uns anderes übrig?», fragte Heinz. «Ich hatte zuerst den Eindruck, der Tote sei unter die Räder gekommen, mitgeschleift worden vielleicht. Aber das stimmt ja nicht überein mit den Verletzungen.»

Rolf stand auf, ging zum Fenster und öffnete es. «Wenn er nicht vom Zug überfahren oder mitgeschleift worden ist, und wenn er nicht im Zug gestorben sein kann, weil dort alles voller Blut gewesen sein muss, dann …» Er ließ den Satz unvollendet.

«Wenn wir auf dem Weg nicht weiterkommen», sagte Konnie nach einer kleinen Pause, in der niemand geredet hatte, «dann müssen wir eben an der anderen Seite ansetzen. Wer war das Opfer? Und wer hatte einen Grund, ihm so etwas anzutun?»

Otto wollte widersprechen. Aber ihm fiel nicht ein, wie er es anstellen sollte. Er hatte das Gefühl, dass der Schlüssel zum Fall viel mehr in der Art des Verbrechens zu suchen war. Aber man sagt ja nie alles, was einem durch den Kopf geht, dachte er.

37

Als Konnie in seinem Škoda schon losgefahren war, blieb Otto in seinem Wagen noch auf dem Parkplatz vor dem Polizeipräsidium sitzen. Er fühlte sich nicht wohl, wie vor einer Erkältung. So etwas kriegte man halt zu dieser Jahreszeit. Am nächsten Morgen würden sie sich um sieben Uhr treffen. Eigentlich hatte er die beiden Großen zu den Großeltern bringen wollen, wegen der Ferien, und Ruth in den Kindergarten. Aber wenn das nicht klappte, dann musste Birgit eben ran. Sie machte das ja sonst auch. Manchmal fragte sich Otto, wie sie das alles hinkriegte. Aber Birgit war hart im Nehmen. Sie tat, was getan werden musste.

Eine letzte Zigarette noch. Beim Anzünden sah er Teo Macamo, der durch den Bahnhof von Saalfeld lief, um seinen Zug noch zu erwischen. Genau, vielleicht war er gelaufen. Vielleicht war die Zeit knapp gewesen. Er würde gern mit denen reden, die ihn dabei gesehen hatten. Aber er wusste, dass die Chancen, sie zu finden, nicht sehr groß waren.

Für eine Sekunde nur hatte Otto das Bild vor Augen, dass Macamo den Zug erreicht hatte, aber irgendetwas schiefgegangen war. Was konnte das gewesen sein? Was kann schon schiefgehen, wenn man in einen Zug einsteigen will?

Gut, der Zug fährt gerade schon an. Macamo öffnet die Tür dennoch und rutscht ab. Im schlimmsten Fall fällt er zwischen Bahnsteig und Zug. Was das bedeutet, kann man sich ja vorstellen. Otto schnippte den Zigarettenstummel aus dem Wagenfenster.

Aber geht das überhaupt? Kann ein erwachsener Mensch so unter einen Zug geraten?

Und wenn. Dann wäre er noch in Saalfeld zu Tode gekommen.

Was also sonst? Er war mit seiner Jacke am anfahrenden Zug hängengeblieben und mitgeschleift worden. Dann wäre er auf gar keinen Fall bis Kahla gekommen. Er wäre schnell tot gewesen. Wenn der Fahrer das Missgeschick nicht früh bemerkt und den Zug abgebremst hatte.

Oder Macamo hatte den Zug ganz einfach verpasst. Was hätte er dann getan?

Auf den nächsten Zug gewartet.

Würde er trampen? Nach Rudolstadt? Nach Jena? Gleich nach Naumburg? Aber wer nimmt schon einen Schwarzen mit?

Allerhöchstens jemand, der ihn kennt.

Also wieder von vorn. Macamo läuft dem Zug nicht hinterher, und er verpasst ihn nicht, und er sucht keine andere Möglichkeit, nach Naumburg zu kommen. Das heißt, er kriegt den Zug. Und als der Zug Saalfeld verlässt, hat er sich gerade auf einen freien Sitz geworfen. Von denen sollte es an einem Sonntag und um diese Uhrzeit genügend geben.

Otto startete den Wagen. Ganz gleich, was geschehen war. Helfen konnten nur die, die Macamo gesehen hatten. Im Bahnhof. Auf dem Bahnsteig. Und im Zug. Vor allem die im Zug. Die galt es zu finden.

38 | DI 18. 10. 1983

«Du hättest mir früher Bescheid sagen sollen.» Birgit saß am Bettrand und redete. Seine Stirn war warm. Das musste Birgits Hand sein. «Die ist ganz schön heiß. Du bist krank.»

Otto hatte die Augen noch nicht geöffnet. Er sortierte die Worte, die er gerade gehört hatte, mühevoll zu einer Einheit aus Gedanken und Gefühlen.

Früher. Ah, das war wegen der Kinder. Das verstand er. Er hatte das mit dem Kranksein erst gesagt, als er abends zu Hause angekommen war.

Warm. Nein, heiß. Das war die Hand. Draußen ist es gar nicht warm.

Krank. Wer? Wer war krank? Birgit?

«Du bist krank?», fragte er. Ganz langsam öffnete er die Augen. Aus dem Flur schien das Deckenlicht ins Schlafzimmer. Die Kinder waren wach, das konnte er deutlich hören.

«Du hättest mich anrufen können. Dafür haben wir doch das Telefon.»

«Hmhm …» Otto nahm Birgits Hand und fuhr mit ihr über sein Gesicht. Die Hand war feucht. Oder war er das? Birgit legte ihre andere Hand auf seine Brust.

«Ich hab das jetzt im Griff. Die Kinder sind schon angezogen, und wir sind gleich weg.»

Otto richtete sich auf und umarmte Birgit. Langsam wurden

die Dinge klarer. «Tut mir leid. Ich weiß, ich wäre heute dran gewesen.»

«Du bist ganz schön abwesend manchmal. Ist das der Fall?»

War er das? Abwesend. Was war noch einmal die Bedeutung von dem Wort? Geschrei im Kinderzimmer. Birgit zuckte zusammen, blieb aber sitzen und erwiderte seine Umarmung.

«Abwesend?», fragte Otto. Er war viel weg gerade, das stimmte. Dann fiel ihm ein, dass das ja genau das bedeutete. Weg sein ... Das war genau genommen Abwesenheit. Oder? Oh Gott. Wie viel Uhr war es? Er war noch so müde.

«Ja, Schatz. Und manchmal wirkst du so, als wärst du ... Ich weiß auch nicht, wie ich das sagen soll. So elektrisch. So ... ja, mehr unter Strom als sonst.»

Wenn Birgit gleich mit den Kindern aus dem Haus ging, dann war es nun kurz nach halb sechs.

«Bestimmt der Fall. Das ist eine eklige Sache.» Otto verschränkte die Hände hinter Birgits Rücken. Hielt sie richtig fest. Ganz kurz tauchte Marions Bild in seinem Kopf auf, das er aber wieder verdrängte. «Ich kann da nicht so viel drüber sagen.»

«Darfst du ja auch gar nicht.»

«Hmhm. Darf ich eigentlich nicht.»

«Hast du schon überlegt, ob du zum Betriebsfest mitkommen kannst?»

«Wann war das noch mal?»

Otto spürte Birgits Atem auf seinem Rücken. Er war eiskalt. «Ach ja», sagte er. «Nächste Woche. Hab ich gar nicht vergessen. Ist nur, weil ich noch nicht wach bin.»

«Und?»

«Kann ich dir heute Abend Bescheid sagen?»

«Klar.» Birgit löste die Umarmung und stand auf. «Schlaf

noch was. Kannst ja jetzt noch eine Stunde. Bleib lieber ganz liegen, bis es dir bessergeht. Ich hab dich lieb.»

«Ich dich auch.»

39

«Da habt ihr mehr zustande gebracht als wir», sagte Rolf. Er hatte einen Zettel vor sich liegen, auf dem nicht viel stand. «Wir sind erst am Anfang. Die reißen sich nicht darum, mit uns zu reden. Und wenn dann der Übersetzer auch einer von denen ist, dann weißt du ja nicht, was du kriegst.»

«Wie meinst du das?», fragte Otto. Heiß war ihm immer noch, und er schwitzte stark, aber richtig krank war er nicht geworden.

«Also, ich versteh kein Wort von dem, was die sagen. Und wenn die sich einig sind …»

«Aber worin sollten die sich einig sein?» Otto richtete seinen Blick auf Heinz, dann auf Günter. Sie waren zu dritt in der WEMA gewesen, um die Arbeitskollegen von Macamo zu verhören. Heinz hob ganz langsam die Schultern, als ob ihm nichts Besseres einfiele. Günter saß da und bemerkte Ottos Versuch erst gar nicht, ihn in die Diskussion einzubinden. «Die haben doch alle ein Interesse daran, dass wir den Fall aufklären.»

«Ja, das sollte man meinen», Rolfs Antwort kam ohne Zögern. «Es sei denn, sie haben etwas zu verbergen.»

«Mann, wir wissen doch gar nichts über den Toten und die anderen Mosambikaner.» Otto war lauter, als er es gewollt hatte. «Da wird doch keiner von denen dem Macamo nachgelaufen sein, um ihn im Zug umzulegen.»

«Castorp, halt mal die Klappe.» Rolf wurde ebenfalls laut. Es passierte nicht oft, dass sich Streit entwickelte in der Gruppe.

Aber wenn, dann meist zwischen ihm und Rolf. Otto hob die Hände als Zeichen der Friedfertigkeit, doch Rolf hatte noch etwas zu sagen. «Glaubst du, wir alle sind komplett bescheuert? Nur weil du manchmal eine Idee hast, über die man zweimal nachdenken muss, und manchmal sogar eine gute Idee, bist du doch nicht besser als wir. Wir wissen auch, wie man diese Arbeit macht. Ja?» Er holte Luft und sah zu Heinz rüber, der sich nicht rührte. «Wir tun, was wir immer tun, wenn jemand tot ist. Wir versuchen, dessen Umfeld zu verstehen. Das war noch nie falsch, und das ist es auch heute nicht. Und weil die Afrikaner einfach kein Deutsch können und weil es schnell gehen muss und auch weil wir keinen besseren Ansatz haben, sind wir halt in dieser wirklich blöden Situation, dass wir da Leute vor uns sitzen haben in einem Büro, das nicht unseres ist, die nicht mit uns reden. Nur weil du mit ein paar Ergebnissen angelaufen kommst, entschuldige … Ihr natürlich», er zeigte mit dem Finger auf Konnie, «musst du dich nicht über uns erheben.»

Leise und völlig tonlos zischte er noch: «Idiot!»

Otto wusste, dass Rolf recht hatte. Sie mussten das tun. Fragen stellen, Antworten anhören und zweifeln. Es war fast immer der Schlüssel zur Aufklärung eines Mordes. Man musste es aber nicht so bewerten, wie Rolf es tat.

Er spürte Heinz' Augen auf sich. «Also. Wir sind noch nicht einmal fertig mit den Verhören in der WEMA. Damit müssen wir erst einmal weitermachen. Die Jenaer Kollegen haben in Naumburg auch nichts rausgekriegt, was uns weiterhilft.» Heinz wartete. Aber Wasser und Radtke hatten ihren Ergebnissen, die sie schon präsentiert hatten, nichts hinzuzufügen. Abgesehen von der Frau, die Macamo dort regelmäßig besucht hatte, gab es keine weiteren Kontakte nach Naumburg. Und im Umfeld der Frau gab es auch keinen eifersüchtigen Liebhaber, der dem Afrikaner ans Leder gewollt hätte. Das jedenfalls hatte diese Frau gesagt.

«Wir werden die Schaffner befragen müssen», Heinz drückte seine Zigarette aus, «und wir müssen versuchen, uns ein Bild zu machen davon, wie diese Mosambikaner leben. Die können uns sonst alles erzählen.»

Konnie öffnete den Mund, wartete aber noch und blickte in die Runde. «Und keiner sagt was von irgendwelchen Streitigkeiten bei den Mosambikanern?»

«Nur allerbeste Freunde», sagte Rolf.

«Wir brauchen alle Mann bei den Befragungen», sagte Günter, um seinen Chef zu unterstützen. «Da haben wir noch viel Arbeit vor uns.»

Heinz nickte. «Du bleibst an der Reichsbahn dran, Otto. Aber Konnie, du kommst mit uns. Und ihr beide auch.» Er zeigte auf die Jenaer.

40 | MI 19. 10. 1983

Der Bahnhofsvorsteher wartete dieses Mal schon auf ihn. Otto hatte sich telefonisch angemeldet.

«Natürlich haben wir das gewusst», sagte der dicke Mann, ohne ihn anzusehen, als Otto die Tür zu dem Büro öffnete. Er wartete in der Tür und fragte sich, ob der Bahnhofsvorsteher ihn gemeint hatte. Aber der Telefonhörer lag auf der Gabel.

«Na, da ist einer von denen unter die Räder gekommen, von den Mosambikanern. Ihr von der Kriminalpolizei habt das ja nicht herausgegeben. Aber hier bei der Reichsbahn reden die Leute doch darüber.» Jetzt drehte er sich auf seinem Stuhl und rieb sich die Augen. «Da bleibt ja nichts geheim. Wenn es um die Reichsbahn geht, das kriegen wir früher oder später schon mit. All die Züge, die da vorbeigefahren sind, wo sie den gefunden haben.» Er legte den Kopf leicht zur Seite.

Auf dem Weg zum Bahnsteig sah Otto zwei Angehörige der Transportpolizei. Sie standen am Ende des Durchgangs und rauchten. Der Bahnhofsvorsteher musste auf der Treppe kurz Luft holen. «Hier fahren die Züge ab», sagte er, als sie oben ankamen. Der Bahnsteig war beinah leer. Eine alte Frau saß auf einer Bank und hatte beide Hände auf einen großen Koffer gelegt. Ihre Augen waren geschlossen. Sie sah aus, als wäre sie auf dem Weg in den Westen. Der Wind, Otto spürte es, wurde stärker und auch kälter. Aber er war nicht krank.

«Wie viele Züge fahren hier täglich in die Richtung?»

«Das kann ich so pauschal nicht beantworten. Da gibt es ganz unterschiedliche Zugtypen. Aber schon mehr als ein Dutzend unter der Woche.»

«Und am Wochenende?»

«Auch nicht weniger. Aber wenn zu schlechtes Wetter ist für Ausflüge, und wenn kein Fußball ist in Jena, und kein Stadtfest in Rudolstadt, und auch die ganzen … ich glaube, die nennen sich Blueser, wenn die nicht auf irgendeinem Konzert in der Nähe sind, dann sind die manchmal urst leer. Die Soldaten gibt es natürlich noch.»

«Sind denn von den Vertragsarbeitern viele unterwegs von hier aus?»

«Am Wochenende eigentlich mehr als in der Woche.»

«Und gibt's da schon mal Konflikte?»

«Unter denen?»

So hatte Otto die Frage gar nicht gemeint. Aber er nickte.

«Die schubsen sich schon mal. Aber wenn das passiert, dann gucken sie sich auch schnell wieder um, ob es jemand sieht. Und dann hören sie auch schon auf. Hat's denn Ärger gegeben mit denen?»

«Und zwischen den Mosambikanern und … und uns?»

Der Bahnhofsvorsteher drehte den Kopf zur Seite. Zwei junge Männer kamen die Treppe hoch, eine Frau knapp hinter ihnen, und gingen an der Bank vorüber, auf der die Frau mit dem großen Koffer saß. Die Männer trugen verwaschene, ausgebeulte Jeans und Karohemden unter der Jacke, setzten sich auf die nächste Bank und zündeten sich Zigaretten an. Die Frau, auch in Jeans und weißem Männerhemd, stellte sich vor sie. Das brachte Otto auf die Idee, auch zu rauchen. Er holte seine Packung hervor und hielt sie dem Bahnhofsvorsteher hin.

Der pulte eine Zigarette heraus. «Manchmal hat es schon

Streit gegeben. Aber nie so, dass das was wäre, was man melden müsste.»

Neben ihnen tauchten die Uniformierten der Trapo auf. Sie gingen direkt durch zu den dreien, die eben hochgekommen waren. Der eine verstellte den Weg zur Treppe, der andere sprach sie an. Wie gelernt. Sie nahmen die Ausweise entgegen.

Otto hielt dem Bahnhofsvorsteher sein Feuerzeug unter das Kinn und sah, dass der schon mit dem ersten starken Zug ein Drittel der Zigarette verbrauchte. «Sondern?», fragte er.

«Mehr so kleinere Sachen. Wenn mal ein paar von unseren schon da waren und dann einer von denen gekommen ist, dann haben die den schon mal provoziert. Das muss ich ganz ehrlich sagen.»

«Wie denn?»

«Na, nur so mit Worten meistens.»

«Wie denn so?»

«Ja, was sie dann so sagen. Irgendwas mit Dachpappe. Und dann so Uh-uh-uh.»

«Hmhm.» Otto wartete, ob der Dicke mehr zu erzählen hatte. Als er zum Abfalleimer ging und dort seine Zigarette ausdrückte, hätte er fast irgendetwas gefragt, aber er sah, dass der Bahnhofsvorsteher reden wollte. Er kam zurück und stellte sich direkt vor Otto, viel zu nah für seinen Geschmack.

Otto griff in die Jacke und holte die Zigaretten wieder heraus. Er hielt dem Mann die Packung hin und trat gleichzeitig einen Schritt zurück.

Als er den ersten Rauch der neuen Zigarette wieder entließ, guckte der Dicke auf den Boden. «Ich will ganz ehrlich sein», sagte er. «Ich kann die Neger einfach nicht leiden.»

Otto fixierte ihn. Der Dicke hob den Kopf wieder und hatte beinah ein Lächeln auf den Lippen.

Manchmal tut es den Leuten einfach gut, sich die Dinge von

der Seele zu reden, dachte Otto. Selbst so einen Unsinn. «Und wenn das nicht, wie meistens, bei Worten blieb?»

Die beiden von der Trapo kamen wieder zurück und gingen die Treppe hinab.

Der Dicke bückte sich und hob den Fetzen von einer Zeitung auf, warf ihn in den Abfall. «Einmal», er war schon vom Bücken außer Atem. «Einmal hab ich gesehen, wie sie einen verprügelt haben.»

«Wer?»

«Die Jungs von hier.»

«Böse?»

«Nicht so sehr. Sonst hätte ich ja was gemacht.»

«Hmhm … Also mehr so hin- und hergestoßen?»

«Ja. Auch.» Jetzt überlegte er, was er sagen sollte. Und Otto fragte sich, ob es zu diesen Vorgängen wohl Unterlagen bei den Kollegen der Transportpolizei gab. Wahrscheinlich fragte sich der Dicke das auch gerade. «Einmal haben sie auch eine Bierflasche nach einem von denen geworfen. Aber sie haben hinterher auch wieder alles sauber gemacht. Sie haben nämlich gesehen, dass ich das beobachtet habe.»

«Hat die Bierflasche den Mosambikaner – es war ein Mosambikaner, ja? – getroffen?»

«Ja, ein bisschen. Kaputtgegangen ist sie aber erst, als sie auf den Boden gefallen ist.»

«Und war der Mosambikaner verletzt?»

«Das kann ich nicht sagen. Der ist ganz schnell aus dem Bahnhof verschwunden.»

«Und die Kollegen von der Trapo?»

«Schichtwechsel?» Der Bahnhofsvorsteher zuckte kurz mit den Schultern.

Nach einer kleinen Pause zeigte der Bahnhofsvorsteher auf die Treppe. «Ich muss jetzt, der Zug fährt gleich ein. Aber ich hab mit denen natürlich gesprochen, mit den Jungs. Die haben gesagt, dass einer von ihnen auch schon mal von den Mosambikanern verprügelt worden ist.» Dann war er weg.

Otto wartete noch, bis der Zug einfuhr, es war der D 506, der um 17.22 Uhr nach Berlin fuhr. Die drei Leute, die eben kontrolliert worden waren, stiegen ein. Er half der Frau mit dem Koffer in einen Waggon und blickte dann dem Zug hinterher.

41

Otto stand vor dem Bahnhofsgebäude, blickte bergauf in Richtung Saalfeld und zündete sich eine Zigarette an. Der Hauptmann der Transportpolizei wartete in einem Gebäude neben dem Bahnhof auf ihn, aber er hatte keine Fragen für den Mann. Der Bahnhofsvorsteher war sich ziemlich sicher, dass an jenem Sonntag nichts geschehen war, das einen Bericht wert gewesen wäre, so hatte er gesagt. «Sonst hätten Sie das ja erfahren», hatte er gesagt.

Er wurde von der Sekretärin schnell durchgewunken und saß dann im Büro des Hauptmanns, hinter dem er einen Teil des Bahnhofsvorplatzes sehen konnte, auf dem ein paar Leute auftauchten, die in dem Zug gesessen haben mochten, der gerade angekommen war.

«Wenn ihr hier so um den Bahnhof herum ermittelt», sagte der Hauptmann und strich dabei seinen Schnurrbart glatt, «dann kann man auf die Idee kommen, dass wir den Fall auch hätten übernehmen können.» Er hatte glattes braunes Haar, das nach hinten gekämmt war. Kein Grau darin, anders als im Schnurrbart. Die Tränensäcke und ein paar Falten um die Augen herum sagten mehr über sein Alter aus als die straffe Gesichtshaut. «Dass das unsere Zuständigkeit war.» Er sagte es nicht unfreundlich. Er sagte nicht: Ihr habt uns den Fall weggenommen.

«Wir hatten das am Anfang auch anders im Blick.» Otto rückte seinen Stuhl näher zum Schreibtisch. «Zuerst haben wir gedacht, der Tote wäre vielleicht dort abgelegt worden. Mit dem Wagen gebracht möglicherweise.»

«Und was denkt ihr jetzt?»

«Wir sind immer noch nicht viel weiter. Möglicherweise ist der Mann hier in den Zug gestiegen. Aber dann reißt unsere Geschichte auch schon ab. Vielleicht wissen wir mehr, wenn endlich die Ergebnisse aus der Gerichtsmedizin kommen.»

«Wann ist das?»

«Jeden Tag. Morgen hoffentlich.»

Der Hauptmann blickte auf irgendetwas auf seinem Schreibtisch. Da lag ein aufgeschlagener Ordner. Er blätterte mit einem Finger um. «Wir haben mit den Vertragsarbeitern nicht so viel zu tun.»

Otto wartete. «Die kaufen ihre Fahrkarte und setzen sich hin und halten den Mund», sagte der Hauptmann und sah auf. «Wenn sie allein sind. Wenn sie in der Gruppe kommen, dann sind sie natürlich gesellig. Da hört man immer mal wieder eine Beschwerde. Aber nichts Ernstes. Wir haben keinen Ärger mit denen.»

«Und an diesem Sonntag? Irgendwas?»

«Nichts, an das ich mich erinnere.»

«Andere Zwischenfälle an dem Wochenende?»

Der Hauptmann beugte sich über den Schreibtisch und blätterte in der Akte. Schüttelte langsam den Kopf. «Da war nicht viel los hier.»

42 | DO 20.10.1983

«Das ist das also in kurz», sagte Günter und hob den Kopf. Der Versammlungsraum in Jena war dicht vor Rauch. «Ich kann das auch noch einmal für alle verständlich …»

«Ist schon klar», sagte Rolf.

«Ich will das hören. Ich will das einfacher hören und auch genauer.» Für Otto war die Sprache der Rechtsmediziner nichts Neues, und im Grunde hatte er verstanden, was Günter eben vorgetragen hatte. Eigentlich hatte er es mehr vorgelesen. Aber sie brauchten das doch alle viel konkreter. Er konnte sowieso kaum glauben, was Günter gerade dargelegt hatte.

Rolf saß ruhig da und hatte die Arme vor dem Oberkörper verschränkt, den Blick nach unten gerichtet.

«Also», sagte Günter. «Das Wichtigste in dem Bericht ist alles, was mit der Gewalteinwirkung auf den Kopf zu tun hat. Man kann sich das ja alles schon denken, wenn man den Kopf sieht … Oder das, was von ihm übriggeblieben ist. Was den Kopf so zerstört hat, ist nicht nur mehr als ein Schlag oder ein paar davon. Es ist ein fortgesetzter Einfluss, der da eingewirkt hat. Im Grunde genommen müsst ihr euch das vorstellen wie bei einer Mühle. Was man da reingibt, geht kaputt. Genau so war es bei dem Kopf.» Er biss sich auf die Unterlippe. «Und jetzt wird es interessant. Denn der Vergleich mit der Mühle ist nicht so falsch. Vielleicht haben sich das einige von euch auch schon so gedacht. Also … Wenn man einen Hammer auf einen Kopf schlägt, dann hinterlässt der dort Spuren. Und wenn man das noch einmal macht, dann eben wieder. Und so weiter und so fort. Irgendwann sind wir vielleicht nicht mehr in der Lage, den Eindruck des ersten Schlages zu identifizieren, weil die nachfolgenden die ersten Spuren nachhaltig zerstört haben. Das ist ja klar.» Günter sah kurz alle in der Runde an.

«Hier ist es anders. Die Mühle, die ich erwähnt habe. Die Einschläge sind vielfältig, aber ungleichmäßig. Das lässt sich sagen, auch wenn vom Kopf, wie ihr wisst, nicht alles bei uns angekommen ist. Das, was wir haben, erzählt aber auch eine Geschichte. Das Rudiment des Kopfes weist Eindrücke vieler verschiedener Gegenstände auf. So viel können wir sagen. Spitze und stumpfe, größere und kleinere. Das lässt sich deutlich erkennen in den Auslassungen, die uns … die uns geblieben sind.»

«Er ist irgendwo reingeschoben worden?», fragte Andreas Wasser.

Günter legte den Kopf zur Seite.

«Aber was haben denn dann die Verletzungen an den Händen zu bedeuten?» Durch das Fenster sah Otto einen riesigen Schwarm großer Vögel. Sie waren weit weg, aber er meinte, Kraniche zu erkennen. Sie würden nach Südwesten fliegen. «Der war nicht gefesselt, jedenfalls haben wir ihn nicht so gefunden. Und es gab ja auch keine Spuren von Fesselungen an den Armen. Der muss doch irgendwas mit den Händen gemacht haben. Entweder hat er sich gewehrt oder er hat versucht, das zu verhindern, was mit dem Kopf passiert ist. Das ist doch nur natürlich.»

«Genau, wie du sagst. Die Hände müssen irgendwas getan haben.» Günter betonte das *was* in *irgendwas* so deutlich, damit auch jeder zuhörte. Unnötig eigentlich, denn alle im Raum standen unter Strom. Außer Rolf vielleicht. «Und anders als bei den Füßen, die, das haben die Spuren ergeben, für eine Zeitlang aneinandergefesselt gewesen sind, waren die Hände frei. Die Hände erzählen uns allerdings weniger präzise, was sie erlebt haben, als es der Kopf tut. Das liegt vor allem daran, dass sie beweglicher sind, sowohl im Ganzen als auch in ihrer inneren Struktur. Und daran, dass sie die Haltung sehr schnell verändern können. Und ihr habt die Hände ja gesehen. Natürlich haben die etwas getan. Die haben versucht, abzuwehren, was auf den Kopf zugekommen ist. Und sie haben es nicht geschafft, was müßig ist zu sagen.»

«Das Bild mit der Mühle?» Heinz streckte die Hände aus.

«Das Bild mit der Mühle ist nur bis zu einem bestimmten Punkt schlüssig», sagte Günter. «Ihr müsst euch davon wieder lösen.»

«Wenn sie ihn nicht mit dem Auto bis nach Kahla gebracht haben», Konnie hob den Finger, «und davon gehen wir ja schon lange aus, weil dieser eine Teil der Schädeldecke so weit weg vom Auffindungsort gelegen hat … Und wenn der Zug tatsächlich eine Rolle gespielt hat, nicht nur, um den lebenden oder toten Teo Macamo zu transportieren …»

«Dann haben sie ihn aus dem Fenster gehalten.» Heinz' Augenbrauen zogen sich zusammen, als er es aussprach.

Günter schüttelte den Kopf.

«Warum nicht?», fragte Heinz.

«Es passt nicht.» Günter hielt seine Hände so vor sich, als würde er in jeder eine Flasche Schnaps halten. «Wenn du jemanden aus dem Fenster hältst, und ich lasse die Antwort auf die Frage einmal aus, warum jemand so etwas tun würde und wie er diese Person durch diese Öffnung geschoben kriegte, die Fenster klemmen ja fast immer in den Zügen, aber wenn du jemanden also aus dem Fenster hältst und die Beine noch greifen kannst, dann kommen die Hände draußen nie im Leben auf dem Boden auf.»

«Und wenn du so weit kommst, und du ihn dann loslässt», sagte Radtke, «dann hat er nicht diese Verletzungen.»

«Genau.» Günter blickte in die Runde.

Für mehr als einen Moment herrschte Stille im Konferenzraum.

«Die Tür.» Otto fuhr aus seinen Gedanken auf. Alle blickten auf Konnie, von dem der Einwurf gekommen war. Und es dauerte erneut einen langen Augenblick des Schweigens, bis alle gleichzeitig anfingen zu reden.

«Aber die ist zu während der Fahrt.»

«Normalerweise.»

«So ein Unsinn.»

«Also, ich schaffe das nicht, einen erwachsenen Mann an den Füßen festzuhalten.»

«Manchmal stehen die sogar während der Fahrt offen.»

«Was sonst?»

«Vielleicht hat der zwischen den Rädern festgehangen.»

«Wenn die Verletzungen das hergeben.»

«Manchmal lassen sich die Türen ja nicht einmal mehr richtig verschließen, die muss man wirklich nicht mit Gewalt öffnen.»

«… wer so was tut.»

«Nicht in der DDR.»

«Vor allem wer.»

«Mindestens zwei Mann.»

«Das ist alles Unsinn.» Heinz hatte das letzte Wort beinah geschrien. Alle wurden still. Heinz packte den Flachmann, aus dem er gerade noch einen Schluck genommen hatte, wieder weg.

«Wieso Unsinn?», fragte Günter.

«Weil an dem ganzen Modell nichts stimmt.» Heinz holte Luft. «Alle Komponenten, mit denen wir hier normalerweise umgehen … Tatmotiv? Ereignisort? Zeugen? Das erschließt sich mir nicht.»

Teo Macamo hatte sich gerade hingesetzt. Otto sah ihn vor sich, ohne eine Person zu sehen. Er war im Moment mehr eine Figur in einer Versuchsanordnung. Wen hatte er im Zug getroffen? «Wir müssen», sagte er, «von dem ausgehen, was wir wissen. Oder von dem, was wir annehmen können. Und wenn das heißt, dass wir da starten, dass den einer aus dem Zug …» Otto stockte. Er konnte es sich nicht vorstellen. «Dass den einer aus dem Zug gehalten hat …»

«Mehrere», sagte Konnie.

«Klar, mehrere. Also, wenn wir davon ausgehen, dass wir das wissen, dann lasst uns eben rekonstruieren, was vorher los gewesen sein könnte.»

«Gut.» Heinz zog an seiner Zigarette und drehte mit den Händen unter dem Tisch die Flasche auf. «Dann lasst uns umgekehrt vorgehen. Günter, ich will wissen, was da passiert ist. Wenn die den aus dem Zug gehalten haben sollten, was ist da abgelaufen?»

«Wie meinst du das?», fragte Günter.

«Wie meinst du das.» Heinz verdrehte die Augen. «Wir haben darüber geredet, wie der Körper von dem ausgesehen hat. Ich will wissen, wie das vor sich geht.» Er redete schon zum zweiten Mal an diesem Morgen lauter als gewöhnlich. «Wenn wir das mit dir machen. Was machst du dann?» Er starrte Günter an.

Der legte den Kopf schräg. «Wenn ihr mich überwältigt habt. Und wenn ihr mir die Beine zusammengebunden habt. Und wenn ihr mir, das ist wahrscheinlich, vorher ordentlich auf die Mütze gegeben habt. Wenn ihr mich dann aus dem

Abteil in den Vorraum schleppt, dann weiß ich wahrscheinlich noch nicht, was ihr vorhabt. Es sei denn, ihr habt das angekündigt. Vielleicht seid ihr ja betrunken. Oder ihr braucht das Aussprechen selbst als gegenseitige Motivation und Vergewisserung.»

Er zögerte einen Moment. «Wenn ich darüber nachdenke, dann habt ihr es ganz sicher angekündigt. Stellt euch mal vor: Ihr seid zu zweit, oder wahrscheinlicher noch, zu dritt. Ihr müsst ja irgendwie miteinander kommunizieren, und was immer ihr auch gerade macht, extreme körperliche Gewalt, Aufgeputschtsein bis zum Kollaps, und dann muss ja dieser Macamo auch noch geschrien haben … Ich, meine ich. Ihr werdet euch nicht flüsternd verständigt haben oder gar nichtverbal. Also werdet ihr natürlich darüber geredet haben, dass ihr den Macamo aus dem Abteil tragt. Also mich. Oder schleppt.»

Günter hob seine Hände leicht an und atmete ein. Sein Mund war offen, er hatte nur noch nicht das Wort gefunden, mit dem er fortsetzen konnte. «Und vielleicht habt ihr auch schon darüber geredet, dass ihr mich nicht nur in den Vorraum schleifen wollt. Also wehre ich mich. Ihr habt mir ja die Beine zusammengebunden. Wenn ich mir auch noch nicht vorstellen kann, wie das geschehen ist. Hat jemand was mitgebracht dafür? Wohl kaum. Und wenn ihr mir also die Beine zusammengebunden habt, aber die Hände nicht, dann … schlage ich um mich. Ich wehre mich, so gut ich kann. Aber ihr seid mehr. Ich denke, ihr seid mindestens drei Leute. Und …»

Günter machte eine Pause und dachte nach. Otto widerstand dem Impuls, ihn zu unterbrechen. Aber ein Punkt war da, den musste er doch ansprechen.

«Aber das ist nicht das Wichtigste.» Günter redete jetzt ganz langsam. «Wenn ihr mich in diesem Abteil verprügelt und fesselt und dann hinausschleppt, dann müssen … ich wiederhole, dann müssen das Leute mitgekriegt haben. Und dann fange ich an, um Hilfe zu rufen.»

Er holte Luft. Das war der Punkt, dachte Otto. Wenn tatsächlich geschehen war, was Günter da entwarf, dann war das nicht im Verborgenen geschehen.

«Wenn …» Radtke lehnte sich nach vorn.

«Nein», sagte Günter.

Heinz riss seinen Arm nach oben. Schweig!, hieß das.

«Und selbst wenn der Zug am Sonntagnachmittag, oder war es schon Abend, nicht voll gewesen ist, muss das doch jemand gesehen und gehört haben …»

Gesehen.

Und.

Gehört.

«Wie ihr mich aus dem Abteil schleppt. Ich wehre mich also gegen euch, und trotzdem schafft ihr es natürlich, mich da rauszukriegen. Und dann ist die Tür eben nicht verschlossen. Oder sie ist offen. Moment … Vielleicht war es doch nicht der Plan, mich zur Tür hinauszuhängen. Es ist ein Zufall, dass sich das mit der Tür so verhält. Und dann … Dann wehre ich mich noch mehr.»

Günter fixierte Heinz. «Du hast gefragt, was dann passiert. Wenn die Tür also offen ist, und ihr stark genug seid, mich da hinauszuhängen, und das seid ihr, ich denke, dass euch das keine Mühe macht, vielleicht seid ihr sogar mehr als drei Leute, dann schiebt ihr mich durch die offene Tür, während ich versuche, genau das zu verhindern. Es ist aussichtslos, jedenfalls, was die Kräfteverhältnisse angeht. Und trotzdem mache ich es. Ich will leben, ich will weiterleben, und weil ich weiß, dass das, was ihr mit mir machen wollt, mein Leben zu Ende bringt, wehre ich mich. Ich wehre mich um jede Sekunde, und vielleicht bin ich so wach, dass ich begreife, dass jede Sekunde, die ich euch daran hindern kann, mich da rauszuwerfen, irgendjemanden alarmieren könnte einzugreifen. Und wenn nicht, dann tu ich das aus reinem Überlebensinstinkt. Jede Sekunde zählt, so sind wir. Aber das gelingt mir eben nicht. Ihr seid in der Überzahl.»

Jetzt fuhr er sich mit den Händen über die Augen. «Gib mir das Ding», sagte er zu Heinz.

Heinz reichte den Flachmann hinüber. Günter betrachtete ihn und seinen Inhalt. Halbvoll, goldbraun. Er setzte ihn an und ließ einen langen Schluck laufen. Dann reichte er die Flasche weiter. Andreas Wasser, der neben ihm saß, nahm einen kleinen Schluck. Als er die Flasche auf dem Tisch zur Seite reichte, wischte sie Rolf weiter zu Radtke, der den Verschluss öffnete. Rolf holte seinen eigenen Weinbrand hervor.

«Jetzt sind wir genau da», sagte Günter. Konnie holte einen Flachmann hervor und schob den von Heinz weiter. Otto drehte den Verschluss auf und leerte die kleine Flasche mit zwei Zügen. Ein Blick zu Heinz, der ihn bemerkte und wegsah.

«Jetzt sind wir genau da, wo du …», Günter zeigte auf Heinz, «wo du eben drauf hinauswolltest. Ich habt mich draußen. Und sagen wir, ihr habt mich ganz fest und sicher in euren Händen. Wie viele aus so einer Eisenbahntür hinausgreifen können, wenn sie offen ist, weiß ich nicht, aber …»

Günter stockte. Er hob eine Hand, den Ellbogen auf dem Tisch, und führte die Finger zusammen. Er konnte in Worten noch nicht gleichermaßen zusammenbringen, was er sah.

«Was ist?», fragte Heinz.

Die Finger an Günters Hand waren zusammengepresst, als er antwortete. «Die Fessel um die Beine, die kann natürlich als Griff dienen, um mich festzuhalten. Fragt sich, ob das Teil eines Plans ist oder zufällig geschehen ist. Also können tatsächlich zwei Leute in der Tür stehen und vielleicht auch noch diese Fessel halten … das ist sehr frei gesprochen. Aber das ist das ja alles, was wir hier machen. Und wenn ihr mich dann also raushaltet, dann hört bei mir alle Vernunft auf zu arbeiten. Das ist wie bei einem Angriff mit dem Messer. Das kennt ihr. Die Hände wehren das ab, obwohl es unfassbar heftig schmerzt. Wir gehen davon aus, dass das Gehirn in so einer Situation ausblendet, was geschieht. Die Hände fangen ab, was für den Körper bestimmt ist, und der Schmerz, der objektiv da ist, wird im Empfinden gleichzeitig runtergefahren. Das wisst ihr alles. Wenn ihr mich also da raushängt, geht es mir genau so. Meine Hände fangen mich auf. Ein Faktor ist, wie tief ihr mich haltet. Aber ganz gleich, was ich aushalten muss … Meine Hände, und die Arme dazu, halten meinen Kopf so weit weg vom Schotter und von den Schwellen, wie es halt geht.»

Ausatmen bei Günter.

Ausatmen bei allen anderen.

«Das geht ganz gut», sagte Günter dann. «Bis es nicht mehr geht. Die Hände versuchen selbst, sich vor dem Schmerz zu schützen. Sie drehen sich sofort so, dass die Handfläche abfedert, was den Schmerz verursacht. Das werde ich auch getan haben, als ihr mich da gehalten habt. Und für eine Weile, eine kurze Weile, will ich betonen, auch erfolgreich. Und dann … Die Hände sind das eine Problem. Die Arme das andere. Und, wie ich ja eben gesagt habe, ich weiß nicht, wie tief ihr mich gehalten habt. Aber die Gewalt, die auf die Arme eingewirkt hat, wenn ich mich – ich sollte sagen, als ich mich auf diesem Untergrund abgestützt habe, hat nicht nur meine Hände zerstört. Sie hat auch die Fähigkeit der Arme unterminiert, mich zu halten. Das ist ja schon schwer, wenn ihr euch vorstellt, wie ihr euch selbst haltet, falsch rum. Und sosehr ihr auch bei den Sportprüfungen … lassen wir das. Das läuft ineinander. Die Zerstörung der Hände. Das Fleisch reißt auf. Die Knochen brechen. Und das geht recht schnell. Verlangt nicht von mir, da eine Zeit zu nennen. Und während sich die Hände auflösen, aufgerissen werden, Stück für Stück, gerade an den Enden der Schwellen, versagen die Muskeln der Arme ihren Dienst. Die Kommunikation zwischen Händen und Gehirn, das geht um den Schmerz, der kommt ja gar nicht bei den Armen an – der Schmerz aus den Händen kommt auch kaum im Gehirn an, wenn ich das noch einmal betonen darf. Und deshalb bürde ich den Händen so viel auf wie möglich und den Armen zugleich. Und das geht so seine Zeit. Ich …» Günter sah Konnie an, der ihm gegenübersaß. «Ich brauche noch einen Schluck.»

Konnie schob seinen Flachmann über den Tisch. Günter nahm ihn, schraubte ihn langsam auf und hielt ihn an den Mund. Er schloss die Augen und ließ den Weinbrand in sich laufen, bis die Flasche leer war. Dann drehte er den Verschluss wieder zu und legte die Flasche vor sich ab. «Das mit dem Schmerz ist wichtig. Wenn ihr mich da raushängt. Wenn die Hände kaputt sind. Und wenn die Arme, wenn die Muskeln in den Armen versagen. Wisst ihr, was der Kopf macht? In so einer Situation?»

Günter schwieg.

«Der Kopf schaltet ab. Und das noch viel radikaler als die Hände, die den Schmerz nicht spüren wollen. Das hat natürlich auch mit dem Kopf zu tun, geschenkt …» Er wedelte kurz mit seinen langen Fingern. «Aber in der Sekunde, in der der Kopf auf dem Schotter oder auf so einer Schwelle oder weiß der Teufel was ankommt, weil die Arme das alles nicht mehr halten können, da braucht es nur den einen Schlag, und das Gehirn zieht sich zurück vom Verstehenwollen und vom Verstehenkönnen. Ihr habt von dem Begriff Dissoziation noch nicht gehört, das lehren sie aber hier und da mittlerweile. Der Schmerz ist beim ersten Schlag so stark, dass das Gehirn entscheidet, das Verstehen davon auszusetzen. Da ist eine Instanz, die sagt, dass das nicht vermittelt werden kann. Ihr haltet mich also da raus, und ich schalte ab. Da ist ein Punkt, an dem geht bei mir nichts mehr. Da bin ich auch kaum noch ich. Und was ihr dann tut, weiß ich natürlich nicht. Ihr kriegt da bestimmte Sachen gar nicht mit. Wenn die Hände und die Arme aufhören zu arbeiten und der Kopf die Gewalt allein – oder fast allein, die Arme hängen da ja noch – abkriegt, dann habt ihr immer noch mein Gewicht zu tragen. Wahrscheinlich sogar mehr als vorher, weil die Arme nichts mehr auffangen. Vielleicht kriegt ihr das mit, vielleicht auch nicht. Es ist euch wahrscheinlich auch gleichgültig. Und dann … Irgendwann merkt ihr, dass in mir kein Leben mehr ist. Zu dem Zeitpunkt ist ein Teil meiner Schädeldecke schon weggesprungen. Von dem, was darunter ist … Ich bin längst tot und spüre das nicht mehr. Auch Teile meines Gehirns fliegen davon. Und alles, was an meinem Kopf der Gewalt ausgesetzt ist, die die Geschwindigkeit, die ein fahrender Zug hat, gegen meine armselige fleischliche Gestalt ausübt. Und dann … Dann lasst ihr mich vielleicht los. Das ist dann bei Kahla.»

Rolf fing Günters Blick auf. Er schob einen weiteren Flachmann zu ihm rüber. Günter drehte ihn auf und trank gierig. Alle sahen ihm dabei zu. Er legte die leere Flasche zur Seite. Hielt den Blick gesenkt. Für Minuten traute sich niemand zu reden.

Heinz atmete tief ein und wirkte so, als wolle er etwas sagen. Dann aber ließ er nur die Luft aus der Nase entweichen und presste die Lippen aufeinander.

Otto hatte einen Geschmack in der Kehle, der ganz bitter war. Ein bisschen tiefer noch, und er würde sich übergeben. «Wir wissen trotzdem noch gar nichts», sagte er und schluckte den Brechreiz herunter.

Niemand widersprach ihm.

43

«Ich hätte dich fast gar nicht bemerkt da draußen. Wirklich. Dass du da so rumstehst, das tust du doch sonst nicht. Was ist los?» Marion fragte und blickte sich gleichzeitig um. Der Botanische Garten war aber beinah leer.

«Nur eine kleine Pause.» Otto hatte seine Arme um sie gelegt. «Gleich geht's bei uns weiter.» Er atmete ihre Halsbeuge an.

Marion strich ihm über den Rücken. «Hast du Ärger mit Birgit?»

Otto wollte gar nicht reden. Nur halten und gehalten werden. Marion roch nach … Ihm fehlten die Worte dafür. Seife. Frau. Gut. Er sog die Luft tief ein.

«Was machst du?»

Kein Wort von Otto.

«Überprüfst du, ob ich mich gewaschen habe?»

«Hm …» Otto küsste Marions Hals. Er fuhr mit der Hand über ihren Hintern und zwischen ihre Beine.

«Hey!» Marion legte ihre Hand auf Ottos Brust und schob ihn ein Stück von sich weg. Dann drehte sie sich nach beiden Seiten um. Kein Mensch in der Nähe. Jetzt sah sie Otto in die Augen. «Sind das Tränen?»

Otto schüttelte den Kopf und wischte sich mit einer Hand über die Augen. «Du hast mich noch nie gefragt, ob ich meine Frau verlassen will.»

«Das würde ich auch nicht tun.»

«Warum nicht? Wir sind doch verliebt.»

«Ja, und sogar ineinander.»

«Also …»

«Du bist älter als ich.»

«Ja, aber wie viel? Sechs Jahre?»

«Sieben.»

«Sechseinhalb. Das ist nicht so viel.»

«Du hast drei Kinder. Was wollt ihr denn mit den Kindern machen?»

«Ich hab ja nur gedacht. Das war einfach eine romantische Frage.»

«Komm her.» Marion legte ihre Arme um Ottos Schultern. «Ist was auf der Arbeit?», fragte sie.

Otto legte seinen Kopf wieder an ihren Hals. Sog ihren Duft auf und spürte seinen Ständer. Er drückte seine Hüfte nach vorn, um sich mitzuteilen. Marion zog sich nicht zurück.

Nach einer Weile, in der sie sich nicht bewegt hatten, sagte sie: «Ich muss gleich wieder zurück.» Sie drehte sich um und verharrte dann so für eine Sekunde. Dann drehte sie sich noch einmal zu Otto. «Da ist einer, der klaut im Laden.»

«Wer?»

«Ein Mann. Ich kann den nicht so einschätzen.»

«Alt?»

«Jung. Ein wenig abgerissen.»

«Und warum haltet ihr ihn nicht fest?»

«Weil … ich glaube, ich bin der Einzige, der ihn bislang gesehen hat. Und ich hab's nicht einmal richtig gesehen. Aber irgendwie bin ich mir trotzdem sicher.»

«Weil dann Bücher weg sind?»

«Ja, und weil er nie etwas kauft.»

«Und was soll ich tun?»

«Du bist die Polizei.»

«Ah, du weißt, was ich mache. Wenn der tot in der Saale liegt, dann ist er meine Aufgabe. Aber auch nur, wenn er reingestoßen worden ist.»

«Ja, aber ich dachte … Vielleicht guckst du dir den einmal an.»

Otto lächelte nur.

«Tust du es?», fragte Marion.

«Mach ich bestimmt», sagte Otto. «Versprochen.»

44

Heinz hatte die Gruppe aufgeteilt. Konnie, Rolf, Radtke und Günter waren in der WEMA, um weiterhin Macamos Arbeitskollegen zu befragen. Heinz war selbst nach Gera gefahren. Einen Grund hatte er dafür nicht genannt.

Andreas Wasser parkte den Wagen nah am Eingang des Wohnheims in Gorndorf, durch dessen Doppeltür Leute in beide Richtungen drängten. Otto sah, wie eine Gruppe Männer, die eben noch rauchend in einer Runde zusammengestanden hatten, sich auflöste. Auch wenn sie in Zivil unterwegs waren, wurden sie schnell als Polizisten erkannt.

«Ja, ich glaube, ich weiß, wen ihr meint», sagte der Betreuer, den sie in seinem Büro vorfanden. Sie hatten ihn nach einem Mann gefragt, mit dem Macamo häufiger zusammen gesehen worden war. Der Betreuer zog die äußeren Haare seines Schnurrbartes so glatt, dass es Otto schmerzte. «Die sind auch schon mal zusammen von hier losgezogen. Aber mehr kann ich euch zu dem nicht sagen. Und den wollt ihr sprechen?» Nachdem er aufmerksam zugehört hatte, blieb der Betreuer noch eine halbe Minute hinter seinem Schreibtisch sitzen. Dann stand er auf. «Gebt mir ein paar Minuten», sagte er beim Verlassen des Raumes.

«Denkst du, das führt zu was?», fragte Andreas Wasser, als sie allein im Raum waren. Otto blickte sich um. Der Raum mit Blick war groß und karg. Auf dem Schreibtisch ein paar dünne Ordner, die Tagesausgabe vom ND, eine Tasse mit Kaffeesatz und sonst nichts. Unter dem Fenster stapelten sich ein Dutzend Schuhkartons. Otto öffnete einen von ihnen. Dunkelbraune Herrenschuhe im ersten Karton. Im nächsten rote Damenschuhe mit ein bisschen Absatz. Und dann Sportschuhe für Herren. Und Kindersandalen.

«Brauchen deine Kinder was?», fragte Otto und hielt die Kinderschuhe hoch. Wasser wog den Kopf, näherte sich halb interessiert.

Als der Betreuer wieder in den Raum zurückkam, hatte Otto immer noch die Kinderschuhe in der Hand.

«Ja, die Schuhe», sagte er. «Wenn ihr was brauchen könnt. Ich muss die eigentlich gleich noch nach Pößneck bringen. Für meinen Schwager. Aber ein bisschen Schwund ist ja immer.»

Andreas Wasser blickte aus dem Fenster. Otto steckte die Schuhe zurück in den Karton.

«Ich hab den Namen hier, den ihr sucht.» Der Mann wedelte mit ein paar Karteikarten herum. «Er heißt Alberto Conde. Der ist schon oft hier gewesen. Und immer hat er diesen Macamo besucht. Er wohnt im Wohnheim am Bergfried. Kennt ihr das?»

Otto spürte Wassers fragenden Blick und nickte.

45

Conde war ein kräftiger Mann mit dünnem Bart unter der Nase und Scheitel im kurzgeschorenen Haar. Seine Jeans hatte mächtig Schlag und sah nicht aus, als hätte er sie in der Abteilung Jumo erworben. Der Kragen seines braunen Hemdes war spitz und akkurat gebügelt, als käme er nicht von einer Schicht, sondern von der Disco am Samstagabend. Er saß auf einem Stuhl in der Mitte des Büros im kleineren Wohnheim am Bergfried am Rand von Saalfeld. Unter dem Hemd waren die Muskeln an Brust und Oberarmen deutlich zu sehen.

«Wie war Ihre Beziehung zu Teo Macamo?», fragte Andreas Wasser, der vor dem Mosambikaner stand.

Conde hob den Kopf und sah den Betreuer an. Der lehnte an der Wand, trug eine enge Anzughose zu weißem Hemd und einen nicht ganz akkurat geschnittenen Vollbart. Der Afrikaner löste die ineinander verschränkten Finger kurz, um sie dann doch wieder zueinanderzuführen.

«Die können ja meistens noch gar nicht so viel Deutsch», sagte der Betreuer, als Conde gerade anheben wollte zu reden. Nach dem Kommentar beugte er sich erst einmal nach vorn und legte die Handballen auf die Knie.

«Wartet mal.» Otto hob beide Hände zur gleichen Zeit. Er ging zum Betreuer und sagte leise: «Können wir den Raum ein paar Minuten für uns allein haben?»

Der sah eine Sekunde lang beleidigt aus. Dann fing er sich aber. «Natürlich», sagte er.

Als sie das Zimmer für sich hatten, holte Otto den Stuhl des Betreuers hinter dem Schreibtisch hervor und stellte ihn so für Wasser hin, dass er und Conde einander gegenübersaßen. Dann lehnte er sich selbst an den Schreibtisch und gab seinem Kollegen das Zeichen weiterzumachen.

«Teo Macamo», sagte Wasser.

Conde sagte keinen Ton. Er atmete lange ein, dann wieder aus. Dann öffnete er die Hände und atmete wieder lange ein. Wasser kratzte sich am Knie.

Eine Träne floss an der Nase des Afrikaners entlang.

Wasser blickte sich zu Otto um. Was soll ich tun?

Otto schloss die Augenlider für eine Sekunde. Warte doch einfach.

Conde wischte sich über das Gesicht. «Wir sind zusammen

hier angekommen», sagte er sehr langsam. Er stotterte ein bisschen beim letzten Wort.

«In der DDR?», fragte Wasser. Otto hätte noch ein wenig gewartet, anstatt nachzufragen.

Conde nickte. «DDR», sagte er.

«Aus Mosambik.»

Conde nickte. «Aus Chimoio», sagte er. «Wir kommen aus derselben Stadt.»

Chimoio, das hatte er in der Akte von Macamo gesehen. Ein Dorf irgendwo in Mosambik. Oder eine Stadt.

«Wir sind zusammen hier angekommen», sagte Conde wieder. Und wieder stotterte er bei «angekommen» ein bisschen, beim Übergang vom G zum K. «Das war 1981.» Er erzählte die Geschichte von fünf jungen Männern, die in die DDR gekommen waren und hier in unterschiedlichen Städten arbeiteten. Zwei von ihnen waren in der Hauptstadt gelandet, einer in Frankfurt und er und Macamo in Saalfeld.

Der Betreuer steckte kurz seinen Kopf durch die Tür. Otto bedeutete ihm, dass er noch warten sollte.

Sie alle hatten den Kontakt gehalten in den beiden Jahren, besuchten sich regelmäßig, erzählte Conde. «Man muss zusammenhalten», sagte er und sah zum ersten Mal auf. Er wartete auf Bestätigung.

«Natürlich muss man zusammenhalten.» Otto setzte sich auf den Schreibtisch. «Klar muss man das. Wann haben Sie denn den Teo Macamo zum letzten Mal gesehen?»

«Als Teo nach Naumburg wollte», sagte Conde. Das war nichts Neues für sie. Conde bestätigte auch das Datum.

«Gab es denn Probleme?», fragte Andreas Wasser. «Am Arbeitsplatz zum Beispiel.»

Conde schüttelte den Kopf und konzentrierte sich auf irgendetwas, das er beim Blick durch das Fenster sah. «Alle sind nett zu uns. Hier.» Dann beschäftigte er sich wieder mit seinen Händen.

«Aber es hat auch mal irgendwo Streit gegeben.» Otto probierte es einfach.

Die Hände suchten nach irgendetwas. Dann öffnete Conde den Mund. Und schloss ihn wieder. Wasser drehte den Kopf. Otto senkte die Lider wieder.

Zeit verging.

«Ein Mann war da ...» Conde sprach zum Fußboden. «Er hat ... sehr geschimpft. Er war ... böse. Sehr böse.»

«Wann war das?», fragte Wasser.

«Drei Monate?», fragte Conde zurück, als wisse er es selbst nicht so genau.

«Und wer war der Mann?», fragte Otto.

46

«Heinz sollte gleich hier sein», sagte Günter, als er sich hinsetzte. «Wir haben eben telefoniert. Er ist vor einer Stunde aus Gera losgefahren.»

Die erweiterte MUK hatte sich in einem engen Besprechungsraum im Saalfelder Polizeigebäude versammelt. Ein Fenster nach draußen führte in einen Hof. Die schmutzigbraune Brandmauer dahinter war alles, was dort zu sehen war. Um den kleinen Tisch herum standen sieben Stühle, der Raum war damit komplett ausgefüllt.

«Irgendetwas Wichtiges?», fragte Andreas Wasser und tippte Günter auf die Schulter.

Der hob kurz die Schultern.

Rolf zündete sich eine Zigarette an und gab das Streichholz an Radtke weiter. Der hielt seine frisch Angezündete Konnie hin, der seine Zigarette zum Glühen brachte. Andreas Wasser zeigte auf Günters Packung, der sich eine herausfischte, bevor er sie über den Tisch schob. Otto war der Letzte, der anfing zu rauchen. Niemand sagte ein Wort.

Er wäre gern der Spur gefolgt, auf die dieser Conde sie hingewiesen hatte. Das war eine physische Sache. Der Tag war lang, oder besser: Sie waren schon lange auf den Beinen. Die Gewissheit, was mit Macamo geschehen war, erfüllte sie alle mit Energie, die genutzt werden wollte. Für das, was mit dem Mosambikaner geschehen war, durfte in einem Land wie der DDR kein Raum sein. Genau genommen war dafür natürlich in keinem Staat der Welt Platz. Dass ein Individuum ein anderes ums Leben brachte.

Günters Vortrag vom Morgen hatte aber auch noch andere Kräfte freigesetzt in ihnen allen. Man konnte die Irritation spüren, greifen, die durch sie hindurchsickerte. Wenn wirklich einmal etwas passierte in der DDR, dann war das die absolute Ausnahme und hatte beinah immer mit Kontrollverlust zu tun. Und das war nicht der Kontrollverlust der Gesellschaft. Es war der des Einzelnen. So wie diese Geschichte mit Radunek. Der arbeitet Jahr um Jahr und ist ein wertvolles Mitglied des Kollektivs und der Gesellschaft … bis er es nicht mehr ist. Ob der Radunek das wohl auch selbst so gesehen hatte, fragte sich Otto.

Die Tür hinter ihm wurde leise ins Schloss gedrückt.

«Entschuldigt, dass ihr warten musstet», hörte er Heinz' Stimme. Otto drehte sich um, blickte in dessen altes und erschöpftes Gesicht. «Lasst uns die Dinge zusammenfassen», sagte Heinz und setzte sich zwischen Günter und Radtke.

«Irgendetwas?», fragte Rolf.

«Irgendetwas ist immer. Da reden wir später drüber.» Heinz zeigte auf den Fragenden. «Erzähl einfach.»

Rolf zuckte kurz mit den Schultern. «Wir waren …», er sah

Radtke an, «wir waren in der WEMA. Und viel haben wir nicht rausgekriegt. Wir sollten sie einzeln vorführen.»

«Aber …» Günter drehte den Hals und blinzelte in die Runde. «Immerhin haben wir erfahren, dass es einen Streit gegeben hat, in den der Tote verwickelt gewesen sein soll. Es soll um einen Mann in der Stadt gehen, der dem Toten vorgeworfen hat, sein Bier getrunken zu haben.»

«Sein Bier?», fragte Heinz.

«Im *Pappenheimer*. An irgendeinem Wochenende.»

«Das ist eine Kneipe», sagte Rolf.

«Das weiß ich. Und was hat sich daraus ergeben?»

«Die beiden haben sich geschlagen.» Rolf

«Und wer hat gewonnen?»

«Das ist nicht klar», sagte Günter. «Aber einer von den Afrikanern hat gesagt, dass der Kontrahent dem Toten geschworen hat, ihn umzulegen.»

«Kann er denn sagen, um wen es sich gehandelt hat?» Heinz bewegte die Hand im Kreis. Redet doch einfach weiter.

«Kann er nicht», sagte Rolf.

Heinz blickte zur Seite. «Sonst was?»

«Nichts, was irgendwie Bedeutung zu haben scheint.»

Heinz linste mit müden Augen in die Runde «Davon haben wir auch gehört», sagte Konnie. «In dem Wohnheim, in dem der Tote gelebt hat, haben sie sogar überlegt, den Mann zu stellen. Der Betreuer sagt, dass ihm einer aus dem Nebenzimmer vom Toten gesteckt hat, dass es da eine Gruppe im Wohnheim gegeben hat, die überlegte, zu dem zu gehen und ihm eine Abreibung zu verpassen.»

«Also ist er bekannt?»

«Das wusste der Betreuer nicht.»

«Er ist bekannt», sagte Otto. «Er arbeitet am Stellwerk bei der Reichsbahn. Und wir kennen seinen Namen.»

«Er arbeitet bei der Bahn?» Heinz stand schon von seinem Stuhl auf.

47

Das Stellwerk befand sich auf der dem Bahnhof gegenüberliegenden Seite der Schienen. Sie hielten mit zwei Wagen hinter dem kleinen Backsteinbau. Otto hatte beim Bahnhofsvorsteher angerufen, der ihm mitgeteilt hatte, dass Frank Tzschoppe gerade Dienst hatte. Es war dunkel geworden, und die meisten Laternen auf dieser Seite des Bahnhofsareals waren kaputt. Aus dem ersten Stock drang auch nicht viel Licht. Von dort musste der Blick nach draußen möglich sein, da war zu viel Licht im Inneren nur hinderlich.

Konnie öffnete die Tür leise und betrat das Stellwerk.

«So vorsichtig brauchst du gar nicht zu sein.» Rolf stand hinter ihm. «Wo soll er denn hin? Das ist der einzige Zugang.»

«Eben.» Heinz folgte ihm durch die Tür und dann zur Treppe, die gleich daneben nach oben führte. Otto hielt die Tür offen und folgte als Letzter in den kleinen Bau. Und er hatte erst die Hälfte der Stufen nach oben genommen, als er den Abfall der Spannung unter den Genossen bemerkte. Heinz' Stimme ging in Ton und Lautstärke nach unten, während er redete.

«Hauptmann Thiel von der Morduntersuchungskommission», hatte er noch laut gesagt, bevor er weitermachte. «Sind Sie Frank Tzschoppe? Wir müssen mit Ihnen reden.» Jedes Wort weniger betont als das vorherige.

Eine Stimme, die er nicht kannte, sagte: «Ja, das bin ich.» Der Mann redete mit starkem thüringischem Einschlag.

Otto war nun auch oben angekommen. Der Blick aus dem kaum beleuchteten Raum war nach drei Seiten völlig frei. Auf den Bahnsteigen trieb sich niemand herum. Den dünnen Mann, der bei Heinz stand, konnte man fast übersehen. Er war kaum größer als ihr Chef, hatte eine leicht gebeugte Körperhaltung und einen weißen Haarkranz. «Ich muss mich gerade noch um einen Güterzug kümmern», sagte er.

Dann bewegte er sich langsam auf die Anlage zu, die an der Fensterfront zu den Gleisen hin angebracht war. Tzschoppe hatte ein steifes Bein. Gerade setzte er sich auf einen Schemel und streckte das Bein, das er offensichtlich nicht beugen konnte, aus. Seine Statur, die physische Verfassung und das Alter schlossen ihn einfach aus. Wenig wahrscheinlich, dass er sich auf Teo Macamo geworfen und ihn aus dem fahrenden Zug gehalten hatte. Das hieß nicht, dass sie ihn nicht gründlich überprüfen mussten. Vielleicht hatte er andere geschickt.

Nur eins war klar. Wenn eine ganze Gruppe erfahrener Mordermittler angesichts eines Verdächtigen tiefe Enttäuschung ergriff, dann geschah das nicht grundlos. Heinz stand neben Tzschoppe, um mit ihm zu reden, sobald er seine Arbeit gemacht hatte, während sich die anderen schon zur Treppe hin bewegten.

«Wir könnten bei der WEMA weitermachen, das ist ja gleich hier vorn», sagte Heinz später, als sie wieder draußen zwischen den Autos standen. «Gearbeitet wird da ja immer. Aber es war ein langer Tag. Wir brauchen den Schlaf. Und morgen …» Er zeigte auf Otto. «Hast du diese Frau», er musste einen Moment lang überlegen, «diese Frau Stake in Naumburg erreicht?»

Otto nickte.

«Bist du sicher, dass es sich lohnt, sie ein zweites Mal aufzusuchen?»

«Ich will es wenigstens probieren. Da sind ein paar neue Fragen wegen der Bahn.»

«Fährst du allein?»

Otto nickte wieder.

«Gut. Alle anderen morgen zur WEMA. Wie kommen wir nach Hause?» Heinz schaute fragend in die Runde.

48 | FR 21. 10. 1983

Es war acht Uhr, als Otto in einem baufälligen Haus in der Naumburger Innenstadt an die Wohnungstür klopfte. Ein Klingelknopf hing lose in der Wand, eine kleine Papierrolle zum Abreißen und ein Bleistift waren an Kordeln am Türrahmen befestigt. Ein Namensschild gab es nicht.

Otto hörte keine Schritte, bevor die Tür geöffnet wurde. Die Frau, die ihn anblickte, hatte kurze, beinah schwarze Haare und trug eine runde Brille mit Drahtgestell. Sie hielt den Finger auf die Lippen.

«Stefanie Stake?», fragte er.

«Ich wohne ganz hinten», sagte sie flüsternd. «Die anderen hier vorn schlafen noch.»

Er folgte ihr durch einen langen dunklen Flur und eine kleine Treppe hinauf. Sie mussten längst im Nebenhaus angekommen sein, so lange waren sie unterwegs. Endlich erreichten sie eine kleine Küche, in der ein Wasserkessel auf einem Gasherd vor sich hin dampfte. An der Wand hing ein kleines Bild von Jesus in allen Farben des Regenbogens. Die Frau zeigte auf den Tisch und die beiden leeren Tassen darauf. Otto setzte sich und beobachtete sie dabei, wie sie Kaffeepulver in eine Porzellankanne löffelte und dann das Wasser daraufgoss. Sie trug eine ausgewaschene Jeans und einen weißen Nicki, dessen Ärmel bis zur Schulter hochgekrempelt waren. Er endete kurz über dem Hosenbund und gab ein wenig schneeweiße Haut frei.

«Ich habe den …» Die Frau überlegte kurz. «Ich habe den Genossen von der Kriminalpolizei doch schon alles gesagt, was ich weiß.»

Otto hatte sie am Vortag im Krankenhaus angerufen, wo sie als Schwester arbeitete. Am Telefon hatte sie eher überrascht gewirkt, als er ihr sagte, dass er noch einmal über Teo Macamo reden wollte. Was hatte sie noch gesagt? Das interessiert euch doch sonst auch nicht.

«Die Morduntersuchungskommission kommt halt noch mal auf Sachen zurück.»

Sie stellte die Kanne auf den Tisch und holte Milch aus dem Kühlschrank. «Zucker?»

«Nee», sagte Otto. Er entschied sich, die Sache mit dem Telefongespräch auf sich beruhen zu lassen. Er hatte andere Interessen. «Es ergeben sich ja immer neue Fragen in so einer Sache.»

Die Frau stockte kurz, die Kanne noch in der Hand. Sie sagte keinen Ton, goss dann den Kaffee in die Tassen und setzte sich ihm gegenüber.

«Kann ich ein paar Fragen stellen?» Der Kaffee war heiß und schmeckte nach gar nichts.

Sie schwieg.

«Wie haben Sie Teo Macamo kennengelernt?»

«Das habe ich doch schon gesagt.»

Otto trank noch einen Schluck von dem Zeug, um Zeit zu gewinnen. Wenn sie nicht wollte, dann wollte sie nicht. Sie holte eine Filterlose aus einer Packung und fing an zu rauchen, bot ihm aber keine an.

«Kann ich trotzdem noch einmal fragen? Auch wenn Sie schon …»

Sie wartete, bis sie den Rauch aus der Lunge gelassen hatte, und sagte: «Ja.»

«Danke. Können Sie also …»

Sie unterbrach ihn. «Ich hab den Teo in Rudolstadt kennengelernt. Da war ein Gartenfest, und da hat mich eine Freundin mit hingenommen. Und da war der Teo, und da waren auch noch ein paar von seinen Freunden.» Sie trank einen Schluck und wartete.

«Wann war das?»

«Letztes Jahr irgendwann. Es war schon zu kalt für Garten. Für uns war es schon zu kalt … Für die Afrikaner ganz sicher.» Sie deutete ein ganz leises Lächeln an.

«Und …»

«Mein Gott», sagte sie. «Wir haben uns verliebt. Dann haben wir uns getroffen und wieder getroffen. Was ist daran so schwierig?»

«Nichts. Ich versuche nur, mir ein Bild davon zu machen, wie sich Herr Macamo bewegt hat.»

«Der hat sich vor allem hierhinbewegt, wenn es ging. Wir konnten uns ja nicht im Wohnheim treffen. Die wohnen ja zu zweit auf einem Zimmer.»

«Und wie oft ist der Herr Macamo zu Ihnen gekommen?»

«Sie meinen … wie oft wir …» Die Frau stützte sich auf dem Tisch auf und beugte sich nach vorn.

«Nein. Ich meine nur das: Wie oft ist der Herr Macamo nach Naumburg gefahren? Glauben Sie mir doch. Ich will mir nur ein Bild machen davon, wie er sich …»

«Eine Zeitlang sooft er konnte. Er ist in die Bahn gestiegen und hierhingekommen. Hier hatten wir Zeit für uns, und niemand hat irgendeinen Unsinn erzählt. Wir hatten leckeres Essen und ein bisschen zu trinken, und dann haben wir miteinander geschlafen. Ist es das, was Sie wissen wollen?»

Otto schüttelte den Kopf. Die Frau zeigte nicht einmal einen Bruchteil der Wut, die in ihr steckte. «Ich will mir ein Bild machen», sagte er leise. Er holte seine Zigaretten aus der Jacke und begann zu rauchen. «Vor allem davon, wie der Herr Macamo unterwegs war von Saalfeld nach Naumburg. Sie wissen ja, wie er gestorben ist.»

«Ja. Er ist aus dem Zug gefallen. Aber wenn Sie von der Morduntersuchungskommission sind, dann ist er wahrscheinlich gestoßen worden. Richtig? Die …» Sie machte eine kleine Pause. «Die Genossen, die hier waren, die haben das nicht so gesagt.»

Otto suchte einen Punkt, auf den er blicken konnte, fand aber keinen. Er zog einmal und noch einmal an seiner Zigarette. Ihm wurde schwindlig.

«Was ist?» Die Frau hatte Tränen in den Augen.

Otto trank die Tasse leer.

«Was ist?», fragte sie noch einmal. Dann stand sie auf. Sie begann, in der Küche auf und ab zu gehen, aber anders als Heinz, nervöser. Mit einem Arm wischte sie sich über die Augen. Dann stützte sie sich an der Wand neben der Tür ab. «Scheiße!», sagte sie. Und noch einmal: «Scheiße!» Und setzte sich wieder an den Tisch. Die Tränen liefen unkontrolliert. Sie machte sich nicht mehr die Mühe, sie aufzuhalten. «Teo ist ja bestimmt nicht aus dem Zug gefallen. Oder?»

«Ist er nicht.»

«Und das … das ist Ihnen wichtig? Das aufzuklären?»

«Ist es.» Als Otto das gesagt hatte, fand er es zu wenig. «Mir ist das wichtig. Ich verstehe noch nicht ganz, warum Sie denken, es könnte für mich nicht wichtig sein. Aber ja, es ist wichtig. Und nein, noch einmal. Der Herr Macamo ist nicht aus dem Zug gefallen. Er ist … getötet worden.»

Sie legte den Kopf auf den Tisch. Weinte ohne Hemmungen.

Otto sagte keinen Ton. Er holte noch eine Zigarette aus der Jacke und entzündete sie, ohne ein Geräusch zu produzieren. Als sie sich wieder aufrichtete, mit roten Augen, holte er noch eine hervor, steckte sie an und reichte sie ihr schon glühend. Sie nahm sie, zog und fing an zu husten.

Als sie sich beruhigt hatte, fing sie an zu reden. «Wir wollten uns eigentlich trennen. Nichts Tragisches. Wir waren ja wirklich verliebt. Oder jedenfalls verliebt gewesen. Und da ist ja auch nichts dabei, wenn man sich später trennt. Aber ich konnte das nicht mehr ertragen.» Sie biss sich auf die Lippe.

Otto war kurz davor zu fragen, was sie nicht ertragen konnte.

Sie biss fest auf die Lippe. Es war die Unterlippe. Der Teil, den er sehen konnte, wurde ganz weiß. Sie starrte an ihm vorbei.

«Was?», fragte er.

«Wir haben uns manchmal in Jena getroffen, in der Mitte sozusagen. Wenn ich Zeit hatte. Schichtdienst im Krankenhaus ist nicht so einfach. Aber Teo hat Sachen erlebt …»

Otto versuchte, sie so anzuschauen, dass sie einfach weiterredete.

«Und nicht nur er. Wir sind dann zusammen mit dem Zug zu mir gefahren, wenn wir uns in Jena getroffen haben. Also, ich bin dann da in den Zug gestiegen. Ich bin nur nach Jena gefahren, um sofort wieder zurückzufahren. Und glauben Sie ja nicht, dass Teo mich darum gebeten hat. Da war der viel zu stolz für. Aber ich hab das gemacht, weil …» Sie legte die Hand vor den Mund. «Der ist ja nicht nur beschimpft worden. Im Zug. Die haben ihn auch geschlagen.»

«Wer?»

Ihre Augen wurden sehr groß. «Die Leute.»

«Welche Leute?», fragte Otto.

Sie stand auf und ging zu einem Hängeschrank. Holte eine Flasche Doppelkorn heraus und ein Wasserglas. Sie goss sich ordentlich ein und trank es in einem Zug aus.

«Ich muss jetzt zur Arbeit, und Sie müssen gehen», sagte sie und verließ die Küche.

49

Otto fand die Autos der Kollegen vor einer Halle der Werkzeugmaschinenfabrik ganz unten im Saaletal. Er betrat einen zweistöckigen Backsteinbau durch eine stählerne Doppeltür und ging einen Gang hinab. Ein Mann im grauen Kittel sah ihn und zeigte auf eine weitere Doppeltür, und schon stand er in einer großen Produktionshalle. Ein regelmäßiges Ssssst-Kadamm musste von irgendeinem Produktionsprozess herrühren. Der zweite Ton des Kadamm schlug hart in seinem Ohr auf.

Auf seiner Seite einer Produktionsstraße arbeitete eine Gruppe schwarzer Männer mit grauen Kitteln und Ohrenschützern, auf der anderen standen Günter und Radtke und vertraten sich die Füße. Auch sie trugen diese Dinger. Der Lärm schmerzte.

Drei nebeneinanderliegende Büros am Rand waren hell erleuchtet. Von innen konnte man durch die Glasfenster die Arbeit in der Halle betrachten. Die ersten beiden Büros spärlich besetzt, im dritten und letzten entdeckte Otto Heinz und Konnie im Gespräch mit einem älteren weißhaarigen Mann. Der graue Kittel, den er trug, wirkte sauberer und neuer als die, die Otto bisher gesehen hatte. Heinz hatte ihn nun auch entdeckt und winkte ihn mit einem Finger herein.

«Otto», sagte er. «Das ist der Genosse Teuer. Er ist der Schichtleiter.»

Otto betrachtete den alten Mann, dem Haare aus der Nase wuchsen. «Wird hier rund um die Uhr produziert?»

Der Mann nickte. «Wir können uns nicht leisten, dass die Maschinen stillstehen.» Teuer sah ihn kaum an, als er das sagte.

«Und?» Otto beugte sich über den Schreibtisch und wartete auf eine Antwort der Kollegen.

Heinz lehnte sich zurück und verschränkte die Arme. «Niemand sagt irgendetwas Schlechtes über die Afrikaner.»

Teuer nickte mehrere Male. «Keiner», sagte er.

Heinz spießte ihn mit seinem Blick auf: «Können Sie uns ein paar Minuten allein lassen?», fragte er leise.

«Natürlich», sagte der Alte, stand auf und ging auf die Tür zu. Im Türrahmen drehte er sich um. «Ihr habt ja schon mit ein paar von den Schwarzen geredet. Wenn ihr da noch einmal meine Hilfe braucht …»

Als die Tür zu war, beugte sich Heinz nach vorn. «Keine Konflikte, kein Streit, diese Afrikaner sind alle fleißig und höflich, die mussten natürlich alles erst mal lernen hier, das sind die ja gar nicht gewohnt, so eine Arbeit, wie wir sie hier machen, aber ansonsten ist alles in Ordnung.»

«Nichts?» Otto setzte sich auf den Stuhl, auf dem Teuer eben gesessen hatte.

«Doch.» Heinz blickte aus dem Fenster auf die Produktionsanlage. «Man muss den Leuten nur zuhören. Was sie sagen, ist das eine. Und dann ist da das, was sie meinen. Ich will da nicht ins Detail gehen. Wir sind ja noch ganz am Anfang. Aber eine Sache gibt es da, die müsst ihr bald verfolgen. Warum macht ihr das nicht zusammen?» Er blickte zu Konnie.

«Da ist ein Lokal hier in Saalfeld.» Konnie kramte einen Zettel aus der Jackentasche. «*Johannisklause*. Da treffen sich die Afrikaner. Also, da treffen sich alle. Aber auch die Afrikaner.

Und da hat es vorige Woche eine Prügelei gegeben. Wegen den Frauen, sagen einige der Genossen hier.»

«Wegen welchen Frauen?», fragte Otto.

«Na ja, eigentlich wegen den Frauen von den Genossen, denen von hier.»

Otto wartete.

«Einige der Genossen meinten, dass die Afrikaner da nicht genügend Respekt gezeigt hätten.»

«Den Frauen gegenüber?»

«Ja», sagte Konnie. «Weil das doch die Frauen von den Genossen sind.»

«Ist da jetzt auf?», fragte Otto.

«Da ist immer auf», sagte Heinz. «Am besten fahrt ihr gleich rüber. Konnie kennt den Weg.»

50

Sie hatten den Lada direkt vor dem Lokal geparkt, saßen aber noch im Wagen und rauchten ihre Zigaretten zu Ende. Die Straße in der Saalfelder Innenstadt war schmal, das Eckhaus mit dem Eingang der Gaststätte baufällig. Zwei Männer in vielgetragenen Anzügen überquerten die Straße vor ihnen und betraten die Gaststätte. Draußen vor dem Fenster stand eine Tafel mit dem Mittagsangebot. Die Kreideschrift war nicht mehr zu erkennen.

«Diese Freundin?», fragte Konnie.

«Mag keine Polizisten.»

«Wer freut sich schon, wenn wir kommen? Entweder du hast was ausgefressen, oder es ist etwas Schlimmes passiert. Sonst sehen die ja gar keine Polizei.»

«Hmhm, jedenfalls nicht unsere Sorte. Aber die war anders.

Die mag uns nicht, das hab ich gespürt. Das war irgendwie grundsätzlich. Und auf der anderen Seite will sie, dass wir was tun.»

«Wie meinst du das?»

«Ich weiß nicht. Zuerst hat sie so misstrauisch gewirkt. Und dann hat sie geweint.»

«Was wolltest du überhaupt bei ihr? Wir hatten doch schon mit der geredet.»

«Irgendwas verstehen. Mir geht das nicht aus dem Kopf, was Günter gesagt hat. Warum will jemand so etwas tun? Ich meine, guck dir den Radunek an. Der hat seine Frau die Treppe runtergeworfen. Ich weiß bei dem nicht, ob er das geplant hat oder nicht. Und wir können ihn ja auch nicht mehr fragen. Aber da ist was … Die Verzweiflung in dem.»

«Du würdest deine Frau aber nicht die Treppe runterstoßen, wenn du verzweifelt bist.»

«Ich bin ja auch nicht verzweifelt. Ich meine nur. Da ist was, was man versteht. Und nicht, weil man es selbst auch tun würde.»

«Wenn wir die Mörder von dem Mosambikaner haben, dann verstehen wir die vielleicht auch.»

«Meinst du? Nach dem, was die getan haben?» Otto warf den zu Ende gerauchten Zigarettenstummel durchs Fenster auf die Straße. «Lass uns reingehen.»

Sie mussten sich bücken, um durch die Tür zu kommen. Es war trüb-dunkel in der Gaststätte und roch nach Zigaretten, Bier und Kasseler. Ein Tisch am Fenster war besetzt mit Kartenspielern. An anderen Tischen saßen einzelne Trinker oder zwei im Gespräch. Nur Männer. Ein großer Tisch am Durchgang zu den Toiletten war leer.

Der Mann hinter der kleinen Theke war vielleicht fünfzig, sein Bauch hing über dem Gürtel der Hose. Er guckte misstrauisch und versuchte, die neuen Gäste einzuordnen. Es gelang ihm nicht, bis Otto und Konnie sich auswiesen.

«Habe ich mir schon gedacht!», sagte der Mann dann. Er versuchte, etwas lockerer zu werden, und fuhr sich mit der Hand, die er gerade an einem Tuch abgewischt hatte, über den Kopf, um sicherzugehen, dass das Haar die große kahle Stelle bedeckte. «Ihr kommt schon wieder wegen der Prügelei.»

Das war nicht einmal falsch, dachte Otto. «Können wir einen Kaffee haben?», fragte er. Sie beobachteten den Mann, der in die Küche ging. Dort war es diesig, weil irgendetwas vor sich hin dampfte. Eine Frau rannte hin und her, schüttete irgendetwas irgendwo rein, und es dampfte noch mehr. Eine kleine Wolke waberte in die Gaststätte hinein. Mit ihr kam der Mann und stellte die beiden Tassen auf die Theke.

«Das haben wir ja alles schon den Genossen von der Volkspolizei erzählt», sagte er dabei. «Ich sogar mehrfach, wie Sie sich vorstellen können. Manchmal gehen die Dinge einfach aus dem Leim, wenn die Jungs zu viel getrunken haben. Aber das geschieht nicht so oft.» Er redete leise. Die Gäste bekamen davon nicht viel mit. «Und das war eigentlich auch keine so große Sache. Seht mal, der Laden war eben voll. Und es war spät. Die Jungs hatten ja alle die ganze Woche hart gearbeitet.»

Otto konnte das Geschwätz nicht mehr hören. «Was ist denn eigentlich los gewesen?»

«Ich dachte, das wisst ihr.»

«Zwei noch!», rief einer vom Kartentisch.

«Kommt», rief der Mann laut zurück. Er drehte sich, griff zwei Gläser aus dem Regal und ließ das Bier hineinlaufen. «Die haben sich über Musik gestritten.» Er nahm die beiden Gläser und ging zum Kartentisch.

Als der Mann wieder hinter der Theke war, sah Otto ihm in die Augen. «Über Musik.»

«Ja, ist doch klar. Das ist eine ganz andere Kultur, wo die herkommen. Die haben andere Musik. Die wollen die manchmal dann auch hören.»

«Da war also …» Otto zündete sich eine Zigarette an. Der Mann nahm auch eine. «Da war also eine Tanzveranstaltung hier.»

Der Mann zog und hielt ein, wiegte den Kopf und überlegte. «So kann man das nicht sagen. Dafür haben wir ja gar nicht die Bedingungen hier. Das ist auch nichts Offizielles. Guckt euch doch mal um. Wir sind nicht nur ein Restaurant. Die Leute kommen zum Biertrinken und zum Kartenspielen und auch, weil wir gutes Essen haben.»

Otto sah, wie sich einer von den Kartenspielern erhob und zum Tresen kam. «Das ist doch Schnee von gestern», sagte er. Er hatte ein glattrasiertes, hartes Gesicht. Falten quer und längs, der Scheitel des grau-braunen Haares saß wie mit dem Meißel gehauen. «Manchmal streitet man sich eben, und dann hört man wieder auf. Ich verstehe gar nicht, warum ihr das schon wieder aufwärmt.»

«Aber worüber gab es denn Streit?», fragte Konnie und stützte sich auf den Tresen.

«Hat der Pavel doch schon gesagt. Musik. Das kann man ja nicht anhören, die Sachen.»

«Aber wer hat das denn …» Konnie betrachtete den Mann und wandte sich dann an Pavel. «Wer war denn verantwortlich für die Musik?»

«Da ist keiner verantwortlich für.» Der Wirt bückte sich und griff unter den Tresen. Er kam mit einem Radiorecorder wieder hervor und drückte auf einen Knopf. Die Lade für Kassetten öffnet sich mit einem Plöck. «Darum geht es.»

Otto kapierte es nun. Konnie versuchte noch zu folgen. «Worum geht es da?», fragte er.

«Am Wochenende bringen die Leute Kassetten mit.» Der Wirt räumte das Gerät wieder weg.

«Und dann wird hier getanzt?» Konnie sah sich in der Gaststätte um.

«Dann stellen wir hier schon mal die Tische zur Seite», sagte der mit dem harten Gesicht.

«Und dann?», fragte Otto.

«Dann schieben wir hier über den Fußboden. Ist ja sonst nicht so viel los.» Der Harte vertrat die Interessen der Trinkgemeinschaft. «Da macht auch keiner was draus. Das wissen hier alle.»

«Und der Streit also?» Otto wollte den Harten hören und nicht den Wirt. Er nickte ihm zu. «Worum hat der sich gedreht?»

«Na, um die Musik. Die Mosambikaner kommen auch her. Aber sie sollen uns mit ihrer Musik in Ruhe lassen. Wir haben unsere, und damit ist gut.»

«Und da hat also einer von denen deren Musik ...»

«Ja, und nicht nur einmal. Wir haben denen das ja oft genug gesagt. Benehmt euch, dann gibt es keinen Ärger.»

«Und da geht's nur um die Musik?» Otto drehte sich zum großen Tisch an der Toilettentür. Eine kleine Fahne stand darauf, in einen runden Holzfuß gesteckt. Er kannte sich da nicht so aus, aber wenn er darauf hätte wetten müssen, dann hätte er schon sagen können, um welche Fahne es sich da handelte.

«Im Allgemeinen ja.»

Otto hätte gern die Akten der lokalen Kollegen eingesehen. «Und wenn getanzt wird», fragte er, «sind dann auch Frauen hier drin?»

«Sonst kann man ja nicht tanzen», sagte der Harte.

«Gibt es da auch mal Ärger, wenn die Afrikaner mit den Frauen tanzen wollen?» Otto fragte das fast ohne Betonung, als sei es eigentlich gar nicht so wichtig.

«Da muss man schon aufpassen, dass die denen nicht zu nahe kommen.» Der Harte sah zum Mann hinter der Theke. «Ist doch wahr.»

Otto drehte sich zum Wirt. Der polierte ein Bierglas, als sei es die wichtigste Aufgabe des Tages. «Wir wollen ja nur», sagte er nach einer kleinen Pause und betrachtete das Glas, «dass hier alles friedlich abgeht.»

«Und an dem Abend haben die euch verkloppt.» Otto blickte zwischen dem Wirt und dem Harten hin und her.

Der Wirt schaute erstaunt auf.

Der Harte schüttelte den Kopf. «Da kennst du uns aber schlecht», sagte er. «Wir haben denen eine Lektion verpasst. Die mischen sich da nicht so schnell noch mal ein. Das ist unser Land.»

Der Wirt stellte das Glas nach hinten ins Regal.

Otto zeigte auf den leeren Tisch. «Was ist das da für eine Fahne?»

«Na, die von Mosambik», sagte der Wirt.

«Und warum steht die da?»

«Weil das der Tisch von denen ist.»

«Und warum haben die einen eigenen Tisch.»

«Ja, die müssen ja auch irgendwo sitzen?»

51

Konnie und Otto waren die Letzten, die im Präsidium in Jena ankamen. Die anderen saßen müde auf ihren Stühlen. Radtke war nicht da.

«Der Sohn ist krank», sagte Heinz auf Nachfrage. Und fuhr gleich fort: «Wir haben uns mal die Unterlagen von diesem Zwischenfall in der Gaststätte geholt. Ist ganz schön rundgegangen da. Die haben ziemlich rumgekeilt. Hier sind auch Listen der Namen, die die Kollegen festgestellt haben.»

«Und was das Erstaunlichste ist …» Rolf zeigte sein breitestes Grinsen. «Es gab keine Anzeigen, von keiner Seite. Dafür aber acht Krankschreibungen am nächsten Montag.»

«Was steckt dahinter?», fragte Konnie.

«Die Kollegen meinen, die wollten das später noch einmal aufgreifen.»

«Ehrenkodex?» Konnie schüttelte den Kopf.

«Nein», sagte Günter, der seinen Flachmann betrachtete, «so einfach ist das nicht. Von denen hat keiner die Kollegen gerufen. Das war jemand aus der Nachbarschaft. Und als die Kollegen dann da ankamen, saßen die alle in der Kneipe und haben so getan, als sei nichts gewesen. Einige von denen aber mit blutiger Nase.»

«Die haben sich zuerst drinnen und dann draußen geschlagen.» Heinz blätterte in dem Ordner vor ihm. «Von den Afrikanern war einer zwei Wochen krankgeschrieben. Gebrochene Nase und irgendwas mit der Schulter. Einen Hammer heben konnte der nicht mehr.»

Otto hatte es begriffen. «Wenn die mit dem Finger aufeinander gezeigt hätten, wären sie alle dran gewesen. Das hätte ich gern gesehen, wie sie da in der Kneipe sitzen und Karten spielen und so tun, als sei nix gewesen. Wahnsinn.»

«Aber wir haben trotzdem alle Namen», sagte Konnie.

«Selbstverständlich», sagte Heinz. «Ein komplett erfasster Vorgang. Die Kollegen sind ja keine Amateure.»

«Kann ich die Namen sehen?» Otto streckte die Hand aus.

Heinz öffnete den Ring im Ordner, holte ein Blatt heraus und schob es Otto hin. «Sag mir, welche Namen du erkennst.»

Otto zählte die Posten auf der ersten Liste, bevor er die Namen betrachtete. Die Kollegen hatten sie unter «Einheimische» aufgelistet. 29 deutsche Namen, darunter acht Frauennamen. Winfried Leber war auch dabei, klar. Das war der Harte. Er ging die Liste weiter hinab, bis er auf Pavel Walch traf. Direkt darunter stand noch Rosemarie Walch. Die Walchs waren das Wirtsehepaar.

Auf der anderen Seite des Blattes war die zweite Liste zu finden: «Afrikaner». Otto ging sie durch, um einen bestimmten Namen zu finden. Theo Macamo stand dort. Er war sich sicher, dass das kein anderer Mosambikaner war, sondern ein und derselbe. Die Kollegen hatten den Vornamen einfach eingedeutscht.

Die Liste der Mosambikaner war deutlich kleiner als die andere. Otto zählte zwölf Namen. Er konnte es nicht bei jedem Namen erkennen, aber er ging davon aus, dass alle auf der Liste Männer waren.

«Gibt es bei den Mosambikanern, die hier arbeiten, auch Frauen?», fragte er in die Runde.

«Glaube schon», antwortete einer.

Rolf räusperte sich. «Hast du gesehen, wie viele Frauen an dem Abend da waren? Ich meine insgesamt.» Er machte eine Pause. «Wenn man die Wirtin abzieht und vielleicht noch eine Bedienung, dann bleiben sechs Frauen. Da holt man sich schon mal eine blutende Nase. Hab ich recht?»

Otto blickte nicht auf. Er musste nicht sehen, welches Gesicht Rolf zu dem Witz machte.

Jetzt fing Rolf an, laut zu lachen. «Die Frauen wissen schon, warum die das machen. Im Kapitalismus nennen sie das Wettbewerb. Guckt mal, da sind viermal so viele Männer. Und alle wollen was von denen.»

«Rolf.» Heinz war ganz leise.

«Jaja, ich meine ja nur.»

«Der Tote ist also dabei gewesen», kommentierte Otto Rolfs

Bemerkung. Es war spät, sie waren alle müde, und sie mussten weiterkommen. «Gibt es irgendeinen Hinweis darauf, wie er da verwickelt gewesen ist?»

Als niemand antwortete, sagte er: «Also nichts dazu. Aber er war dabei. War er unter den Krankgeschriebenen?»

«Nein», sagte Günter.

«Sollen wir die alle überprüfen?» Konnie zeigte auf das Blatt vor Otto.

«Bleibt uns etwas anderes übrig?», fragte Otto.

«Weißt du, wie lange das dauert?» Konnie zählte die Leute am Tisch mit dem Finger ab. «Wir sind im Moment – mit dem Radtke – zu siebt.»

«Wir müssen uns vor allem mal mit den Mosambikanern unterhalten», sagte Otto. «Sind die alle aus Saalfeld?»

Heinz blätterte in der Akte: «Zwei sind aus Rudolstadt und einer aus Bad Blankenburg. War ja ein Samstag.»

«Was machen wir also?», fragte Otto.

Andreas Wasser, der bisher noch gar nichts gesagt hatte, gähnte laut. Rolf rauchte vor sich hin. Heinz wartete auf irgendjemandes Antwort. Konnie betrachtete die Listen. Günter holte Luft. «Wir wissen nicht, ob das irgendetwas mit der Sache zu tun hat. Ich würde sagen … Nein. Aber wenn wir nichts Besseres haben, müssen wir uns die alle ansehen. Morgen früh wieder hier.» Er stand auf. «Jetzt gerade geht nichts mehr.»

52 | SA 22.10.1983

Am nächsten Morgen roch nicht nur Heinz nach Rasiercreme. «Wir sehen uns zuerst unsere Leute an», sagte er. Sie saßen wieder in dem engen Raum im Saalfelder Polizeipräsidium. «Günter …»

«Ja», übernahm Günter. «Jetzt am Samstag sind nicht so viele auf Schicht. Tagsüber drei in der WEMA und zwei spät. Und einer arbeitet beim VEB Rotstern, auch Tagschicht, das ist ja nicht so weit weg.»

«Die anderen haben frei?», fragte Konnie.

Günter nickte.

«Das sind von den 29 Leuten auf der Liste gerade einmal sieben. Wenn wir den Wirt und seine Frau nach hinten stellen, und … da ist noch eine Bedienung dabei, ja?»

Günter nickte wieder. «Eine junge Frau.»

«Die Frauen können wir ja erst einmal außen vor lassen.» Rolf blickte in den Runde. «Oder?»

«Weil es nur um Musik ging an dem Abend?», fragte Otto. «Nee. Erst mal haben wir sieben Leute, die heute auf Arbeit sind, und die drei, die in der Gaststätte arbeiten. Das sind zehn. Bleiben noch neunzehn. Die schaffen wir kaum alle am Wochenende. Wie viele von denen arbeiten denn noch in der WEMA?»

«Noch elf von denen. Von denen sind morgen …» Günter fuhr mit dem Finger über den Zettel vor sich.

«Morgen ist frei.» Heinz sah nicht einmal auf. «Eure Familien brauchen euch am Sonntag auch mal.»

Otto war erstaunt. Freie Sonntage waren rar während einer Mordermittlung.

«Gut.» Günter zählte immer noch Leute auf dem Zettel ab. «Wenn wir uns auf die fünf in der WEMA konzentrieren und vielleicht den Kollegen in der Schokoladenfabrik, dann können wir anschließend noch ein paar Hausbesuche in Saalfeld machen. Die Adressen liegen ja alle vor.»

«Und heute ist ja auch wieder Samstag.» Andreas Wasser zeigte in die Richtung, in der er die Gaststätte vermutete. «Einige finden wir sicher auch vor Ort.»

«Wenn sich das vermeiden lässt …», sagte Heinz, «ich hätte die lieber einzeln. Und auch wenn wir sie aus der Gruppe da isolieren, dann haben sie doch erstens schon getrunken und zweitens ist ihr Verhalten davon bestimmt, dass sie sich vor den anderen beweisen wollen. Die wollen dann ja vor den anderen damit aufschneiden, was sie uns alles gesagt haben. Und was nicht. Lieber ist mir, wir holen die aus ihrem Alltag. Von der Arbeit oder von zu Hause. Und wenn es bis in die nächste Woche dauert, dann ist das eben so.»

«Dieser Leber», fragte Otto und fixierte Günter. «Ist der heute auf Schicht?»

Günter hatte die Augen auf dem Blatt vor sich. «WEMA.»

«Mit dem will ich anfangen», sagte Otto.

53

Leber war kleiner, als Otto ihn in Erinnerung hatte.

Vielleicht lag das an der Umgebung der Montagehalle. Der Mann war gerade in das Büro getreten, in dem Otto gestern

Heinz und Konnie getroffen hatte. Von draußen waren sie gut zu sehen.

Vielleicht lag es auch daran, dass er keinen Alkohol im Körper hatte. Das fünfte Bier machte bei manchen Männern einen breiten Brustkorb. Oder es lag daran, dass niemand, wirklich niemand gern mit der Polizei zu tun hatte. Auch wer nichts ausgefressen hatte, freute sich nicht über eine Begegnung mit ihnen, und noch weniger über eine Unterredung mit den Kräften, die in Zivil auftauchten.

Vielleicht, dachte Otto, lag es auch daran, dass er sich angeschlichen hatte. Er hatte Leber überraschen wollen. Und wie er das geschafft hatte. Der Schichtleiter hatte ihn in die Halle gebracht und dann mit dem Finger auf Leber gezeigt, dessen Rücken sie sahen.

«Ist was mit ihm?», hatte er gefragt.

«Nee», hatte Otto gesagt. «Wir führen nur eine Befragung durch. Danke.» Dann war er mit schnellen Schritten auf Leber zugegangen und hatte ihn in einer Sekunde, in der er freie Hände hatte, an die Schulter gefasst. Leber hatte sich umgedreht und hatte einen bemerkenswerten Schrecken gekriegt. Jetzt saß er da und starrte auf den Tisch vor ihm.

Otto fühlte sich gut.

Es gab diese Situationen. Du begegnest jemandem und magst ihn nicht. Das erlebten alle schon einmal. Da machte man normalerweise keine große Sache draus. Aber den Leber hatte er sich einfach gemerkt.

Otto dachte daran, diese Sekunde noch ein bisschen zu verlängern. Aber wenn er sich gegenüber ehrlich war, dann saß Leber gerade nicht dort, weil er eines Mordes verdächtig war. Sondern weil er am Vortag einen Auftritt hingelegt hatte, der Otto nicht gefallen hatte.

«So sieht man sich wieder.»

Leber blickte auf.

«Sie wissen, warum wir ermitteln.»

«Der tote Afrikaner.»

«Haben Sie den gekannt?»

Schulterzucken.

«Ja oder nein?»

«Ich kenne die ja nicht.»

«Die Mosambikaner.»

«Ja, man hat mit denen halt manchmal zu tun. In unserer Schicht», Leber setzte sich auf und drückte den Rücken durch, «da haben wir ein paar.»

Otto wartete.

«Man grüßt sich, und das war es.»

«Sonst keine Kontakte.»

Leber schüttelte den Kopf.

«Außer in der *Johannisklause*.»

Leber schaute aus dem Büro hinaus. Ein junger Mann von vielleicht zwanzig Jahren stand davor und glotzte hinein. «Haben Sie vielleicht eine Zigarette? Meine sind im Spind.»

«Mit Filter.»

«Besser als keine.»

Mit dem Rauch in der Lunge entspannte sich Leber ein bisschen.

«Die sind da ja auch eher unter sich», sagte Otto.

«Das wollen die so.»

«Hmhm … Auch das mit dem Tisch für die. Wessen Idee war das denn?»

«Rosemarie.»

«Das ist …»

«Die Köchin. Die hat ja gesehen, dass das nicht geklappt hat.»

Leber war nicht mehr so eingeschüchtert wie am Anfang,

aber er redete mehr auf die Tischplatte ein als auf Otto. Jetzt hob er den Blick.

Otto sah ihm in die Augen. Kein Ausdruck. Kein Ton.

Leber blickte zur Seite und dann wieder auf Otto. «Die haben schon auch am Anfang mal bei uns am Tisch gesessen. So ist das nicht.» Er machte eine Pause.

Otto wartete.

«Aber das war nur am Anfang. Die sprechen ja nicht mal richtig Deutsch. Eigentlich müsste man das voraussetzen. Die sind doch hierhergekommen. Oder?»

Otto ließ ihn reden.

«Es war schnell klar, dass das so nicht weitergehen konnte. Und Rosemarie hatte die Idee, dass die einen eigenen Tisch haben sollen. Das hat dann auch gut geklappt.»

«Kein Streit mehr.»

«Kein Streit mehr.»

«Was gab es denn vorher für Streit?»

Kleines Zucken in Leber. Er hatte gemerkt, dass er reingelegt worden war. Er zog die Arme vor der Brust zusammen und verschränkte sie sorgfältig. «Nichts Ernstes.» Er überlegte, wusste, dass er etwas bieten musste. «Wie das mit der Musik. Und … Die mögen ja unser Essen nicht.»

«Frauen?»

«Unsere Frauen interessieren sich eigentlich nicht für die.»

Frauen also. «Klar», sagte Otto.

«Das ist ja alles ganz anders bei denen.»

«Was?»

«Na, alles. Die wollen nur … Na, gucken Sie doch, wie die tanzen.»

«Das ist schon anders, ja?»

«Obszön. Haben Sie das schon mal gesehen?»

Hatte Otto nicht.

«Da geht es immer nur um das Eine.» Leber atmete durch. «Das ist wirklich so.»

«Und an dem Abend?»

«Wir haben uns geschlagen.»

«Ja, aber warum?»

Leber betrachtete seinen Zigarettenstummel. Otto hielt ihm die Packung hin.

«Ich geb's ja zu. Es war wegen einer Frau.»

Otto nickte. «Das haben wir uns alle gedacht.»

Leber inhalierte. «Dann kann ich es auch sagen. Aber das hat nichts mit dem Toten zu tun, oder?»

«Wahrscheinlich nicht. Wir müssen das aber überprüfen.»

«Das war nur, weil einer von denen die Elke so … Der hat mit der getanzt, aber die wollte das gar nicht.»

«Wie geht das?»

«Na, der hat sich so bewegt. Und die hat nur dagestanden.»

«Und dann?»

«Und dann hat der das noch mal gemacht.»

«Und diese Elke?»

«Die wollte das nicht.»

«Hat sie das gesagt?»

«Ich glaube schon.»

«Und dann?»

«Dann hat der das noch mal gemacht, und dann ist der an den Tisch von denen zurückgegangen.»

«Aber damit war es nicht vorbei, oder?»

Leber schüttelte den Kopf. «Hans hat etwas gerufen.»

«Hat Hans etwas mit Elke zu tun?»

«Der wollte nur was dazu sagen.»

«Und was hat er dazu gesagt?»

«Ich weiß nicht mehr so genau. Aber der Schwarze ist dann auf den los.»

«Einfach so?»

«Einfach so.»

«Und dann?»

«Wir haben uns natürlich gewehrt.»

«Klar. Wer hat gewonnen?»

«Wir.»

«Und was hat Elke dazu gesagt?»

«Die ist gegangen.»

«Wann?»

«Als das angefangen hat.»

Otto erinnerte sich nicht, irgendeine Elke auf der Liste gesehen zu haben. «Und das hat zuerst in der Gaststätte …»

«Rosemarie hat gesagt, dass wir die Einrichtung nicht demolieren sollen. Deshalb sind wir raus.»

«Hmhm … Und ihr habt gewonnen, weil ihr mehr seid.»

«Sind wir einfach.»

«Irgendwann seid ihr wieder rein. Und dann war alles wieder gut.»

«Na, wir haben auf der Arbeit schon darüber geredet.»

«Darüber geredet.»

«Ja. Wir haben … Von denen arbeiten auch einige bei uns. Das haben die schon abgekriegt.»

Otto wartete eine halbe Minute, ohne Leber anzusehen. «Wie?», fragte er dann.

«Na, wir stehen da ja zusammen am Band. Und wenn der eine ein dickes Auge hat, dann redet man eben darüber. Ist doch klar.»

«So wie: Das hat dir der Soundso verpasst.»

«Ja. So ungefähr.»

Otto drehte den Hals. Der junge Mann stand immer noch da und guckte sie durch die Scheiben an. Otto wedelte mit seiner Hand. Geh weg.

Er verschwand.

«Und der Macamo?»

Leber guckte auf.

«Der Tote.»

«Weiß ich nicht.» Leber dachte nach. «War der dabei?»

«Ob der bei der Prügelei mitgemacht hat? Weiß ich ja nicht. Das müssen Sie mir sagen. Aber an dem Abend war er da.»

Lebers Augen traten nach vorn. «Aber Sie wollen das nicht uns ... Sie wollen das nicht mir anhängen? Was hat das eine mit dem anderen zu tun?»

«Das», Otto sah Angst in Lebers Blick, «das gucken wir uns gerade an.»

54

Radtke und Andreas Wasser waren die Letzten, die am frühen Nachmittag in dem Büro ankamen, in dem Otto immer noch saß und rauchte. Die anderen hatten gewartet, ebenfalls geraucht, Kaffee getrunken. Konnie saß auf einem Stuhl in einer Ecke, die von außen nicht einsehbar war, und hatte den Kopf auf die Brust sinken lassen. Otto konnte nicht erkennen, ob er schlief oder nur sehr entspannt war.

«Unser Mann», sagte Radtke, als er die Bürotür geschlossen hatte, «ist später zu der Schlägerei gekommen als die anderen.» Die beiden hatten den Zeugen vernommen, der in der Schokoladenfabrik arbeitete. «Er sagt, die beiden Gruppen hätten schon auf der Straße gestanden.» Radtke zog einen Zettel aus der Jacke. «Er sagt, die hätten, das ist ein Zitat, sich nichts geschenkt. Er war noch in Neustadt bei einem Geburtstag, wohnt aber in Saalfeld.»

«Wie ist er von Neustadt dahin gekommen?», fragte Günter.

«Mit seinem Trabant.» Wasser übernahm. «Er sagt, dass die Kollegen von der Schutzpolizei kurz nach ihm gekommen sind. Da hätte sich die Keilerei dann sowieso schnell aufgelöst.»

«Zu wie vielen waren die denn?», fragte Otto. «Die Kollegen.»

«Zuerst zwei», sagte Heinz, «dann vier. Ich hab eben noch mit dem Einsatzleiter gesprochen. Andreas?»

«Ja.» Wasser nahm den Faden wieder auf. «Er sagt, als er angekommen ist, gab es eine Runde, die sich um eine Gruppe versammelt hat, wo geprügelt wurde. Das waren Deutsche und Afrikaner. Und dann gab es ein paar Leute, die sind hinter einem hergelaufen. Deutsche, die einen Afrikaner verfolgt haben.»

«Und was ist daraus geworden?», fragte Otto.

«Er weiß es nicht», übernahm Radtke wieder. «Vier Leute sind dann wieder zurückgekommen. Aber der Afrikaner nicht. Der ist geflüchtet.»

«Das kann aber nicht der Tote gewesen sein.» Konnie war auf jeden Fall wach. «Den haben die Kollegen ja dort angetroffen. Wenn der eine geflüchtet ist, dann ist der wohl nicht auf dieser Liste. Was immer aus dem geworden ist.»

«Da ist noch eine Sache, die ihr wissen müsst», sagte Andreas Wasser. «Der Zeuge meint, dass einer von denen, die zurückgekommen sind …» Er zeigte auf Radtke.

«Ja.» Radtke hielt den Zettel ins Licht. «Der soll gesagt haben: ‹Ich schlag ihm den schwarzen Schädel ein, wenn ich ihn das nächste Mal sehe.›»

«Das war nicht dieser Leber?», fragte Otto.

Radtke schüttelte den Kopf. «Bernd Franke heißt der. Arbeitet auch bei der WEMA, ist aber erst am Montag wieder auf Schicht. Und …»

«Dann holen wir uns den.» Otto stand auf. «Adresse gibt es, nehme ich an.»

«Adresse ist da. Aber der ist auf Besuch in Finsterwalde. Eine Beerdigung. Vor morgen Abend ist der nicht zurück.»

«Lassen wir ihn eben in Finsterwalde festnehmen?» Otto stand noch.

Heinz schüttelte den Kopf. «Abwarten. Wir haben hier genug zu tun. Die Liste ist noch lang, und mit den Afrikanern haben wir noch gar nicht angefangen. Ich schlage vor, wir verschieben diesen Franke auf Montag. Und morgen haben wir frei. Es ist Sonntag. Wir haben eine lange Woche gehabt.»

Otto konnte sich wirklich nicht erinnern, mitten in einer Morduntersuchung je einen ganzen Tag frei gehabt zu haben. Er guckte in die Runde. Wenn die anderen genauso dachten, zeigten sie es allerdings nicht.

55 | SO 23. 10. 1983

«Warum fahren wir nicht mit unserem Auto?», fragte Mike, als sie im Bus saßen. Sie waren auf ihrem jährlichen Besuch in den Feengrotten gewesen und jetzt ins Zentrum Saalfelds unterwegs. Birgit war zu Hause geblieben. Sie brauchte auch einmal einen freien Nachmittag.

«Aber das hat der Papa doch schon gesagt.» Kathrin guckte ihren kleineren Bruder an, der neben ihr saß. Sie stemmte die Hände in die Hüften. «Weil er die ganze Woche so viel Auto gefahren ist. Und weil heute Sonntag ist.» Ruth nickte dazu wie besessen. Kinder nahmen Hierarchien eben ernst.

Kinder nahmen auch die absurdesten Begründungen ernst. Auf der Hinfahrt im Zug hatte Otto so viel wie möglich aus dem Fenster gesehen und die Strecke betrachtet. Viel hatte er nicht dabei gelernt.

Es war Viertel vor fünf, als sie vor dem Bahnhof standen. Ein paar Leute kamen von den Sonntagsschichten und wollten nach Hause. Familien wie ihn und seine Kinder gab es auch. Die Frau mit den beiden schweren Taschen hatte gerade die Eltern besucht. Und trug nun frisches Gemüse heim. Aus der einen Tasche guckten ein paar Blätter heraus, Kohlrabi. Sie erinnerte ihn an Mama, als sie jünger gewesen war. Otto beschleunigte den Schritt. Sie waren nicht in Eile. Aber er wollte auf dem Bahnsteig sein, bevor der Zug einfuhr.

Der Rückweg selbst war ihm nicht wichtig. Er wollte sehen, wer sonntags nach Jena unterwegs war. Der Zug um 16.58 Uhr war wahrscheinlich nicht der, den Teo Macamo vor zwei Wochen genommen hatte. Es war ganz einfach noch nicht dunkel genug. Otto ging davon aus, dass das alles im Schutz der Dämmerung geschehen war. Vielleicht nicht einmal mit dem Plan, das schwächer werdende Licht zu nutzen. Aber manche Dinge taten Leute einfach, ohne darüber nachzudenken. Wenn sie nur wüssten, wo Teo Macamo gewesen war, bevor er im Zug gesessen hatte.

«Wisst ihr eigentlich, dass ich ‹Mensch ärgere Dich nicht› mitgebracht habe?», fragte Otto beiläufig auf den letzten Stufen hoch zum Bahnsteig.

Helles Geschrei. Keine halbe Minute später saßen sie auf einer Bank und hatten das Spielbrett zwischen sich. Otto hatte einen guten Blick auf die Treppe, die beiden Kleinsten standen.

«Du bist dran, Papa», sagte Kathrin. Otto würfelte und bewegte seine Figur.

Zwei Langhaarige kamen die Treppe hoch. Hinter ihnen gleich zwei Kollegen von der Transportpolizei. Klar, das war Grenznähe.

«Papa!» Otto würfelte.

So nah war es streng genommen gar nicht zur Grenze. Die uniformierten Kollegen überprüften die beiden. Der Zug fuhr ein. Die paar Leute auf dem Bahnsteig stiegen ein. Unter ihnen auch die beiden Überprüften.

«Macht einfach weiter», sagte Otto zu den Kindern. Er stand auf und ging zu den Uniformierten. Mit einem von den beiden hatte er schon einmal zu tun gehabt. Und er glaubte, in dessen Augen so etwas wie Erkennen zu sehen.

«Genossen», sagte Otto. Er hielt seinen Dienstausweis kurz

hoch. «Ich weiß, das sieht nicht so aus … Aber ich habe hier was zu tun.» Er zeigte auf die Kinder hinter sich.

Der Zug fuhr ab.

«Tolle Tarnung», sagte der, den Otto nicht kannte.

«Papa!», rief Mike.

«Ich komme.» Otto drehte sich kurz um zu den Kindern, die ihn erwartungsvoll anstarrten. «Könntet ihr mir den Bahnsteig für die nächste Stunde überlassen?», fragte er die Kollegen dann. «Ich will nur sehen, wer hier an einem Sonntagnachmittag auftaucht.»

Die beiden sahen sich kurz an. Der eine, den er kannte, sagte: «Das geht.» Der andere starrte in die Gegend. Der eine sagte noch: «Wenn du Hilfe brauchst, Genosse …»

«Danke», sagte Otto und eilte zu den Kindern zurück. «Ich bin dran, ja?» Er würfelte.

«Was hast du da gemacht?», fragte Mike. Seine Augen waren so groß wie Kaffeetassen.

«Ich habe mit den anderen Polizisten geredet.»

Die Kinder hatten mit dem Spiel aufgehört. Die Antwort war wichtiger.

«Habt ihr die beiden mit den langen Haaren gesehen?»

Mike und Ruth reagierten nicht. Kathrin sagte nur: «Ja.»

«Ich hab die Polizisten gefragt, ob sie die beiden verfolgt haben.»

«Und?», fragte Kathrin. «Haben sie?»

«Ja. Sie haben ganz genau aufgepasst, dass sie nichts … Dass sie nichts Blödes tun.»

«Machen Langhaarige blöde Sachen?», fragte Mike.

«Manchmal schon», sagte Otto. «Wer ist dran?»

«Du.»

Er würfelte und bewegte seine Figur. Der nächste Zug war der D 506, der bis nach Berlin fuhr. Er sollte jede Minute kommen und die Türen öffnen. Auf der Treppe tauchte auch schon ein Mann auf, der schwer an einem Koffer trug.

«Papa, du passt gar nicht auf», sagte Kathrin.

«Doch, doch.» Otto nahm die Würfel in die Hand. Wie fast alle Züge fuhr auch der D 506 leer vor. Saalfeld war der Startbahnhof. Nach Süden ging nicht viel wegen der Grenze. Ein junger Soldat erschien auf dem Bahnsteig. Klar, die fuhren sonntags zurück zur Kaserne.

«Haha!» Mike hatte für sein Alter schon ein ganz schön dreckiges Lachen. «Rausworfen», sagte er und lachte weiter. Otto nahm seine Figur vom Brett und sah, dass die Kinder bester Laune waren. Er verzog das Gesicht. Es gab nichts Besseres, als Papa im Spiel zu demütigen.

Der Zug rollte an den Bahnsteig und hielt mit knarzenden Bremsen. Ruth hielt sich die Ohren zu.

Ein stämmiger Mann mit schlecht gekämmtem Haar schleppte zwei Koffer zugleich auf den Bahnsteig. Oben angekommen, wartete er, nach unten blickend. Ein älteres Paar, Otto vermutete, dass es die Eltern waren, kam schweren Schrittes hinterher. Rentner, ganz wie er es gedacht hatte. War Teo Macamo mit den Alten zusammen in den D 506 gestiegen? Und dann? Was war dann geschehen?

Ein Streit.

Um irgendetwas.

Freilich konnte jeder zu jeder Zeit ebenso wie Macamo und die Rentner noch in dem Zug gewesen sein. Eine Fahrkarte kaufen und den nächsten Zug nehmen. Das war dann eben der D 506.

Aber der D-Zug war teurer als die anderen. Hatte das eine Rolle gespielt für Macamo? War das eine Frage für die Frau in Naumburg?

Ein junger Mann kam die Treppe herauf, blieb aber einige

Stufen unterhalb des Bahnsteigs stehen. Otto erkannte eine Uniform.

Noch ein Soldat. Der Junge sagte etwas zu jemandem treppab. Dann streckte er eine Hand aus und zog ein Mädchen im gleichen Alter zu sich hoch. Sie umarmten sich auf den Stufen.

«Papa!», rief Mike kichernd. «Aufpassen.»

«Ja. Klar.» Otto würfelte und setzte seine Figur wieder ein.

Ein Mann in den Vierzigern kam hoch. Anzug und Ledertasche. Er würdigte Otto und die Kinder keines Blicks, stieg stattdessen sofort in den Zug.

Die Ansage kündigte die Abfahrt des D 506 an.

«Müssen wir den nehmen, Papa?», fragte Kathrin nicht zum ersten Mal.

«Erst den Nächsten», sagte Otto. «Wir nehmen den Nächsten. Bin ich wieder dran?»

Ohnehin war es noch zu hell, dachte er, als sich der Zug in Bewegung setzte. Das Mädchen schaute dem Zug traurig hinterher und winkte dabei dem jungen Soldaten, der sich aus dem Fenster lehnte. Der stämmige Sohn war wieder auf der Treppe. Otto dachte an sein Bild von Teo Macamo, wie er in den Zug stieg … es war einfach schon dunkler gewesen.

«Jetzt hast du schon wieder nicht aufgepasst.» Kathrin war ein bisschen empört.

Sie hatte ja recht. Er hatte überhaupt nicht achtgegeben.

Kindergeschrei auf der Treppe. Eine Fünf- oder Sechsjährige kam hoch und blickte sich um.

«Bleib da stehen!», befahl ihr eine hohe Frauenstimme. Das Mädchen gehorchte sofort. Eine Frau und ein Mann folgten dem Kind, sie hatten einen kleinen Jungen zwischen sich.

«Wir müssen gleich mal einpacken», sagte Otto.

«Ooch», sagte Ruth.

Nach fast einer halben Stunde fuhr ihr Zug ein. Bis zur Abfahrt hatten sie aber noch fast zehn Minuten Zeit.

Jetzt erschienen mehr Menschen als zu den anderen beiden Zügen. Noch zwei Jungs in Uniform. Ein paar Alte. Noch eine Familie. Zwei Männer in seinem Alter, die sich angeregt unterhielten. Und gerade kam eine Gruppe auf den Bahnsteig, die Otto erst einmal einordnen musste. Ein Mann in den Vierzigern, Vollbart und Haare fast bis auf die Schulter, Nickelbrille und eine Zigarette zwischen den Lippen. Ihm folgten fast zehn Leute beiderlei Geschlechts. Alle um die zwanzig. Schlaghosen, Hemden über der Hose, weite Kleider, Sandalen mit Socken, Umhängetaschen, fröhliche Mienen. Kirche war das Einzige, was Otto einfiel. Der Anführer zeigte auf eine Zugtür und kletterte in den Waggon. Die anderen folgten ihm.

«Kommt!», sagte Otto und nahm Ruth an die Hand. Als sie kurz darauf unterwegs waren, dachte er, dass es immer noch zu früh war. Es war doch noch recht hell. Und immerhin waren schon zwei Wochen vergangen seit dem Mord an Teo Macamo. Damals war es noch heller gewesen. Sie würden sich also um den letzten Zug kümmern müssen. Den, der kurz vor neun fuhr.

Als Mike auf seinem Schoß einschlief, spürte Otto, wie müde auch er war.

56 | MO 24.10.1983

Otto war immer noch müde. Er hätte den Sonntag nutzen sollen, um sich auszuruhen. Aber er war gern mit den Kindern zusammen. Und er verbrachte mehr Zeit mit ihnen als die meisten Kollegen, die er kannte. Birgit hatte verwundert geguckt, als die Kinder vom Spiel auf dem Bahnsteig erzählt hatten. Sie hatte sich ihren Teil gedacht, vielleicht.

Dass die anderen schon da waren, sah er auf dem Parkplatz am Jenaer Präsidium. Er schleppte sich die eine Etage hoch in den Versammlungsraum. Nur Heinz fehlte.

Otto sah auf die Uhr, es war schon mehrere Minuten nach acht. «Entschuldigt», sagte er.

Die Stimmung war anders als am Ende der Woche, als alle bewegt gewesen waren von Günters Rekonstruktion des Mordes an Macamo. Alle wirkten erschöpft, trotz des freien Tages. Sie hatten noch nichts erreicht, und sie wussten, dass sie eine lange Woche mit Verhören vor sich hatten, an deren Ende sie vielleicht keinen Schritt weitergekommen sein würden.

«Heinz kommt auch gleich», sagte Günter.

«Was ist los?», fragte Otto. Er fühlte Unruhe in sich aufsteigen.

Rolf hielt den Zeigefinger in die Luft. Sein Zeichen für die Hierarchie, in der sie sich befanden. Es gab ein Oben und ein Unten. Sie waren unten. Und Heinz erstattete Rapport in Gera.

«Weißt du irgendwas?», fragte Otto und ging zu Günter hinüber, anstatt sich hinzusetzen.

Günter öffnete die Hände, um zu zeigen, dass er nichts wusste.

Also wusste er etwas.

«Abwarten?», fragte Otto.

«Abwarten», sagte Günter.

«Wir müssen bis Mitte der Woche mit der Erstbefragung dieser Leute durchkommen.» Konnie reckte sich. «Wir müssen die natürlich überprüfen. Aber wir müssen auch andere Möglichkeiten in Betracht ziehen. Denkt von euch jemand, dass wir mit der Prügelei auf der richtigen Spur sind?»

Niemand antwortete.

«Vielleicht sollten einige von uns das Umfeld des Toten weiter unter die Lupe nehmen», sagte Konnie noch.

Otto ging zum Fenster. Nicht weit über ihnen flog ein riesiger Schwarm Stare in beständig wechselnder Formation. Er hätte ihnen stundenlang zusehen können. Wenn die jetzt unterwegs waren, dann vielleicht zum Winterquartier. Sie mochten aus Skandinavien gekommen sein und hatten sich die Deutsche Demokratische Republik für ein paar Wochen als ihre Heimat ausgesucht. Dinge gab es. Jetzt flogen sie weiter. «Die Eisenbahnstrecke», sagte er. «Ich denke, dass wir da einen Schlüssel finden werden. Wem ist Macamo da begegnet?»

«Vielleicht ja einem von den Leuten aus dieser Gaststätte», sagte Rolf.

«Ja, vielleicht», sagte Otto. Nicht, weil er glaubte, dass Rolf recht hatte. Sondern weil er wollte, dass sie sich auf die Bahnstrecke konzentrierten.

Heinz' Wartburg hielt auf dem Parkplatz. Er stieg aus und zündete sich eine Zigarette an. Dann hob er den Blick und sah Otto an. Für eine Sekunde hielt er den Blick, dann senkte er die

Augen wieder. Er nahm einen zweiten Zug und trat die Zigarette aus. Otto setzte sich hin.

Keine Minute später kam Heinz in den Versammlungsraum. Er schaute kurz in die Runde und setzte sich dann auf den freien Stuhl am Kopfende. Zündete sich erneut eine Zigarette an. Hielt den Rauch ein, entließ ihn, atmete ein. «Der Fall ist für uns zu Ende», sagte er.

«Welcher Fall?», fragte Otto. Hatten sie noch einen anderen als den Macamo?

«Den Mosambikaner.»

«Den geben wir auf?», fragte Konnie. «Wieso?»

Heinz inhalierte und blies den Rauch nach vorn. «Für uns ist die Arbeit zu Ende.»

«Und wer übernimmt?» Otto wusste, wer sich den Fall vornehmen würde. Die Geraer Spezialkommission des MfS, die für Mord zuständig war. Wenn es begann, nach Politik zu riechen, übernahmen die Genossen.

Heinz schüttelte den Kopf. «Niemand übernimmt.»

«Hat sich jemand gestellt?», fragte Otto.

«Du weißt sehr gut, dass das nicht der Fall ist.»

«Sondern?»

«Wir stellen die Arbeit ein.»

«Und niemand übernimmt.»

Heinz fixierte Otto. «Ich habe in Übereinstimmung mit den Genossen vom Ministerium für Staatssicherheit beschlossen, dass der Fall nicht weiter verfolgt wird.»

Heinz hatte gar nichts beschlossen. Er hatte bestenfalls erfahren, was beschlossen worden war. Otto legte die Arme auf den Tisch und den Kopf auf die Arme.

«Genossen, ihr müsst doch die politische Dimension sehen.» Heinz zischte.

Otto schloss die Augen. Er wollte gar nichts mehr sehen.

«Wir haben beschlossen, dass wir auf internationaler Ebene so nicht auftreten können. Überlegt mal. Wie sieht das denn aus? Da kommt so ein junger Mensch aus einem sozialistischen Bruderstaat, um hier etwas Vernünftiges zu lernen. Ihr wisst, dass das Volk in Mosambik einen fürchterlichen Kampf gegen den Kolonialismus hinter sich gebracht hat, siegreich, wenn ich das anmerken darf, und durch die reaktionären Kräfte im Apartheid-Staat Südafrika in einen Bürgerkrieg verwickelt worden ist, der alles Leben in dem jungen Land zu ersticken droht.»

«Was hat das denn mit dem Mord an Macamo zu tun?», fragte Otto, ohne den Kopf zu heben.

«Jetzt gib dich mal nicht so ahnungslos.» Das war Rolfs Stimme. «Wir sind alle zu politisch denkenden Menschen erzogen worden. Gerade wir. Und du wirst doch wohl akzeptieren können, dass es da keinen Bereich unserer Arbeit gibt, der nicht politisch definiert ist.»

«Mann ...» Otto hob den Kopf und streckte den Rücken. «Wie lange ist es her, dass wir alle hier gesessen haben und Günter gehört haben, der den Mord für uns rekonstruiert hat? Wenn davon auch nur die Hälfte stimmt, dann haben wir doch unsere Arbeit zu tun. Dafür sind wir doch da. Das ist doch unsere gesellschaftliche Aufgabe.»

Als niemand etwas sagte, setzte Otto nach. «Etwa nicht?»

«Genosse Castorp», sagte Heinz. «Du musst dich mal beruhigen und disziplinieren. Das ist eine Anweisung, die ich hier verkünde. Du wirst nicht gefragt, ob du damit einverstanden bist, umzusetzen, was ich euch mitteile. Ist das klar?»

«Wir lassen also den Mord durchgehen? Als was? Als ... als Kavaliersdelikt?»

«Wir stellen die Ermittlungen ein.» Heinz hatte seine Stimme die ganze Zeit nicht erhoben. Er tat das auch jetzt nicht.

«Das ist ein ganz normaler Vorgang. Das hast auch du schon so gehört und umgesetzt.»

«Aber ihr habt den doch alle gesehen. Das könnt ihr doch nicht durchgehen lassen. Wo bleibt denn da die gesellschaftliche Verantwortung?»

«Beruhige dich mal.» Otto sah erstaunt auf Radtke, der mit dem Finger auf ihn zeigte. «Wir sind hier nicht in einem dieser Kriminalfilme, die sie im Westen zeigen. Wir machen das auf unsere Art.»

«Auf unsere Art, ja?» Otto stand auf. «Und was passiert mit denen, die den Macamo ermordet haben?»

«Setz dich wieder, Castorp.» Heinz hatte eine Spur zugelegt, war etwas lauter geworden. «Ich sage euch, wie wir das machen.»

«Setz dich!», schrie Rolf. «Sofort!»

Otto hielt die offenen Hände vor sich. Setzte sich hin.

«Hab ich eure ungeteilte Aufmerksamkeit?» Heinz wartete, bis Otto ein- und ausgeatmet hatte. Noch einmal. Und noch einmal.

«Gut», sagte Heinz. «Wir haben alle die Verletzungen von dem Mosambikaner gesehen. Letztlich kann niemand sicher sein, dass das nicht ein fürchterlicher Unfall war.»

«Was?» Jetzt war es Otto, der schrie. «Ein Unfall? Seid ihr …»

«Halt dein verdammtes Maul», unterbrach Rolf ihn. «Du bringst uns noch alle in Schwierigkeiten. Du hast immer so eine Unzuverlässigkeit in dir getragen. Ich wusste, dass das irgendwann zum Problem wird. Und das ist dann ein Problem für uns alle.»

Heinz ließ ihn ausreden. Das war auch eine Stellungnahme. «Genosse Castorp», sagte er jetzt, «du hast gehört, was es dazu zu sagen gibt. Wir müssen den armen Jungen ja nach Hause schicken, nach Afrika. Da muss das ein Unfall gewesen sein. Wir haben schon Verbindung zur mosambikanischen Botschaft aufgenommen. Die werden den Toten in einem Sarg zugestellt kriegen, den man nicht so einfach öffnen kann. Und wir haben denen auch schon mitgeteilt, dass es gut ist, den verschlossen zu lassen. Überlegt euch mal ... Wie sollen wir das denen denn vermitteln, dass einer von deren Jungs hier so ein Ende gefunden hat? Und dann erst die Familie. Also haben wir uns entschlossen, dass wir denen sagen, dass der Herr Macamo einen Arbeitsunfall gehabt hat. Und dass er so mitgenommen aussieht, dass sie den gar nicht erst sehen wollen. Das ist ja nachvollziehbar und auch rücksichtsvoll der Familie gegenüber. Wir haben uns erkundigt, der hat noch eine Mutter in dem Dorf, wo er herkommt.»

«Und was geschieht mit den Mördern?», fragte Otto. Er hatte seine Stimme auf normale Lautstärke heruntergefahren.

«Du musst begreifen», sagte Heinz, «dass es keine Mörder gibt. Eine Morduntersuchung gerät manchmal in eine Sackgasse. Wir waren in einer solchen Sackgasse und stellen fest, dass es nicht einmal einen Mord gegeben hat. Erinnere dich an deine Ausbildung, Genosse Castorp. Da hast du das gelernt und noch einiges mehr. Genossen ...» Heinz machte eine Pause von mehreren Sekunden. «Wir haben so viel gearbeitet in den letzten Wochen. Geht nach Hause und erholt euch. Wir sehen uns in Gera wieder, am Mittwochmorgen.»

Otto schloss die Augen erneut und hörte, wie die anderen aufstanden und den Raum verließen.

57

«Du bist ja total betrunken.» Birgit machte die Tür auf und sah Otto mit dem Schlüssel in der Hand. Er hatte das Schloss nicht gefunden.

«Was ist denn los?», fragte sie. Sie überprüfte ihre Armbanduhr. «Es ist doch noch früh am Abend. Und ihr habt doch diesen Fall.»

Otto machte vorsichtig einen Schritt in die Wohnung hinein und stolperte über den Teppich. Viel fehlte nicht, und er hätte sich lang hingestreckt.

Birgit guckte nur.

Otto stützte sich an der Wand ab. Dann atmete er langsam ein und aus und wieder ein und aus. An der Klinke der Badezimmertür hielt er sich fest, während er sie öffnete.

Er stellte sich breitbeinig vor die Toilette und fing an zu strullen.

«Otto!» Birgits Stimme ging nach unten. «Heb doch wenigstens die Brille an.»

«Ent. Schul. Di. Gung.»

«Bist du mit dem Auto gekommen?»

«Hmhm.» Otto betätigte die Spülung. «Und ich hab keine Kinder überfahren.» Er drehte den Hahn bis zum Anschlag auf und hielt den Kopf unters Wasser. «Soweit ich mich erinnern kann …» Dann setzte er sich im Flur auf den Boden.

«Was ist denn los?» Birgit setzte sich neben ihn. «Haben sie dich zur Transportpolizei versetzt?»

«Kann ich dir nicht sagen.»

«Du sagst mir doch sonst immer …»

Otto rülpste. «Vieles. Nicht alles.»

«Und warum das nicht?»

«Weil …»

«Ich will nicht, dass die Kinder dich so sehen.»

«Kommen die jetzt?» Otto hielt seine Uhr so, dass er draufgucken konnte, erkannte aber weder Zahlen noch Zeiger.

«Ich hole sie gleich ab.»

«Sie haben den Fall geschlossen.»

«Wer? Sie?»

«Na ...»

«Sie haben ihn euch weggenommen.»

«Nein. Er ist abgeschlossen. Es wird nicht mehr ermittelt. Kann ich einen Weinbrand haben?»

«Auf gar keinen Fall. Du gehst ins Bett. Und ich sage den Kindern, dass der Papa krank ist. Warum wird denn nicht mehr ermittelt?»

Otto war schlecht. Er unterdrückte den Impuls, sich zu übergeben. «Politik.»

«Das ist doch nicht das erste Mal.»

Otto schüttelte den Kopf. «Ist es nicht.»

«Und warum ist das so ein Problem?»

«Weil es das eben ist.»

«Ich muss die Kinder abholen. Schaffst du es allein ins Bett?»

«Geht schon.» Otto stützte die Hände auf den Boden und versuchte, sich zu erheben. In seinem Kopf begann irgendetwas, sich zu drehen. «Muss ja.»

«Da ist Kartoffelsalat im Kühlschrank.»

Otto blies schlechte Luft in den Flur. «Danke. Kann ich jetzt nicht.»

Als Birgit die Wohnung verlassen hatte, drehte er sich um und hatte alle viere am Boden. Ganz langsam stand er auf und achtete dabei darauf, dass der Kopf ganz ruhig auf den Schultern saß. Im Wohnzimmerschrank war eine ungeöffnete Flasche Goldbrand. Mit zitternden Händen drehte er den Verschluss auf und nahm einen Schluck aus der Flasche. Dann holte er ein Wasserglas aus der Küche und füllte es zur Hälfte. Er stellte die Flasche wieder in den Schrank und ging ins Schlafzimmer.

Angezogen im Bett sitzend, streifte er die Schuhe ab. Der Schwindel war im Kopf und ging nicht weg. Er drückte sich an den Bettrücken und leerte das Glas in kleinen Schlucken. Dann rutschte er hinab und schlief sofort ein.

58

Als er hochschreckte, spürte Otto sofort diesen Schmerz vorn im Kopf. Und hinten. Und an den Seiten auch. Er stützte die Hände auf die Matratze, um sich zu stabilisieren und merkte, dass er keuchte.

Vorn an der Stirn war der Schmerz hart und prügelnd. Dahinter lag ein dumpfes Irgendwas, das den Rest des Kopfes besetzte. Hatte er geträumt? Würde er sich erinnern können? War es wichtig?

Birgit lag neben ihm und schlief fest. Auf dem Nachttisch stand ein leeres Glas. Wer hatte das dort abgestellt? Und wer zum Teufel hatte ihn mitten in der Nacht angezogen?

Ein Fuß auf den Boden.

Der nächste.

Ein wenig Schwung. Drehen im Kopf. Und mächtiger, sehr mächtiger Schwindel.

Otto nahm das Glas vom Nachttisch und ging ins Wohnzimmer. Er öffnete den Schrank und starrte auf die Flasche. Das Glas ließ er neben der Flasche und eilte zur Toilette. Er kniete sich hin und klappte die Brille hoch. Hinter den Augen war Druck, und im Rachen entwickelte sich etwas Saures.

Seine Brust zog sich zusammen. Otto hustete kurz, dann beugte er sich über die Schüssel. Er wartete noch eine Sekunde und dachte an den toten Macamo neben der Eisenbahnstrecke. Es dauerte noch einen weiteren Moment, bevor der Schwall endlich kam.

Die Zähne putzte er sich mehrere Minuten lang. Dann nahm

er einen kräftigen Schluck von dem Weinbrand und ging zum Kühlschrank. Er pappte eine große Portion vom Kartoffelsalat auf einen Teller und ging zum Fenster im Wohnzimmer.

Der Salat war genau das, was er brauchte. Er war schwer und fettig. Voller Mayonnaise, mit hart gekochten Eiern und Spreewaldgürkchen und vielen Zwiebeln. Er aß den Teller leer und holte sich noch einen. Den vollen Teller stellte er auf dem Fensterbrett ab und nahm noch einen Schluck Weinbrand.

Den zweiten Teller aß er mit weniger Heißhunger. Das Fett tat dem Körper gut. Er hatte seit dem Mittag keine Mahlzeit mehr zu sich genommen. Sein Blick wurde langsam klarer. Draußen auf dem Parkplatz zwischen den Häusern sah er zwei Männer, die von irgendwo kamen. Ihre Schritte waren nicht sicher. Sie mussten getrunken haben.

Wie mochten sie morgen auf der Arbeit erscheinen? Er hatte morgen wenigstens frei. Kommt am Mittwochmorgen wieder. Ruht euch aus. Vergesst den Fall.

Vergesst Teo Macamo.

Was hatte Birgit gesagt? «Das ist doch nicht das erste Mal.»

Recht hatte sie.

Gegenüber ging im vierten Stockwerk ein Licht an. Einer der beiden Männer war kurz zu sehen. Otto konnte ihn nicht wirklich erkennen, aber er ging davon aus, das es einer der beiden war, die er eben wankend auf der Straße gesehen hatte. Das Licht ging wieder aus. Wie spät war es eigentlich?

Kurz nach zwei.

Was würde er also morgen an dem freien Tag anstellen?

Otto stellte sich eine offene Zugtür vor. Jemand stieß den Macamo hinaus, der dann an einem Seil baumelte.

Zuerst würde er ausschlafen.

Einen Schluck noch, dachte er. Er brachte den Teller in die Küche und legte ihn samt der Gabel ins Spülbecken. Dann gönnte er sich noch einen letzten Tropfen aus der Flasche. Und ging wieder ins Schlafzimmer. Zog sich aus und legte sich auf den Rücken. Politik war eben Politik, dachte er. Was konnte man da schon machen?

Als er eine Stunde später immer noch nicht schlafen konnte, drehte sich Otto auf die Seite und legte eine Hand auf Birgits Rücken. Er hörte ihr kurzes Schnaufen als Reaktion. Dann das leise Füüüüt, und seine Frau war wieder ganz weit weg.

Einzuschlafen gelang ihm auch auf der Seite liegend nicht. Denk nicht an den Macamo.

Er sah Mike beim Spielen auf dem Bahnsteig.

Er sah Birgits Kartoffelsalat, weil er nicht an Marion denken wollte.

Dann sah er Marion nackt vor sich liegend.

Und dann sah er den Macamo. Wie er mit dem halben Kopf und den zerstörten Händen da am Fluss lag.

Birgit schlief tief.

Irgendwann sah Otto nichts mehr. Der Schlaf hatte ihn doch geholt.

59 | DI 25. 10. 1983

Es war Tag. Und Birgits Bettseite war kalt. Otto horchte in die Wohnung hinein, aber er hörte keinen Ton. Wenn er es genau betrachtete, war es auch schon viel zu hell. Birgit und die Kinder waren lange weg. Und Papa war krank.

Er sah auf die Uhr. Nach zehn. So spät war er lange nicht mehr aufgestanden. Seit Jahren nicht mehr.

Heute war frei. Er war nicht in Panik aufgewacht. Nicht mit dem Gedanken, schnell nach Gera zu fahren.

Frei also.

Keine Arbeit heute.

Nichts zu tun.

Und trotzdem brachte er die Kinder nicht zur Schule und zum Kindergarten, wie sonst, wenn er frei hatte. Es war also doch anders als sonst. Ein anderes Freihaben.

Die Küche war aufgeräumt wie immer. Der Teller, den er in der Nacht benutzt in die Spüle gelegt hatte, stand gespült neben dem anderen Zeug. Birgit hatte wie immer auch noch Zeit gefunden, sich darum zu kümmern. Otto setzte Wasser auf und ging zum Wohnzimmerfenster. Als er auf den beinah leeren Parkplatz zwischen den Neubauhäusern blickte, fielen ihm die beiden Männer ein, die mitten in der Nacht betrunken nach Hause gekommen waren. Vielleicht hatten sie Schichtdienst. Vielleicht wachten sie gerade erst auf. Vielleicht sollte ihm auch egal sein, was die beiden heute machten und wie es ihnen ging.

Was wollte er selbst heute machen?

Was würden die anderen heute tun?

Wäre Heinz heute im Präsidium in Gera? Und warum fragte er sich das gerade?

Mit dem Kaffee und einer Zigarette schaute er wieder aus dem Fenster. Nicht, dass es dort interessanter war als irgendwo sonst in der Wohnung. Aber man musste ja irgendwo sein. Das Nirgendwo war keine Option.

Ein Mann in grüner Lederjacke spazierte über den Parkplatz. Er betrachtete die drei Autos, die dort standen, einer davon sein Lada, und ging weiter. Im Haus gegenüber, eine Etage unter ihnen, putzte eine Frau die Fenster. Sie trug eine Bluse mit einem kleinteiligen Muster in Grau und Weiß. Das Kleidungsstück sah aus, als wäre es aus dem Westen. Aber warum würde sie eine Bluse aus dem Westen beim Putzen anziehen?

Otto wusch sich und verließ das Haus. Er ging zur Kaufhalle und blieb im Eingang stehen. Eine Frau grüßte ihn, er grüßte zurück. Erst dann drehte er sich um, blickte ihr hinterher. Woher kannte sie ihn?

In der Kaufhalle war nicht viel los, aber an der Fleischertheke stand eine kleine Schlange. Um diese Zeit war er wirklich nie hier. Eine gute Gelegenheit eigentlich, einzukaufen. Aber er wusste nicht, was sie gerade brauchten.

Wieder draußen, bemerkte er, dass es ganz leicht regnete. Er ging zurück zum Haus und wartete ein paar Minuten unter dem Vordach über der Tür. Dann setzte er sich in den Wagen und fuhr los.

Erst als er auf den Saalbahnhof in Jena zufuhr, merkte Otto, dass er ein Ziel hatte. Er parkte den Lada und ging hoch zum

Bahnsteig. Wo waren die Leute ausgestiegen, die den Macamo auf dem Gewissen hatten?

Er setzte sich auf eine Bank, stand aber sofort wieder auf. Verlies den Bahnhof und fuhr zurück nach Lobeda. Wenn nicht im Bezirk Gera irgendwo ein Mord geschah, würden sie morgen Prozessakten vorbereiten oder irgendwo aushelfen. Sie hatten schließlich gerade erst zwei Morde gehabt. Zwei innerhalb von weniger als zehn Tagen. Das war ungewöhnlich genug. Ihr Bezirk war ein friedlicher in einem ohnehin friedlichen Land.

Irgendwann merkte Otto, dass er schon seit einer Weile vor ihrem Haus stand. Er hatte geparkt und aufgehört nachzudenken. Der Mann in der grünen Lederjacke ging wieder vorüber. Er starrte kurz zu Otto in den Wagen hinein.

Das friedliche Land, dessen er sich vor einigen Minuten noch so sicher gewesen war, veränderte sich, als er an Teo Macamo dachte. Otto sah die offene Zugtür und ein Gesicht ohne markante Züge. Eine Maske. Was er aber erkannte in dem Gesicht, in der Maske, war Freude. Freude darüber, dass der Macamo aus dem Zug hing.

Otto warf die Zigarette aus dem Fenster und startete den Lada wieder. Er wollte noch einmal zum Saalbahnhof fahren.

60

Es war nach Mittag, als er den Lada vor dem Bahnhof parkte. An einem der Verkaufsschalter musste Otto einen Augenblick überlegen, bevor er das Ziel angeben konnte. Als er «Saalfeld» sagte, wusste er schon, dass er nicht bis zum Ende fahren würde.

Auf der Treppe sah er, dass der 12.22-Uhr-Zug aus Halle

ein paar Minuten Verspätung hatte. Er atmete aus und schaute sich auf dem Bahnsteig um. Wie üblich um die Mittagszeit war nicht viel los. Die Züge waren voll, wenn es zur Arbeit ging, und auf dem Rückweg.

Otto stieg ganz hinten ein und ging alle fünf Waggons langsam ab. Sie waren offen und ohne abgeschlossene Abteile. Auf beiden Seiten des Gangs waren je zwei Bänke mit jeweils zwei Sitzen. Die meisten waren leer. Er betrachtete eine junge Frau, die einen Säugling im Arm hielt. Sie hatte eine Reisetasche vor sich, neben ihr lag eine Decke für das Kind.

Der Zug hatte kaum beschleunigt, da hielt er schon wieder. Das war Jena-Paradies. Otto setzte sich hin, als der Zug erneut losfuhr. Kaum jemand hatte den Zug verlassen. Ein paar Leute waren eingestiegen. Niemand weckte sein Interesse.

Er kannte die Strecke gut. Der nächste Halt war Jena-Göschwitz, von dort war es nicht weit bis zu ihrer Wohnung. Auch hier wenig Bewegung im Zug. Dann verließen sie die Stadt.

Die Landschaft veränderte sich. Grün, Landwirtschaft, ein wenig Wald. Rothenstein war ein Dorf. Der Zug hielt. Otto sah den markanten roten Felsen. Die junge Mutter stieg aus und wurde auf dem Bahnsteig von einer Frau empfangen, die doppelt so alt war. Ihre Mutter, dachte Otto.

Kahla war der nächste Bahnhof. Die Fahrt mit diesem langsamen Personenzug dauerte sechs Minuten von Rothenstein nach Kahla. Otto fragte sich, woher er das wusste. Es war vielleicht eines dieser Dinge, die man lernte und nicht wieder vergaß.

Vor Kahla hatten sie den Macamo aus dem Zug geworfen. Weniger als drei Leute konnten das nicht gewesen sein, das war nach Günters Beschreibung klar. Und Kahla war die erste Haltestelle, an der sie den Zug verlassen haben konnten.

Der Zug rollte im Bahnhof ein. Otto verstand nicht viel von

Architektur, aber dass der kleine Ort recht alt war, konnte man sehen. Auf dem Bahnsteig standen zwei Jungs, die noch nicht volljährig waren. An die Wand des Bahnhofsgebäudes gelehnt, rauchten sie. Sie stiegen nicht ein. Ein Mann in seinem Alter, den Otto schon einmal gesehen hatte, den er aber nicht einordnen konnte, setzte sich ein paar Meter von ihm entfernt hin und zündete sich eine Zigarette an. Otto tat es ihm gleich.

Der Zug setzte sich wieder in Bewegung. Orlamünde war der nächste Halt. Hier hatten sie Macamo noch festgehalten. Warum hatten sie ihn überhaupt in dem einen Moment losgelassen? Weil sie aussteigen wollten. Weil sie gemerkt hatten, dass er tot war. Weil es ihnen egal war, ob er tot war oder lebendig. Weil ihnen die Arme lahm wurden. Er würde es nicht schaffen, den Mord zu rekonstruieren, dachte er.

Zwei Möglichkeiten gab es, diesen Leuten trotzdem einen Schritt näher zu kommen. Finde sie über den Ort, an dem sie den Zug verlassen haben. Oder über jenen, an dem sie die Fahrt angetreten haben. Wenn er richtiglag und die Züge, die Saalfeld am Nachmittag verließen, nicht in Frage kamen, dann blieb nur die 20.53-Uhr-Verbindung. Und die endete an Sonntagen am Saalbahnhof in Jena. Da blieben also mit Kahla und Rothenstein und den drei Jenaer Bahnhöfen nur fünf, an denen sie ausgestiegen sein konnten.

Aber die Ermittlungen waren ja eingestellt. Morgen früh würden sie die Dokumente vorbereiten für den Radunek und seinen Selbstmord und auch die für den Jungen, den sie im Wald gefunden hatten. Otto hatte dessen Namen schon lange vergessen.

Er stieg in Orlamünde aus. Er würde sich hier ein spätes Mittagessen suchen und dann wieder zurückfahren. In seinem Kopf rauschte es noch.

61 | DO 27.10.1983

Die Unterlagen rund um den Tod des Schülers Proschke im Wald bei Eisenberg zu komplettieren hatte den ganzen Mittwoch gekostet und auch noch den Donnerstagmorgen. Die Arbeit war liegengeblieben, als die Leiche von Teo Macamo aufgetaucht war. Am Mittwochabend hatte Otto sich vor Birgits Betriebsversammlung gedrückt. Er hatte die Kinder ins Bett gebracht.

Rolf saß über den Akten des Falles Radunek. Hier wie beim Fall Proschke waren die Handelnden tot, es waren also keine Prozesse vorzubereiten. Das erleichterte die Arbeit, denn die Akten waren für das Archiv bestimmt. Trotzdem musste sie sorgfältig erledigt werden. Man wusste im Voraus nie, wer sie wann noch einmal ansah, und aus welchem Grund.

Otto war allein im Büro der MUK und war froh, dass Konnie und er diese Sache in Eisenberg übernommen hatten. Manche Vermisstenanzeige war bereits gegenstandslos, bevor man an den Ort kam, wo sie angenommen worden war. Irgendjemand hatte sich verlaufen oder einfach nur Angst, dort aufzutauchen, wo er erwartet wurde. Dann nahm man die Sache auf und protokollierte sie. Überprüfte vielleicht, ob etwas vorlag, das von übergeordnetem Interesse war, und meldete es an die Stellen, die sich darum zu kümmern hatten.

Bei einem Schüler konnte es ja sein, dass er etwas ausgefressen hatte und sich nicht in die Schule zurück traute. Ein Eigentumsdelikt oder auch etwas Politisches wie eine vorbereitete Republikflucht. Darum kümmerten sich dann andere. Oder vielleicht war auch irgendetwas mit einem Mädchen gewesen. In der DDR wurde es eben wichtig genommen, wenn jemand verschwand. Da standen die Behörden dann in der Pflicht. Und deshalb wurden sie von der MUK geschickt. Im schlimmsten Fall, im allerschlimmsten natürlich nur, hatte sich die vermisste Person etwas angetan. Oder ihr war etwas angetan worden. Dann waren sie schon vor Ort und an der Arbeit.

Eine kluge Aufteilung von Verantwortlichkeiten war das. Und gerade in diesem Fall, wie es sich erwiesen hatte, wenn auch aus ganz anderen Gründen. So waren Konnie und er von der Arbeit an der Sache Radunek weitgehend befreit. Sie hatten mit Rolf nur ein paar Sachen abzustimmen, weil sie den Radunek ja in dieser Kneipe aufgegriffen hatten.

«Was hat der noch mal gesagt?» Rolf kam herein und setzte sich hinter seinen Schreibtisch. «Als ihr den festgenommen habt?»

«Steht das nicht in deinen Unterlagen?»

«Doch, aber ich frage dich eben noch mal.»

«‹Ich hätte es früher tun sollen›, glaube ich.»

«Hier steht ‹Ich hätte es viel früher tun sollen›.»

«Wenn es da steht», sagte Otto. «Warum ist das wichtig?»

«Weil ich versuche, es so darzustellen, dass der Radunek nicht mehr alle Tassen im Schrank hatte.»

«Aber das ist doch klar.»

«Ja, aber wir müssen den doch als absolute Ausnahme darstellen.»

«Und was willst du da von mir? Du kannst doch sowieso schreiben, was du willst.»

«Aber das in der Kneipe, das können ja Leute gehört haben.

Es ist immer gut, wenn es so nah wie möglich an der Wahrheit ist.»

«Und wie willst du das mit dem Selbstmord von Frau Radunek darstellen?»

«Daran arbeite ich noch.»

«Eins musst du noch bedenken …»

Rolfs Gesicht war ein Fragezeichen.

«Wenn der Radunek wirklich einen an der Waffel gehabt hat, ja?»

Rolf wartete.

«Also, wenn … Wie kommt es dann, dass der Betriebsgewerkschaftsleiter war? Das ist doch eine verdammt verantwortungsvolle Position. Da wirst du doch beobachtet. Und zwar ziemlich genau.»

Rolf nickte, während Otto redete. «Meinst du, das weiß ich nicht? Aber ich habe ja auch noch einige Tage Zeit für die Akte. Und es wartet ja auch niemand wirklich darauf.»

62

Marion lag nackt auf dem Bett, genau wie er, hatte aber die Augen geschlossen. Otto war sich nicht sicher, ob sie wach war.

Jetzt sah er ein Grinsen auf ihren Lippen. «Ich seh dich auch so», sagte sie. «Wärst du gern bei Udo Lindenberg gewesen?»

«Ist nicht meine Musik», sagte er. «Aber hingefahren wär ich schon gern. Einfach, um es zu sehen. Und um nach Berlin zu kommen, klar. Gibt sonst nicht so viel.»

«Was ist denn deine Musik?» Marion schlug die Augen auf und drehte sich auf die Seite.

«Ach», Otto legte sich auch auf die Seite und stützte seinen Kopf auf die Hand. «Ich hör gar nicht so viel.»

«Ich finde ja gut, dass einer wie er sich für den Frieden einsetzt.»

Otto fuhr mit dem Finger um eine von Marions Brustwarzen.

«Ernsthaft.» Marion schob seine Hand von der Brust.

«Ich bin doch auch für den Frieden. Klar.»

Marion verdrehte die Augen. «Wirst du eigentlich immer bei der Morduntersuchungskommission bleiben?»

«Wie meinst du das?»

«Na … Wirst du mal befördert, zum Beispiel?»

«Das dauert bei uns.»

«Und wenn? Was würdest du dann machen?»

«Zuerst vielleicht die MUK leiten. Aber bis dahin muss ich noch lange warten und viele Fälle aufklären. Da sind noch andere vor mir. Oder vielleicht an die Spitze einer anderen Kommission versetzt werden. Oder …» Er musste ernsthaft nachdenken. Die Frage hatte er sich lange nicht gestellt. «Oder in einen anderen Bezirk gehen oder nach Berlin, oder es gibt Umstrukturierungen.»

«Aber immer Polizei.»

«Immer Polizei. Was anderes hab ich ja nicht gelernt. Und einen politischen Posten geben sie mir nicht. Dafür bin ich nicht bibelfest genug.»

Marion beugte sich ein paar Millimeter nach vorn, und sie küssten sich.

«Und du?», fragte Otto dann.

«Ich?»

«Ja. Was willst du noch werden später?»

«Wollen oder können?»

«Beides.»

«Wollen … Vielleicht Frau eines Botschafters.»

«Echt?»

«Hmhm …»

«Und wo?»

«Kann man sich ja nicht aussuchen», sagte Marion langsam. «Aber wenn … Chile fänd ich interessant.»

«Chile? Das ist eine Diktatur.»

«Ja, aber ich hab mich viel damit beschäftigt. Schon damals, als Allende gestürzt wurde.»

«Da warst du noch in der Schule.»

«Na und? Ich fand es einfach immer interessant. Ich habe damals in der Schule einen Arbeitskreis dazu geleitet, zu Chile. Aber ich würde auch nach Frankreich gehen.»

Otto lachte. «Ja, da würd ich auch gern mal einen Mord aufklären.»

«Schlafen wir noch mal miteinander?»

63 | MO 31.10.1983

Auf dem Weg nach Zeitz ärgerte sich Otto über das verschwendete Wochenende. Er war mit Konnie unterwegs über die Bezirksgrenze hinweg, weil die Genossen von der Morduntersuchungskommission in Halle um Unterstützung gebeten hatten. Eine vermisste Person. Von Halle waren es fast achtzig Kilometer nach Zeitz, da wären selbst die Leute von der MUK im anderen Nachbarbezirk aus Leipzig schneller in der kleinen Stadt gewesen. Und von Gera fuhren sie kaum eine halbe Stunde. In Halle hatten sie gerade offenbar alle Hände voll zu tun. Ein junger Kollege hatte sich schon auf den Weg gemacht und wollte sie vor Ort treffen.

Otto lenkte den eigenen Lada und ärgerte sich. Am Vortag war im Grunde genommen Zeit genug gewesen, um abends in Saalfeld die Bahn zu nehmen, in der der Macamo gesessen haben musste, die um 20.53 Uhr. Zeit auch, um sich vorher auf dem Bahnsteig umzusehen. Zu schauen, wer um diese Uhrzeit noch unterwegs war mit den Bahn.

Stattdessen hatte er am Sonntag wieder mit Bodo bei den Eltern gesessen. Nachmittags diesmal, Mutter hatte Pflaumenkuchen gebacken. «Du bist irgendwie abwesend», hatte Vater gesagt, als er einen Sahnerest mit dem Finger vom Teller gewischt und den Finger dann abgeleckt hatte. Bodo hatte gelächelt, Mutter keinen Ton von sich gegeben.

Ein ruhiges Wochenende war es gewesen, das erste dieser Art nach einer ganzen Weile. Er hatte zweimal ordentlich geschlafen. Birgit und er und die Kinder hatten einen schönen Samstag miteinander verbracht, waren gemeinsam im Kino gewesen und hatten einen sowjetischen Märchenfilm gesehen. Und dann hatte er Bodos Idee zugestimmt, statt des Mittagessens bei den Eltern gemeinsam Kuchen zu essen.

So genau wusste er gar nicht mehr, worüber sie geredet hatten. Über alles, wie immer. Vater hatte von diesem Sänger aus dem Westen geredet, Lindenberg, und von dessen Sprache, die er nicht verstand. Mutter hatte von den jungen Leuten gesprochen, die eben anders seien. Und man solle doch froh sei, dass sich die aus dem Westen mal mit der DDR beschäftigten, auch wenn es nur für einen Tag sei, wenn dieser Sänger im Palast der Republik auftrete. Bodo hatte kurz geschielt, wie er das schon als Kind gemacht hatte, wenn er fand, dass die Eltern über Dinge sprachen, von denen sie nichts kapierten, und hatte dann abgelehnt, darüber zu reden, was er gerade machte. Wie fast immer eigentlich. Was erwarteten die Eltern auch von einem Sohn, der als Geheimdienstler arbeitete?

Und Otto hatte ganz langsam diese Furcht in sich wachsen gespürt. Nichts, was er hatte benennen können.

Nicht beim Pflaumenkuchen und nicht in Gesellschaft von Bruder und Eltern.

Vor allem nicht in ihrer Gesellschaft.

Er hatte gespürt, dass er am falschen Ort war. Für den Abend hatte er Birgit und den Kindern auch schon ein gemeinsames Abendessen versprochen. Und hatte am elterlichen Tisch also schon gewusst, dass er nicht nach Saalfeld fahren konnte.

Nein, ich bin nicht abwesend. Das hätte er antworten können, als er an den Macamo dachte und nicht an den Kuchen, den er gerade in sich hineinstopfte. Wie kann ich abwesend sein, dachte er, wenn ich mir vorstelle, dass wir die, die den Macamo ermordet haben, davonkommen lassen?

«Ist was?», fragte Konnie, als sie das Ortseingangsschild von Zeitz erreichten. Otto erschrak. «Du hast den ganzen Weg über keinen Ton gesagt.»

«Du doch auch nicht.» Otto war froh über seine schnelle Antwort. Konnie setzte jedenfalls nicht nach.

Der Uniformierte, der sie auf dem Parkplatz hinter der Wache in Zeitz begrüßte, machte auch nicht viele Worte. «Die Kollegen aus Gera. Ja … Wir haben den schon, den Vermissten.» Er ließ eine kleine Pause zwischen den letzten beiden Worten. Und dann noch eine längere, bevor er weiterredete. «Hat zu viel getrunken und seine Wohnung nicht mehr gefunden. Alles in Ordnung hier.»

64 | DI 1. 11. 1983

Schräg gegenüber vom Buchladen war es mittags unübersichtlich. Studenten kamen aus der Universität, standen in Gruppen zusammen und diskutierten. Einige packten mitgebrachtes Essen aus. Otto hatte sich hinter eine Gruppe junger Frauen gestellt und den Eingang im Blick, ohne vom Laden aus gesehen werden zu können.

«Ich weiß ganz genau, wer das ist. So einer im Anzug.» Marion hatte noch einmal von dem Bücherdieb erzählt. «Der kommt, glaube ich, immer mittags. Dann sind welche von uns in der Pause, aber der Laden ist ja nicht leer. Im Gegenteil.»

Otto versuchte, die Unterhaltung der drei Frauen zu ignorieren, aber schaffte es nicht ganz. Er kam sich etwas verloren vor an dem Platz, an dem er stand, aber solange ihn die drei verdeckten, war seine Situation zu ertragen.

«Sie sind unglaubwürdig», sagte eine der drei Frauen. Sie trug Rock und Bluse, eine große Brille und schwere Ohrringe, die unter einer blonden Helmfrisur hervorguckten.

«Diese Theorien?» Die zweite. Zu weite Jeans und beiger Pullover. Braune Locken. Sie biss in eine Stulle.

«Ja …» Die dritte atmete heftig. «Wenn man überlegt, wozu das führt», sagte sie. Ihre in Stufen geschnittenen blonden Locken wippten beim Reden. «Das ist das Problem des Kapitalismus. Da ist Krieg ganz natürlich immer die letzte Option.»

«Oder die allernächste», sagte die mit dem Helm.

Weghören wäre schön. Otto ging einen Schritt nach hinten und wartete in einem Hauseingang, als er auf der anderen Straßenseite einen Jungen sah, dessen schwarzer Anzug nur scheinbar zur Umgebung passte. Er wirkte zu oft getragen, die Lederschuhe dazu waren schiefgelaufen. Der Junge drehte den Kopf und überprüfte die Umgebung, Otto drehte sich kurz weg und zählte langsam bis fünf. Dann blickte er wieder auf die andere Straßenseite. Der schwarze Anzug verschwand gerade im Buchladen.

Eine Aktentasche wünschte sich Otto herbei oder etwas anderes, das ihn als zugehörig auswies. Er kam sich vor wie ein Polizist im Einsatz, als er auf den Laden zuging. Hinter der Schaufensterscheibe sah er Marion an der Kasse. Ein Student kaufte irgendetwas. Als sie ihm Wechselgeld in die Hand drückte, nahm sie Otto wahr. Sie verdrehte die Augen und sah dem schwarzen Anzug hinterher, der gerade vor einem Regal stand und den Kopf nach oben reckte.

Otto blickte zurück und hielt kurz die geöffneten Hände vor sich. Ich bin ja da.

Als der Student, den Marion bedient hatte, den Laden verließ, drückte sich Otto durch die offene Tür. Er griff sich einen Bildband von einem Stapel, der gleich vorn auf einem Tisch lag, lehnte sich an ein Regal und schlug das Buch auf, ohne hineinzusehen. Neben ihm streckte sich ein Kollege von Marion in die Höhe und rückte Bücher zurecht. Immer noch starrte der Junge im Anzug auf die Auslagen vor ihm. In der Hand hielt er schon ein paar Bücher.

Der Anzug glänzte an den Schultern, den Ellbogen und am Hintern. Und er war ein gutes Stück zu weit. Sicher hatten ihn andere vor dem Jungen getragen.

Eine schnelle Bewegung ging durch den Körper im Anzug.

Otto blickte genauer hin. Wahrscheinlich hatte ihn nur etwas gejuckt. Eine ganze Traube von Leuten kam in den Laden. Da zuckte der Junge erneut. Otto ging mit seinem Bildband tiefer in den Laden hinein. Dann drehte er sich zur Seite und blickte in das Buch, das er in der Hand hatte. Es ging um Seen in der Sowjetunion.

Nur am Rande nahm er wahr, dass der Junge erneut zitterte, und fokussierte ihn dann genauer. Der Blick immer noch nach oben gerichtet, hatte er nur noch zwei Bücher in den Händen. Waren das eben nicht mehr gewesen?

Der Junge sah sich um. Otto betrachtete einen See, an dem er nie selbst stehen würde. Als er erneut aufblickte, kam die eine Hand des Jungen wieder aus dem Jackett heraus. Er hielt nur noch ein einziges Buch. Und das legte er ins Regal zurück. Dann drehte er sich langsam. Und Otto erkannte, dass der Anzug nicht ohne Grund so weit war. Die Jacke hing jetzt schwer, sie hatte mehr Volumen als der Oberkörper des Jungen, dessen Gesicht er gut erkennen konnte. Dünn. Älter, als er auf den ersten Blick wirkte. Die letzte Rasur vor zwei Tagen. Eigentlich war der Junge gar kein Junge mehr. Er sah mehr aus wie ein Mann, der nie genug zu essen hatte. Und er war schon an der Tür.

Otto musste kurz überlegen. Er hatte nicht damit gerechnet, dass er dem Bücherdieb begegnen würde. Er hatte aber auch noch nie jemanden gesehen, der Bücher klaute. Bevor der Dieb im Gewimmel auf der Straße verschwand, eilte er hinterher. Im Augenwinkel sah er Marion, die ihn mit großen Augen anstarrte. Vielleicht hatte sie erwartet, dass er den Dieb im Laden zu Boden werfen und ihm ein paar Backpfeifen geben würde. Und ihn dann in Handschellen gedemütigt abführte.

Der Anzug war schon an der nächsten Ecke. Richtung Norden. Er verschwand schnell über die Goetheallee hinweg in der

Zwätzengasse. Dann verlangsamte er das Tempo und ging zuerst nach links und dann rechts um ein paar Ecken herum. Immer im Wechsel. Otto stoppte an jeder der Ecken kurz, bevor er um sie herum blickte, und hoffte, dass er den Dieb nicht schon verloren hatte. Sie waren jetzt ganz in der Nähe vom *Feldeck*, wo Konnie und er Radunek aufgegriffen hatten.

Als er an einer bröckelnden Häuserwand hielt, merkte er, dass er die Seen in der Sowjetunion immer noch in der Hand hielt. Er steckte den Kopf um die Ecke und fluchte. Der Dieb war weg. Wahrscheinlich wohnte er hier irgendwo. Langsam schritt er die Häuser ab und guckte hoch in der Hoffnung, dass sich ein Fenster öffnete oder wenigstens eine Gardine aufgezogen wurde.

An der nächsten Ecke drehte er sich einmal um die eigene Achse. Er hatte den Mann verloren.

Was für miserable Polizeiarbeit.

Otto warf einen Blick auf den Bildband in seiner Hand und fragte sich, ob er das Buch zurückbringen sollte. Dann musste er auch zugeben, dass er den Dieb hatte ziehen lassen. Keine schöne Aussicht. Er zögerte noch einen Augenblick, als er den Anzug aus einem Kellerlokal kommen sah. Schnell drehte sich Otto weg, klemmte den Bildband unter einen Arm und zündete sich eine Zigarette an. Er sah, wie der Anzug davonging. Die Jacke flatterte im Wind.

Als der Dieb hinter der nächsten Ecke verschwand, stand Otto schon vor dem Kellerfenster. Es war ein dunkler Laden, und im Fenster waren alte Bücher ausgestellt. «Antiquariat» stand auf einem Plastikschild über der Tür.

65 | SO 6. 11. 1983

Auf dem Weg nach Hockeroda wurde es schon dunkel. Otto dachte an das absurde Ergebnis des Vortags. Carl Zeiss hatte gegen Stahl Riesa verloren. Das musste man sich einmal vorstellen. Bodo war mitten in der zweiten Halbzeit gegangen. Raab hatte da gerade diese Riesenchance vermasselt, ganz allein war er unterwegs gewesen auf das Tor der Riesaer. Das wäre das 5:4 gewesen.

So unfassbar. Dass er den Ball nicht reingemacht hatte. Aber auch, dass es da schon 4:4 gestanden hatte. Im Gegenzug war Riesa dann wieder in Führung gegangen.

Wirklich unfassbar. Aber das 4:5 hatte Bodo nicht mehr mitgekriegt Und das 4:6 dann natürlich auch nicht mehr. Ohne Schnuphase und Weise brauchten sie eigentlich gar nicht anzutreten.

Konnie war im Licht des Krans schon von weitem zu sehen. Er stand in der Kurve an der Straße und guckte in die Dunkelheit. Hinter ihm Streifenwagen und Uniformierte, ein Barkas stand mitten auf der Straße. Otto nahm den Fuß vom Gaspedal. Hockeroda musste irgendwo hinter der Kurve sein.

Mit einem Kopfnicken wies Konnie auf den Mann, der ein Stück hinter der Kurve stand. Stämmig, das leicht gelockte Haar stramm gescheitelt, schwarze Lederjacke über der braunen Anzughose, leuchtete er die Böschung hinab. Otto hatte seinen Namen vergessen. Aber es war klar, dass das MfS hier das Sagen hatte. Grenznähe.

«Wo warst du?», fragte Konnie. Er meinte: Du hast doch den kürzesten Weg von allen.

«Familie», sagte Otto. «Sonntag.»

«Hier ist sowieso schon alles klar.»

«Sag.»

Konnie zeigte auf die Bremsspuren. Links in der Kurve waren sie deutlich zu sehen. «Wir gehen davon aus, dass der Trabant die Kurve etwas sportlicher nehmen wollte. Da hat der Fahrer den Barkas gesehen und zuerst gebremst und dann den letzten Ausweg genommen.»

«Wo ist der Trabbi jetzt?»

Konnie deutete mit dem Finger auf die eine Seite der Straße. «Da ist er runter. Ist schon im Krankenhaus. Und auch schon tot. Der Trabant ist für solche Abenteuer einfach nicht gebaut.»

«Und warum sind wir hier?»

«Du weißt ja … Die ganz normale Nervosität.»

«Aber wenn der Fall so klar ist …»

«Komm, hinterher ist immer alles klar. Aber wenn du auf Streife bist und den Toten siehst, dann versuchst du eben, die Verantwortung abzugeben.»

«Aber dann gleich die ganz große Besetzung? Wir kommen, wenn der begründete Verdacht einer vorsätzlichen Tötungsstraftat besteht. Und wenn bei einem Verkehrsunfall irgendetwas Zwielichtiges im Spiel zu sein scheint. So haben wir das gelernt. Und wenn in so einem Fall der Genosse dahinten auch kommt … Egal. Ich fahr einfach wieder nach Hause, oder?»

«Das ist das Gute an der Sache. Papierkram liegt bei den Genossen von der Spezialkommission. Sieh es doch so: Alles hat sein Gutes.»

Otto grüßte den Genossen vom MfS mit einem kurzen Winken und ging zurück zu seinem Wagen. «Wir sehen uns morgen», sagte er zu Konnie und startete den Lada.

Kurz vor Saalfeld blickte er auf die Uhr. Es war kurz nach acht. Er verringerte das Tempo vorschriftsmäßig, als er in die Stadt einfuhr, und dann noch einmal, als er begann, die Idee zu mögen, die ihm eben durch den Kopf gegangen war. Er steuerte den Bahnhof an.

Einige Minuten lang blieb er noch im Lada sitzen und rauchte die Zigarette zu Ende. Dann ging er hoch zum Bahnsteig. Es war 20.28 Uhr. Noch 25 Minuten, bis der Abendzug in Richtung Jena abfuhr. Der Bahnsteig war leer. Er setzte sich auf die Bank, die der Treppe am nächsten war.

Er dauerte keine zwei Minuten, und die beiden Transportpolizisten erschienen, die er schon gesehen hatte, als er mit den Kindern unterwegs gewesen war. Er hob einen Zeigefinger zum Gruß, die beiden Uniformierten schauten sich kurz an und verschwanden wieder. Es war 20.32 Uhr.

Um 20.34 Uhr kam ein Ehepaar die Treppe hoch. Knapp über vierzig die beiden. Er mit Schnurrbart, Koteletten und beiger Reisetasche an der Hand. Sie mit Dauerwelle und einem Stoffbeutel, aus der ein Flaschenhals mit etwas Hochprozentigem rausguckte. Otto tippte auf Wodka. Familienbesuch. Die beiden setzten sich auf die nächste Bank.

Zwei Minuten später kam eine junge Frau hoch. Eher noch ein Mädchen. Sie war vielleicht sechzehn. Sie sah brav aus mit roter Bluse und blauer Hose. Kleine Brille und dunkelblondes Langhaar. Sie guckte zuerst, dann ging sie an ihm vorbei und auch an dem Ehepaar. Sie ließ sich auf der letzten der drei Bänke nieder.

Die Zeiger der Bahnhofsuhr zuckte gerade auf 20.41 Uhr, als der junge Kerl erschien. Schwarze Jeans und Stiefel, dünne

Jacke, kurzes Haar, mittelgroß, kaum drei Millimeter lang. Er marschierte ohne Zögern auf die Bank mit dem Mädchen zu.

Das Mädchen, er ahnte es mehr, als er es sehen konnte, rückte ganz zur Seite und stand dann auf. Sie kam zu Otto hinüber und setzte sich auf seine Bank.

Da war der Dicke schon an ihnen vorübergegangen. Eine Windjacke, fast schwarz, die gab es so doch nur im Westen, oder? Schwarz auch die Jeans, schwarz auch die glänzend gewienerten Schuhe, das sah Otto selbst im funzeligen Licht des Bahnsteigs. Wie alt der Mann war, fiel ihm schwer einzuschätzen. Keine fünfunddreißig.

Otto sah auf die Bahnhofsuhr. Es war 20.45 Uhr. Der Zug wurde angekündigt und fuhr gleichzeitig langsam ein.

Die ältere Frau im blauen Mantel, die auf der Treppe erschien, blieb ein paar Sekunden unterhalb des Bahnsteigs stehen und atmete durch. Dann stemmte sie ihre kleine Reisetasche auf die oberste Stufe und kam hinterher. Otto überlegte kurz, ob er ihr zur Hand gehen sollte, aber da war das Mädchen schon aufgesprungen und half der Frau in den Zug, der gerade gehalten hatte.

Otto holte einen Zettel aus der Jackentasche, dazu einen Kugelschreiber, und notierte zu allen Personen, die er gerade gesehen hatte, ein paar Worte. Vor ihm stieg der Schaffner des Zuges aus der Tür und zündete sich eine Zigarette an. Es war 20.50 Uhr.

Er beobachtete den Mann, wie er sich zur anderen Seite des Bahnsteigs bewegte. Er war keine vierzig, trug eine Speckrolle über der Hüfte, die die Uniform eher betonte als verbarg, und nahm jetzt die Dienstmütze vom Kopf. Mit der Hand, in der er die Zigarette hielt, fuhr er sich kurz über das mittellange, braune Haar und setzte die Mütze wieder auf. Sie hatten den Schaffner des letzten Zuges vom 9. Oktober nicht mehr vernommen, bevor die Ermittlungen eingestellt worden waren. Aber dieser konnte es nicht sein. Otto hatte die Unterlagen gesehen. Ihr Mann war 56 Jahre alt.

Als er die Kippe auf die Gleise warf, kam noch eine Gruppe von Männern in Ottos Alter mit schnellen Schritten die Treppe hoch. Er zählte sechs. Ein siebter hatte Mühe zu folgen. «Komm schon», rief einer von der obersten Stufe, während ein anderer in der Zugtür wartete. Der Alkohol, den die Männer ausdünsteten, war auf dem ganzen Bahnsteig zu riechen. Der Schaffner stieg als Letzter ein.

Pünktlich um 20.53 Uhr fuhr der Zug los.

66 | MO 7. 11. 1983

Nach Dienstschluss fuhr Otto direkt von Gera nach Saalfeld. Die MUK hatte keinen aktuellen Fall auf dem Tisch, Konnie war in Urlaub, Günter hatte diese Woche zwei Gerichtstermine und Heinz und Rolf jeweils einen.

In der Vorwoche hatte er schon zweimal versucht, Alberto Conde zu finden, nach Möglichkeit allein. Er hatte ihn im Kreis anderer Mosambikaner gesehen. Auf dem Weg von der Schicht ins Wohnheim, beim Einkaufen oder einfach nur herumstehend und schwätzend vor der Tür des Heims. Conde schien derjenige zu sein, der den Toten am besten gekannt hatte. Und im Kreis der anderen oder gar im Büro des Betreuers würde er nicht mehr sagen als bisher.

Alles gut hier.

Alle sind nett.

Keine Probleme.

Ob aus Höflichkeit oder aus Angst.

Es war zwanzig nach sechs, als er am Wohnheim am Bergfried ankam und den Lada in der steilen Straße nahe dem Backsteinbau unter ein paar Bäumen abstellte. Es war so dunkel, dass er das Türschloss des Wagens kaum fand. Nachdem Otto zu Fuß ein paarmal auf und ab gegangen war, setzte er sich wieder in den Wagen. Es war eine Situation, die er nicht kannte. Er wollte nicht auffallen, weil man bei einer Beschattung nie auffallen möchte. Aber er wollte es aus zwei Gründen nicht. Conde sollte nicht merken, dass er beobachtet wurde. Und Otto selbst wollte so wenig auffallen wie möglich, weil er aus eigenem Antrieb hier war. Was er hier tat, ging niemanden etwas an. Wirklich niemanden.

Kaum wieder im Auto, stieg er erneut aus. Niemand setzte sich hier in ein Auto und wartete auf irgendetwas oder irgendwen. Er ging erneut ein paar Minuten auf und ab und beobachtete die Tür zum Wohnheim. Einige Leute meinte er zu erkennen von ihrem Besuch, der schon über zwei Wochen zurücklag.

Der Betreuer kam vor die Tür und blickte sich um. Otto duckte sich hinter seinem Wagen und fummelte an seinem Schnürsenkel herum. Dann öffnete er die Tür des Autos und setzte sich hinein. Als er wieder zum Wohnheim blickte, war der Betreuer nicht mehr zu sehen.

Eine Gruppe von vier Afrikanern kam aus der Tür und ging in Richtung Innenstadt. Im Licht der fernen Straßenlaternen konnte er keine Gesichter erkennen. Jung und schmal waren sie alle, aber der Umriss des einen erinnerte ihn an den, den er suchte. Conde war Boxer und hatte breite Schultern. Wie die von diesem Kerl dort. Wenn er es war, sollte er der Gruppe folgen. Auch wenn die Aussichten gering waren, ein privates Wort mit ihm zu wechseln.

Wenn er es nicht war, hatte er nur wieder einen Abend verschwendet. So war Polizeiarbeit. Auch die, die er gerade machte. Auch die auf eigene Faust.

Die Gruppe bewegte sich langsam in die Innenstadt. Otto folgte ihr mit einigem Abstand. Sie gingen schon am Clubhaus der Jugend vorbei. Was mochten sie vorhaben? Zum Einkaufen war es zu spät. Die Geschäfte hatten geschlossen. Als er den Marktplatz erreichte, waren sie nur noch zu dritt.

Otto drehte sich einmal um die eigene Achse. Hatten sie jemanden abgestellt, um ihn zu entlarven? Wir wissen, dass du uns folgst.

Aber er sah niemanden, der auf ihn wartete. Die Gruppe ging auf das Blankenburger Tor zu und blieb stehen. Otto wartete hinter einer Ecke und zündete sich eine Zigarette an. Als er aufblickte, war die Gruppe schon wieder kleiner geworden. Sie waren nur noch zu zweit. Im Licht, das aus einer Erdgeschosswohnung fiel, sah Otto die beiden von hinten. Einer der beiden war der, den er für den Boxer hielt.

Er folgte ihnen weiter. Um eine Ecke, an der Polizeistation vorbei, an der Otto keinesfalls gesehen werden wollte, bergauf dann, Zweifamilienhäuser, Otto ließ den Abstand größer werden und sah, wie die beiden anhielten. Sie redeten ein paar Minuten miteinander, dann legte der eine dem Boxer die Hand auf die Schulter und verschwand zwischen zwei Häusern in einem Durchgang.

Conde drehte sich um und kam nun direkt auf ihn zu. Otto konnte ihn jetzt erkennen.

Er drückte sich hinter einen Baum, der am Rand eines kleinen Grundstücks stand, und wartete ab. Dann ließ er den Abstand wieder anwachsen und folgte dem Mann.

Conde ging zurück zum Markt. Er hatte keine Eile. Kurz bevor er die Obere Straße erreichte, war er auf einmal verschwunden. Es war dunkel in der Gasse, aber Otto war sich sicher, dass der Mosambikaner die Querstraße nicht erreicht hatte. Dort nämlich war ein wenig Licht, in dem er ihn gesehen hätte. Er hatte die Gelegenheit verpasst, Alberto Conde zu sprechen.

«Mein Herr», hörte er plötzlich neben sich eine Stimme. Otto schrak zusammen und drehte sich um. Conde stand in einem schmalen Hauseingang und starrte ihn an.

«Mein Herr», sagte er noch einmal. «Sie verfolgen mich. Sie …» Er machte eine Pause. «Sie verfolgen uns.»

Otto sammelte sich und sagte: «Eigentlich wollte ich Sie sprechen.»

«Sie sind der Polizist …»

«Das bin ich.»

«Wenn Sie wollen, können Sie mich immer sprechen.» Conde kam aus dem Hauseingang heraus und redete so langsam, wie Otto ihn in Erinnerung hatte, mit leichtem Stottern. «Dafür sind Sie Polizist.»

«Ich wollte allein mit Ihnen reden. Wo gehen Sie hin?»

«Nach Hause. Kommen Sie …»

«Und die anderen? Haben Sie die begleitet?»

Conde sah an Otto vorbei.

«Ein Spaziergang?», fragte Otto.

«Ich begleite sie. Mir tut niemand was.»

Otto betrachtete den Mann.

«Sie wissen, dass ich boxe.»

«Wer weiß das?»

«Alle.»

«Was meinen Sie damit?», fragte Otto.

Conde machte ein paar Schritte. «Manchmal ist da … Manchmal gibt es Ärger.»

«Mit wem?»

«Mit euch.»

«Mit uns?» Otto hatte aufgeholt. «Mit der Polizei?»

Conde hob eine Hand bis zur Brust und wackelte mit dem Zeigefinger hin und her. «Leute von euch.»

«Was machen die?»

«Sie schlagen. Oder nehmen das Geld weg. Antonio, den ich bis oben gebracht habe … Ihm haben sie die Hose ausgezogen. Mitten in der Stadt.»

«Und dann?»

«Dann haben sie gelacht.»

«Und Sie … beschützen sie?»

Conde zuckte mit den Schultern.

«Kann ich Sie zu einem Bier einladen?», fragte Otto. Conde nickte.

Kurz darauf hielt Otto die Tür zur *Pappe* auf, wie die Leute hier die Gaststätte nannten, und sie setzten sich an einen freien Tisch.

Mit frischem Schaum an der Lippe fragte er: «Und Teo Macamo?»

«Was ist mit ihm?»

«Was für eine Art Ärger hatte er?»

«Nichts, was wir nicht auch erlebt haben.»

«Seine Freundin … Seine Exfreundin sagt, dass er im Zug mehr als einmal angegriffen worden ist.»

Conde nippte an seinem Bier. «Ich auch. Aber ich wehre mich.»

«Haben Sie das angezeigt?»

«Ich nicht. Teo hat es einmal getan.»

«Und?»

Conde hielt Ottos Blick stand und sagte nichts.

«Ja …», sagte Otto. «Und hat sich daraus irgendein weiterer Ärger ergeben?»

«Ich weiß nicht. Wir haben uns nicht jeden Tag gesehen. Er hat in der WEMA gearbeitet.»

«Und Sie?»

«Schokolade. Bei Rotstern.»

«Waren Sie eigentlich bei dieser Prügelei dabei?»

«In der *Johannisklause*?» Er betonte die Silbe mit dem i. «Nein, dann hätten wir gewonnen.»

Otto wartete auf ein Lächeln oder einen anderen Hinweis

darauf, dass die Aussage als Scherz gemeint war. Er wartete vergebens.

«Irgendjemand mit einer offenen Rechnung mit Teo Macamo wegen dieser Sache?»

«Nein. Die haben sich einfach geschlagen. Das gibt es da fast jedes Wochenende.»

«Fast jedes Wochenende?»

«Nicht so … Nicht so …» Conde suchte nach einem Wort.

«Nicht so heftig?»

«Ja, nicht so heftig», sagte er noch langsamer als sonst und trank dann sein Bier aus. Er legte seine Hände auf den Tisch, als wolle er aufstehen. Otto hatte noch ein Frage.

«Wissen Sie eigentlich, was Teo Macamo an dem Sonntag gemacht hat, bevor er in den Zug gestiegen ist? Er hat gegen 16 Uhr das Wohnheim verlassen, aber er war nicht um 16.58 Uhr im Zug.»

Conde nickte, als er sich langsam erhob.

«Er hat eine neue Freundin gehabt.»

«Hier? In Saalfeld?»

Conde nickte wieder.

«Können Sie mir den Namen geben?»

«Den hat er nicht gesagt.»

«Ihnen nicht?»

«Keinem.» Conde stand auf, ohne sich zu verabschieden, und verließ die Gaststätte.

67 | DI 8. 11. 1983

Marion stand am Fenster zum Hinterhof und schüttelte den Kopf. Sie trug BH und Unterhose. «Du hast den einfach laufenlassen.»

Otto setzte sich im Bett auf, nackt. «Das ist nicht mein Fachgebiet. Ich bin Mord.»

«Du bist Polizei.»

«Ja, und ich weiß, wie der Kerl arbeitet und wo er seine Sachen verkauft. Das ist mehr, als wir letzte Woche hatten.»

«Hast du es deinen Kollegen erzählt?»

«Von den Eigentumsdelikten? Nein.»

«Warum nicht?»

«Weiß nicht. Du hast mich gebeten, mir das mal anzusehen. Und das hab ich getan.»

«Ich wusste gar nicht, dass so etwas passiert in der DDR.»

«Oh, da könnte ich dir Geschichten erzählen.» Otto stand auf und kletterte in seine Unterhose. Dann stellte er sich hinter Marion und legte seine Arme um sie.

«Da», sagte Marion und zeigte auf ein mattes Fenster auf der anderen Seite des Hofes. «Manchmal hab ich den Eindruck, da ist jemand und guckt hier rein.»

«Aber du hast gesagt, da wohnt keiner.»

«Da wohnt auch keiner. Aber eben haben sich die Gardinen bewegt.»

«Der Wind?»

«Wie soll denn der Wind in die Wohnung kommen?»

«Offene Fenster? Offene Türen?»

«Aber du passt ja auf, wenn du hier reinkommst, oder?»

«Ja.» Otto schob seine Hand in die Unterhose von Marion. Marion zog sie wieder raus. «So, wie wir das verabredet haben. Immer durchs Nebenhaus, immer durch die kaputte Mauer.»

«Und du achtest immer darauf, dass dich keiner sieht?»

«Klar. Aber komplett verhindern kann man das ja nicht.»

«Hmhm.»

«Und ich komme ja auch nicht jeden Tag. Eher einmal die Woche. So sehr kann das ja nicht auffallen.»

«Und die Leute hier im Haus arbeiten ja auch alle.»

«Eben.»

«Was meinst du, macht der Bücherdieb?»

«Als Beruf?» Otto löste sich von Marion, zog sich weiter an.

«Ja. Jeder macht doch irgendwas.»

«Manche nicht.»

«Asoziale?»

«Leute wie der eben.»

«Und der lebt vom Bücherstehlen?»

«Auf jeden Fall verdient er damit Geld.»

«Und das Antiquariat? Das müssen die doch sehen, dass die Bücher neu sind.»

«Werden sie auch.» Otto war angezogen und betrachtete Marion, wie sie ihre Bluse inspizierte.

Sie fuhr mit einem Finger über eine Stelle, steckte ihn dann kurz in den Mund und rieb noch einmal darüber. Dann zog sie die Bluse an. «Und du machst da gar nichts?»

«Erst mal nichts. Ich guck mir den bestimmt noch mal an. Und überlege mir was.» Otto sah auf die Uhr. «Du, ich muss los.» Sie umarmten sich, und er verließ die Wohnung.

68 | SO 13. 11. 1983

«Hast du letzte Woche einen Mörder gefangen?» Manfred war zehn und durfte so etwas fragen. Otto musste sich trotzdem immer wieder überlegen, was er in so großer Runde erzählen konnte. Manchmal redete er dann von einem Fall, und sein Neffe hing ihm an den Lippen.

«Letzte Woche nicht», sagte er, und Bodos Sohn guckte enttäuscht. «Es gibt zum Glück nicht so viele Morde in der DDR.»

«Auch wegen Onkel Otto ist es hier so sicher», sagte Bodo und spitzte die Lippen. Manchmal gab sein Bruder ganz schön an damit, dass er mit seiner Arbeit eigentlich die wichtigeren Grundlagen schuf für die Sicherheit und Integrität des Landes. «Nur wenn wir genau wissen, was in den Leuten vorgeht, können wir Vorkehrungen dagegen treffen, dass wir überrascht werden von den Wellen der Reaktion», hatte er einmal gesagt. So ähnlich jedenfalls hatte es sich angehört. Otto schob sich noch ein Stück Apfelkuchen in den Mund. Was war er satt. Dreimal hatte er sich von dem Nachtisch genommen. Er war froh, dass er nicht Bodos Aufgaben erfüllen musste. Die Anwerbung und Leitung Inoffizieller Mitarbeiter war eine nicht zu unterschätzende Aufgabe für das nationale Wohlergehen, eine Art Vorbeugung, aber er war mit seiner eigenen Aufgabe ganz zufrieden. Die Leute, mit denen er zu tun hatte, waren in der Regel schon einen Schritt weiter, eigentlich einen Schritt zu weit gegangen. Er hatte also eine andere Handhabe als bloßen Verdacht und schieres Misstrauen.

Vaters Lachen riss ihn aus seinen Gedanken. «Ihr seid noch genau so, wie ihr als Kinder wart», sagte er und guckte in die Runde, um Zustimmung zu bekommen. Aber wer an dem großen Tisch kannte schon Bodo und ihn als Kinder? Vater saß am Tischende, wie immer, und auch, weil sein Geburtstag gefeiert wurde, der schon ein paar Tage zurücklag. Mutter direkt neben ihm, wenn sie nicht zwischen Küche und Tafel unterwegs war. Die Kinder saßen am anderen Ende des Tisches, Bodos zwei und ihre drei. So weit weg, dass man sich noch unterhalten konnte. Bodo saß neben Vater und er selbst neben Bodo. Otto gegenüber war Daniela, Bodos Frau, und neben ihr Birgit, die sich wegen ihrer Position am häufigsten um die Kinder kümmern musste. Aber normalerweise redeten sie und Vater ohnehin nicht so viel miteinander. Mit Mutter tauschte sie sich manchmal über Haushaltsprobleme aus.

«Menschen ändern sich schon, wenn man sich Mühe gibt mit ihnen», sagte Bodo als Antwort auf Vaters Kommentar. Dann wandte er sich an Otto. «Ihr habt gerade nicht so viel auf dem Schreibtisch», sagte er. «Oder?»

Er wusste immer Bescheid. Das lag nicht unbedingt daran, dass er Inoffizielle Mitarbeiter führte, sondern einfach an seinen Verbindungen. Er kannte alle, redete mit allen, war immer da, wo etwas erzählt und präsentiert wurde. Und er hatte natürlich in seiner Laufbahn schon manche Position beim MfS bekleidet. Einmal hatte er am Sonntagabend schon gewusst, dass Otto am nächsten Tag zu einem tödlichen Arbeitsunfall rausgeschickt wurde in Bad Blankenburg, der nicht ganz sauber ausgesehen hatte. Otto hatte dann den Vorsatz der Tötung ausschließen können, es hatte sich nur um Leichtsinn gehandelt. Aber auch der war am Ende tödlich gewesen.

«Nicht so viel.» Otto schüttelte den Kopf. «Wir hatten zwei vermisste Kinder in der Nähe von Gera letzte Woche», er sah Bodo schon nicken, klar, dass er Bescheid wusste, «aber die haben wir schnell gefunden, und wir arbeiten an Unterlagen für die Staatsanwaltschaft. Ein paar Fälle.»

«Auch bei diesem Mosambikaner?»

Mutter servierte Kaffee.

Birgit stand auf und nahm einige Teller vom Tisch.

«Lass doch», sagte Mutter.

«Hmhm. Damit sollten wir bald durch sein.» Otto wusste, dass er Widerspruch ernten würde, wenn er hier die Haltung vertrat, dass sie den Fall hätten weiterbearbeiten sollen. Also behielt er das für sich.

«Ich kenne den Genossen», sagte Bodo, «der die Unterlagen für die mosambikanische Botschaft fertigstellt.»

«Wo das dann als Unfall deklariert wird?»

«Genau. Die kriegen den Hinweis, dass es niemandem was bringt, den Sarg zu öffnen. Das gilt natürlich vor allem für die Familie. Die Legende ist ja der Arbeitsunfall. Der war so schwerwiegend, dass es besser ist, wenn die Leute den nicht zu sehen kriegen. Und», er sah zu den Kindern, die miteinander beschäftigt waren, «das scheint ja zu stimmen, dass die den besser nicht sehen. Der muss fürchterlich zugerichtet gewesen sein, oder?»

«Und es gibt immer noch die», sagte Otto, «die das getan haben.»

«Manchmal muss man eben die Dinge gegeneinander gewichten.» Bodo war leiser geworden. Seine Stimme hatte etwas Zischendes. «Und wir können uns ja wohl nicht so darstellen. Wie sieht das denn aus, wenn einem von denen hier so etwas geschieht?»

Er wartete ein paar Sekunden auf eine Antwort. Als er keine bekam, setzte er nach. «Es geht doch auch darum, dass wir und die Bruderländer einen Umgang miteinander haben, der auf Gleichheit und Augenhöhe aufgebaut ist. Ja?» Er machte wieder eine kleine Pause.

«Ach komm», sagte er dann. «Tu nicht so, als würdest du das nicht verstehen. Und wenn der Westen das mitkriegt ... Stell dir das vor. Das kannst du nicht wollen.»

Otto blickte auf und sah, dass alle Erwachsenen am Tisch zuhörten, Mutter inklusive, die sich wieder hingesetzt hatte. «Im Unterschied zum Westen haben wir hier den Anspruch, alle Mordfälle aufzuklären. Drüben sind sie stolz, wenn sie viele aufklären, aber unser Anspruch geht darüber hinaus. Das ist das Erste, was wir lernen, wenn wir uns zum Mordermittler ausbilden lassen. Und das ist doch auch ein Versprechen an die Leute. Und deshalb will ich, dass die, die das getan haben, zur Rechenschaft gezogen werden.»

Noch bevor er zu Ende geredet hatte, konnte Otto hören, wie Vater tief ein- und wieder ausatmete. «Du bist manchmal wirklich naiv», sagte er.

«Da hat Vater recht», sagte Bodo ganz leise.

69

Als die Haustür hinter ihm ins Schloss fiel, fischte Otto eine Zigarette aus der Packung und zündete sie an. Es war kalt geworden in den letzten Wochen, und seine Anzugjacke reichte nicht aus, um ihn vor dem kalten Wind zu schützen. Ganz leicht hatte es auch angefangen zu regnen, aber unter dem Vordach war er sicher vor den Tropfen.

Dunkel war es schon, aber bis der Abendzug in Saalfeld seine Fahrt begann, blieben ihm noch beinah zwei Stunden. Er setzte sich ins Auto und fuhr nach Jena hinein. Ohne nachzudenken, stoppte er vor der Gaststätte *Feldeck*. Wie lange war das her, dass sie den Radunek hier abgeholt hatten? Dieser Idiot.

Die meisten Tische waren besetzt, aber der, an dem Radunek auf sie gewartet hatte, war leer. Otto setzte sich genau dorthin und bestellte ein Bier. Er trank es schnell aus und orderte noch eins. Den ersten Schluck ließ er langsam durch die Kehle laufen. Er beobachtete die Leute an den Tischen. Redende, Schmusende, miteinander Schweigende, an zwei Tischen saßen Männer, die mit ihrem Bier zufrieden schienen. Hierher kam man, um in Ruhe gelassen zu werden. Das *Feldeck* war einer der wenigen Orte in Jena, an denen das möglich war.

Letzten Sonntag, dachte Otto, als er auf dem Rückweg von diesem Verkehrsunfall war, da hatte er die Gelegenheit beim Schopf gepackt. Er hatte durch Saalfeld hindurchgemusst auf dem Weg zurück nach Jena. Nur so eine Idee, der er gefolgt war, sich auf den Bahnsteig zu setzen und zu schauen, was da los war an diesem speziellen Tag in der Woche und um diese Uhrzeit.

Aber wenn er heute nach Saalfeld fuhr und sich auf den Bahnsteig setzte … Wenn ihn zum Beispiel die Trapo sah.

Das war etwas ganz anderes.

Letzten Sonntag hatte er sich an einer Grenze entlangbewegt. Die Ermittlungen im Fall Macamo waren offiziell abgeschlossen, und er war einfach seiner Neugier gefolgt. Eine ganz natürliche Regung. Nicht mehr und nicht weniger. Hätte ihn jemand dabei gesehen, wäre es einfach gewesen, das genau so zu formulieren.

Aber genau jetzt war er dabei, diese Grenze zu überschreiten. Fuhr er nach Saalfeld, war das kein Zufall mehr. Ausflüchte waren nicht mehr möglich. Er kannte keinen Polizisten in der DDR, der so etwas je getan hatte.

Das Paar, das zwei Tische weiter die ganze Zeit die Nasen aneinandergerieben hatte, fing an, sich mit Zunge zu küssen. Otto war irritiert. Die waren sicher schon fast sechzig, die beiden. Das hatte er noch nie gesehen. Er trank sein Bier aus, bezahlte und machte sich auf den Weg.

Er erreichte den Bahnhof in Saalfeld zu einer ähnlichen Zeit wie am Sonntag zuvor. Es regnete immer noch, vielleicht etwas stärker als eben. Der Platz vor dem Bahnhof war menschenleer. Otto rauchte eine Zigarette bei halbgeöffnetem Fenster und eilte dann ins Bahnhofsgebäude.

Der Bahnsteig war leer, wie beim letzten Mal. Otto schüttelte sich kurz und wünschte sich einen Mantel über dem Anzug. Im Winter hatte er den Mantel immer im Kofferraum, aber er hatte noch nicht so weit gedacht. Die letzten Wochen waren nicht sehr kalt gewesen, und es hatte keinen Anlass gegeben, den Mantel aus dem Schrank zu holen. Er musste unbedingt daran denken.

Wie lange würde es dauern, fragte er sich, bis die Genossen von der Transportpolizei auftauchten? Er setzte sich auf dieselbe Bank wie letzten Sonntag und wartete. Es war 20.29 Uhr.

Das Kichern hörte er, bevor die beiden auf der Treppe auftauchten. Zwei junge Frauen, die Schirme noch aufgespannt, guckten hoch und blieben auf der Treppe stehen. Otto sah nur Köpfe und die beiden Schirme, einer grau, der andere mit Blumenmuster. Ein alter Mann im braunen Anzug stapfte an den beiden vorbei und setzte sich nur wenige Zentimeter von Otto entfernt auf die Bank. Er hatte kein Gepäck dabei und roch nach Schweiß. Warum ging er nicht bis zur nächsten Bank?

Es war 20.38 Uhr. Der Zug fuhr ein.

Die beiden Frauen kamen hoch. Sie klappten endlich die Schirme zusammen und steckten sie weg. Beide hatten Handtaschen und je eine kleine Reisetasche dabei. Otto vermochte nicht zu sagen, woher sie kamen und was sie am Wochenende getan hatten. Sie waren Mitte zwanzig, kamen nicht von der Arbeit und sahen nicht aus wie Schwestern auf Familienbesuch. Ein Junge von vielleicht 16 Jahren erschien auf der Treppe. Blaues Hemd und blaue Hose, Scheitel im dunklen Haar und Schnurrbartflaum unter der Nase. Er ging weiter bis zur zweiten Bank und setzte sich dort auf eine Arschbacke. Dann überlegte er kurz, stand auf und überprüfte die Zugtür. Sie ließ sich öffnen, und er stieg ein. Als die anderen das sahen, kletterten sie ebenfalls in den Zug.

Die Transportpolizisten waren nicht aufgetaucht bisher. Es war 20.46 Uhr. Ein Windstoß schickte eine Breitseite Regen auf den Bahnsteig.

Otto stand auf und blickte sich um. Im funzeligen Licht des Abends sah er die Umrisse der Stadt, die hinter der Saale am Berg lag. Der Regen hing wie ein schmutziger Vorhang davor.

Was hatte er hier gesucht?

Was man immer suchte als Ermittler, dachte er. Erkenne ein Muster. Suche nach irgendeinem Hinweis, dem du folgen kannst. Halte dich daran fest. Arbeite dich daran ab. Stelle Fragen, siebe die unwichtigen Antworten aus und konzentriere dich auf die interessanten, auf die, die dich weiterführen. Der Regen wurde stärker. Er konnte es im Licht der hellsten Laterne sehen, die den Platz vor dem Bahnhof beschien.

Vielleicht sollte er nach Hause fahren und die Sache vergessen. Ein komplexer Mordfall war immer auch eine Sache der Koordination. Eine Gruppe von Leuten trug Spuren zusammen und hielt sie gegeneinander. Nur gemeinsam ließen sich bestimmte Fälle lösen.

20.51 Uhr war es. Otto drehte sich zur Treppe und sah die alte Frau im blauen Mantel, die ihre Reisetasche kurz auf der obersten Stufe abstellte. Sie hatte er zuletzt schon einmal hier gesehen. Ihr Gesicht spiegelte die Sorge, den Zug zu verpassen.

Otto nahm die Tasche und reichte der Frau eine Hand. Als sie eingestiegen war, schlossen sich die Türen hinter ihr, und der Zug fuhr los.

Es war keine Sekunde zu spät. Die Bahnsteiguhr zeigte genau 20.53 Uhr.

Die Rücklichter sah Otto noch, als der Zug die langgezogene Kurve Richtung Norden nahm. Und er fragte sich, ob er nicht hätte einsteigen sollen. Vielleicht wäre die Frau im blauen Mantel diejenige gewesen, die ihm geholfen hätte, ein erstes Muster in diesem Fall zu entdecken.

Er dachte nach, bis der große Zeiger auf 20.55 Uhr vorgerückt war. Dann sprang Otto die Treppen hinab und rannte zum Lada. Er würde den Zug noch erreichen.

70

Als er in Schwarza einfuhr, sah er den Zug schon den Bahnhof verlassen und gab erneut Gas. Nur eine kurze Strecke war es bis Rudolstadt, das war vielleicht zu schaffen. Doch als er sich dem Bahnhof näherte, sah er den Zug halten und fuhr weiter. Uhlstädt hieß der Ort auf dem Weg nach Jena, und dort fand er einen Parkplatz vor dem kleinen Bahnhofsgebäude.

Der Zug fuhr gerade ein, als Otto auf den Bahnsteig trat. Es regnete immer noch. Einen Fahrschein hatte er nicht, aber er konnte sich zur Not als Polizist ausweisen.

Er stieg ganz hinten ein, in den letzten der fünf Waggons, und blickte zuerst durch die Pendeltür. Keine Menschenseele. Die Schritte hallten wider, als er durch die Reihen in den nächsten Waggon ging. Ein paar Leute hier und da, einige waren erst in Schwarza oder Rudolstadt zugestiegen. Erst als er schon die Hand ausstreckte, um die Tür zum Zwischenraum am Ende des mittleren Waggons zu öffnen, bemerkte Otto den Jungen in Blau, der sich auf seinem Sitz zusammengerollt hatte. Jetzt sah er jünger aus als eben noch. Vielleicht sollte er längst schon im Bett sein, dachte er.

Im nächsten Wagen saß der Mann im braunen Anzug gleich an der Tür. Er blickte auf und stutzte kurz. Hatte er ihn erkannt? Sie hatten ein paar Minuten nebeneinandergesessen, und er war in Saalfeld letztlich nicht in den Zug gestiegen.

In der Mitte des Waggons war eine Familie mit Kartenspielen beschäftigt. Ein Ehepaar um die dreißig, ein Mädchen von vielleicht zehn und ein Junge nur ein wenig darunter. Sie beachteten ihn nicht.

Blieb noch der letzte Waggon. Eine Gruppe Männer über vierzig, leicht angetrunken, auf dem Heimweg vom Sonntagsausflug. Ein junger Soldat döste vor sich hin. Und dann saß da die alte Frau mit ihrer Reisetasche. Otto ging bis zum Ende des Waggons und drehte sich um. Die Frau sah ihn kurz an, erkannte ihn aber nicht. Oder sie wollte es nicht zeigen. Die zwei jungen Frauen mit den Schirmen waren schon ausgestiegen.

Otto warf sich in die Sitzgruppe gegenüber jener, in der der müde Soldat saß, als der Zug gerade in Orlamünde einfuhr. Er achtete kaum auf die Gestalten auf dem Bahnsteig, die hinten im Zug einstiegen. Sein Interesse galt der Frau mit der Reisetasche. Er hätte sich zu ihr setzen und sich als Polizist zu erkennen geben können.

Fahren Sie diese Strecke jeden Sonntag?

Sie würde Respekt haben vor dem Amtsträger, und seine freundliche Art würde ihr die Furcht vor unangenehmen Konsequenzen nehmen.

Was wusste er denn? Sie hatte letzten Sonntag im Zug gesessen und heute wieder. In jenem Zug, in dem wahrscheinlich auch Teo Macamo gefahren war.

Vielleicht war sie ja nur heute und letzten Sonntag unterwegs. Oder vielleicht heute und letzten Sonntag und an jenem, an dem Macamo ermordet worden war.

Wie viel wollte er voraussetzen in dem Gespräch, wenn sie sein einziger Zugang zum Muster war, von dem er zuerst einmal ein kleines Stück sehen musste?

Was, wenn sie das spürte? Was, wenn sie begriff, wie viel von ihrer Antwort abhing? Würde sie das ermutigen? Oder einschüchtern?

So viele Leute zogen zurück und behaupteten, nichts zu wissen und nie etwas gesehen zu haben, wenn ihnen klarwurde, wie wichtig das war, was sie wussten. Das war etwas, das sie nicht gelernt hatten in der Ausbildung. Und etwas, worüber sie in der MUK nicht redeten. Es passte nicht zu ihrem Bild vom sozialistischen Menschen.

Wenn er hingegen wüsste, dass die Frau jeden Sonntag diese Strecke fuhr, konnte er ganz anders mit ihr reden.

Der Zug war schon in Kahla. Otto hatte gar nicht bemerkt, dass der Soldat ausgestiegen war. Statt seiner saß nun eine dünne Frau an dem Platz, die eine Tasche auf dem Schoß umklammerte. Sie guckte weg, als Otto sie betrachtete. Auch die Männergruppe hatte den Zug längst verlassen.

Der Schreck fuhr ihm durch den Leib, als er daran dachte, dass die Frau mit der Reisetasche ebenfalls ausgestiegen sein konnte. Er drehte sich um und sah sie mit dem Kopf auf der Brust. Sie hatte also keine Eile.

Rothenstein hatten sie auch schon hinter sich gelassen. Sie würde an einer der Haltestellen in Jena aussteigen.

Otto beschloss abzuwarten. Bald würde der Zug schon in Göschwitz halten. Er reduzierte sein Tempo. Die Dünne ihm gegenüber erhob sich gerade. Der Zug hielt.

Als er wieder anfuhr, stand die Frau mit der Reisetasche

auch auf und streckte sich. Dann hob sie die Tasche an und ging zum Ausgang direkt hinter der Lok. Sie würde also am Paradiesbahnhof aussteigen. Otto wartete, bis sie hinter der Schiebetür verschwunden war, und ging dann zum Ausgang am anderen Ende des Waggons.

Er blieb in der Zugtür stehen, bis die Frau ihm auf dem Bahnsteig den Rücken zugekehrt hatte. Dann hielt er sich im Schatten verborgen und ließ sie die Treppe hinabgehen. Als sie die letzten Stufen genommen hatte, hastete Otto hinab und beobachtete, wie sie den Bahnhof verließ, ohne sich umzusehen. Sie würde keinen weiten Weg haben, dachte er, nicht mit dem schweren Gepäck. Er folgte ihr kaum drei Minuten lang und sah sie am Anfang der Lutherstraße ein altes Haus betreten.

Als die Tür zugeschlagen war, betrachtete er das Klingelschild. Entweder wohnte sie hier, oder sie war regelmäßig zu Besuch. Er tippte auf die erste Variante. Und ganz sicher würde er es herausfinden.

71 | MO 14.11.1983

Der Anruf kam kurz vor fünf. Otto war sofort wach, weil er wusste, dass er es sein musste. Und fünfzehn Minuten später war er unterwegs.

Die Informationen waren spärlich, aber ausreichend. Bei Erdmannsdorf war ein Motorradfahrer von der Straße abgekommen und hatte einen Baum getroffen. Der Mann war tot. Soweit nichts Besonderes. Solche Dinge passierten. Aber es schien zwei Probleme zu geben. Das erste war, dass er einem Hindernis ausgewichen war.

Und das zweite Problem war das Hindernis selbst. Ein Panzer der Nationalen Volksarmee. Den ließ man eigentlich nicht auf einer öffentlichen Straße stehen.

Otto wusste, dass er nur ein Statthalter war. Wenn es tatsächlich einen Zusammenhang gab zwischen dem Panzer und dem Toten, dann war dies gar nicht die Ermittlung der MUK. Dann würden einflussreichere Kräfte übernehmen. Die Kombination aus Streitkräfte und Todesfall lag außerhalb seines Kompetenzbereichs. Aber er war der, der am nächsten wohnte. Er musste sich die Sache ansehen.

Der Schutzpolizist, der ihn an der gesperrten Landstraße empfing, war noch jung, hatte aber einen dichten braunen Schnurrbart. Er stand vor seinem Wartburg, auf dem sich das Licht drehte. Entfernt war noch das Licht eines zweiten Streifenwagens zu sehen, der die Straße von der anderen Seite absperrte, dazwischen das dunkle Ungetüm. «Wir wissen auch nicht, warum der hier abgestellt worden ist. Und wir wissen auch nicht, wo eventuell einer vermisst wird.»

Der Panzer war breiter als die Fahrspur und so dunkel wie die Nacht um sie herum. Der Polizist redete weiter: «Aber die NVA … ihr wisst das ja auch …»

«Jaja», sagte Otto. «Die sind da zurückhaltend. Und die Besatzung?»

«Verschwunden.»

«Und der Tote?», fragte Otto und stieg aus dem Lada.

Der Uniformierte zeigte auf eine Gegend abseits der Straße. «Da ist der Baum. Und da liegt er.»

«Irgendetwas Auffälliges?»

«Außer dem Panzer? Nee …»

«Bremsspuren?»

«Ist ja bei einem Krad oft nicht zu sehen. Und dann bei der Dunkelheit. Aber ich glaube ja.»

«Und wer hat das gemeldet?»

«Ein Treckerfahrer.»

Otto holte eine Taschenlampe aus dem Kofferraum und ging zum Straßenrand. Ein Trecker war langsam genug, um dem Panzer rechtzeitig auszuweichen.

Der Tote lag bäuchlings auf einem Strauch. Den einen Arm ausgestreckt, den anderen unter dem Körper verborgen. Die MZ, mit der er unterwegs gewesen war, hatte einen weiteren Satz gemacht als der Fahrer. Sie lag hinter ihm auf der Wiese. Der Mann hatte es geschafft, den einzigen Baum zu treffen, der weit und breit zu sehen war. Ihn womöglich gestreift und sich dabei etwas Lebenswichtiges gebrochen. Vielleicht hatte er sich den Hals auch nicht am Baum gebrochen. Vielleicht war das Motorrad auf ihn gefallen. Das war nicht Ottos Spezialgebiet.

Ein starkes Licht erschien und mit ihm ein lauter werdendes Motorengeräusch. Das war sicher die Ablösung. Otto erkannte die beiden Männer, die schon auf ihn zukamen, und sie ihn. An ihre Namen würde er sich erinnern, wenn er es wirklich musste.

«Irgendwas?», fragte der eine.

Otto zeigte auf den Panzer und deutete dann eine Verbeugung an.

«Fürs Weiterschlafen ist es sowieso zu spät», sagte der andere.

Otto gab dem Uniformierten wortlos die Hand und fuhr zurück. Es wurde bald hell, und er fuhr zum Paradiesbahnhof, wo er den Wagen abstellte. Dann folgte er dem Weg, den die alte Frau am Vorabend gegangen war.

Vor ihrem Haus blieb er stehen. Es war zwölf Minuten nach sieben. Er gab sich eine halbe Stunde.

Ganz Jena war unterwegs. Erwachsene auf dem Weg zur Arbeit, Kinder zur Schule. Die Haustür, hinter der die Frau gestern Abend verschwunden war, war schon zweimal geöffnet worden. Manche der Leute trugen Winterjacken, und Otto begann, bei ihrem Anblick selbst zu frieren. Zu wenig Schlaf, sagte er sich und ging ein paar Schritte in die eine Richtung. Dann zurück in die andere. Danach drehte er sich wieder, ging fünfzig Meter zur einen Seite und wieder zurück, entwickelte eine Routine, ohne die Tür länger aus dem Auge zu lassen, bis ihm nicht mehr kalt war. Hoffentlich traf er hier niemanden, den er kannte. Eine vernünftige Antwort auf die Frage, was er hier tat, hätte er kaum geben können.

Erneut war die Tür des Hauses offen. Ein kleines Kind kam heraus. Dahinter eine Frau mit Schulranzen. Otto sah auf die Uhr. Es war 7.41 Uhr. Die halbe Stunde war so gut wie vorbei. Wie lange sollte er noch warten?

Die Tür wurde wieder geöffnet. Und da kam sie heraus. Sie trug heute einen braunen Mantel, dazu ein leeres Einkaufsnetz an der Hand und stutzte eine Sekunde lang, als sie Otto sah. Dann aber ging sie los, ohne sich noch einmal umzusehen.

Mehr als eine halbe Stunde später hatte Otto sie bis zu einem Bäcker verfolgt, wo sie in einer kleinen Schlange warten musste, und dann zu einer Kaufhalle und sah, wie sie mit Semmeln und Milch und noch anderen Sachen im Netz wieder heimging. Er beschleunigte seinen Schritt und holte sie ein. Immer noch hatte er sich nicht entschieden, ob er eine formale Ansprache nutzen wollte oder eine freundlichere. Erst als er schon auf einer Höhe mit ihr war, beinah wieder vor ihrem Haus angekommen, wusste er es.

«Entschuldigen Sie», sagte er. Die Frau sah zu ihm hoch. Otto wies sich aus.

«Haben Sie Zeit, mir ein paar Fragen zu beantworten?»

«Wo habe ich Sie denn nur gesehen?», fragte sie zurück.

«Können wir uns zu Ihnen setzen?», fragte Otto erneut.

«Waren Sie nicht im Zug?» Ihre Augenlider senkten sich. «Und jetzt sind Sie hier.» Sie kratzte sich durch den dünnen Mantel am Arm. «Und was wollen Sie von mir wissen?» Sie wechselte das Netz von einer Hand in die andere. Otto dachte kurz, ihr anzubieten, es zu tragen. Aber was, wenn sie das anbiedernd fand? War seine Strategie überhaupt richtig gewesen, freundlich nachzufragen, anstatt sie an ihren Platz in der gesellschaftlichen Hierarchie zu erinnern?

Ihr Blick formulierte leisen Zweifel. «Kommen Sie», sagte sie dann aber. «Ich mache uns was Heißes zu trinken. Es ist ja kalt geworden. Nicht?»

72

Das Wohnzimmer wirkte auf Otto, als sei es vor dem Krieg eingerichtet worden. Das kleine Sofa, auf dem er saß, hing fast bis zum Boden durch. Der Tisch hatte abgeschabte Holzränder. Und der Hirsch auf dem naiven Gemälde an der Wand beobachtete das alles gelassen. In der Küche floss Wasser in einen Kessel. Die Frau, sie hieß Josefa Krahmer, Krahmer mit h, entzündete ein Streichholz.

Das Einzige, was das Bild störte, war der Fernseher auf der Kommode. Als Otto sich drehte, entdeckte er noch einen Gruß aus der Moderne. Eine Uhr stand neben dem Bildschirm, weißes Plastikgehäuse, gerade fiel das rechte Zifferblättchen herab. 38 stand darauf. Die 08 daneben blieb still. Das war ein Gerät aus dem Westen. Das Wasser im Kessel begann zu pfeifen, bald würde sie den Kaffee auf den Tisch tragen.

Die alte Frau fuhr also in den Westen, wie andere Alte auch. Und sie hatte diesen Wecker mitgebracht. Hatte sie ihn aus eigenem Antrieb gekauft? Eher hatte ihr dort jemand das Stück geschenkt. Ein Westgerät, leicht als solches zu erkennen, geschenkt, um zu imponieren, aufgestellt zu dem gleichen Zweck.

Oder es war etwas Mitgebrachtes. Aber wer sollte einer alten Frau ein solches Stück mitbringen? Alte Freunde? Kaum. Engere Familie konnte es nicht sein, die war hier, wenn sie reisen durfte – sonst durfte sie es eben nicht.

Frau Krahmer kam mit einer Kanne und zwei Tassen. Sie goss in beide ein und setzte sich, ihre großen freundlichen Augen auf Otto gerichtet. «Sie waren das», sagte sie.

Otto nickte und erkannte seinen Fehler. Er hatte sich ins Wohnzimmer bringen lassen, statt ihr in der Küche auf den Zahn zu fühlen. Was er ihr gegeben hatte, war die Zeit, die sie brauchte, um sich zu sammeln.

«Fahren Sie jeden Sonntag mit dem Zug von Saalfeld nach Jena?», fragte Otto.

«Oh ja.» Sie schaute kurz an die Decke. Sie überlegte. Oder sie tat so, als ob. «Fast jeden Sonntag.»

«Familie?»

«Wegen den Enkeln.» Sie lächelte ein schönes Lächeln.

Als Otto ihr Zeit ließ, weiterzureden, nutzte sie sie. «Die Eltern arbeiten verschiedene Schichten. Mein Sohn und seine Frau brauchen am Wochenende jemanden für die Kinder.»

Lass sie erst reden, dachte Otto. Vielleicht gibt sie etwas preis. Aber seine Hoffnung war klein. Den Fehler, den er gemacht hatte, konnte er kaum ausbügeln. Sie wusste, was sie sagen würde. Er konnte es in ihrem Ausdruck sehen. «Und was machen Sie dann mit den Kindern?», fragte er.

«Ach, das Übliche. Ich bin eben da. Und ich koche für sie. Und wir gehen auf den Spielplatz. Aber dafür sind sie bald schon zu groß. Die größte ist bald zwölf.»

«Und die anderen?»

«Neun und acht. Sie sind so … Schade, dass mein Mann das nicht erleben kann.»

Otto hatte noch keine Fotos auf Kommoden oder an der Wand gesehen. Weder von den Kindern noch vom Ehemann, der, wie er vermutete, verstorben war.

«Und wenn Sie mit dem Zug fahren, nehmen Sie dann immer den um kurz vor neun?»

«20.53 Uhr», sagte sie nickend. «Meistens. Dann haben wir alle zusammen zu Abend gegessen. Aber manchmal nehme ich auch einen früheren. Das hängt ein bisschen ab von der Arbeit, die anfällt. Wann sie zurückkommen, mein Sohn und seine Frau. Dann nehme ich auch manchmal den um 17.51 Uhr. Und es gibt sogar einen, der geht noch früher. Das kommt dann ganz darauf an.»

«Und die Fahrt mit dem Zug ist dann meistens eher ruhig? Es ist ja Sonntagabend. Da passiert ja nicht so viel.»

«Ja, da ist meistens nicht viel los.»

«Und wenn doch?»

«Ach, eigentlich ist selten was.»

«Haben Sie in den vergangenen Wochen einmal irgendetwas bemerkt, das nicht wie immer war?»

Sie blickte wieder hoch zur Zimmerdecke. «Nein, da erinnere ich mich an nichts.»

«Gab es denn Wochenenden, an denen Sie nicht nach Saalfeld gefahren sind? Sagen wir … In den letzten zwei Monaten?»

Der Blick zur Decke. «Nein», sagte sie. «Das letzte Mal, dass ich nicht gefahren bin, das war im … lassen Sie mich überlegen. Das war im August. Nein, Anfang September, da waren mein Sohn und die Familie schon wieder aus den Ferien zurück. Und da war ich krank. Eine Sommergrippe. Es ging einfach nicht.»

«Können Sie sich denn erinnern an den Sonntag vor fünf Wochen?»

Frau Krahmer guckte zur Decke.

«Das war der 9. Oktober», schickte Otto hinterher.

«Wenn man so zurückdenkt, dann unterscheiden sich die Sonntage nicht so sehr. Wissen Sie, mein Sohn bringt mich mit dem Wagen zum Bahnhof, wenn er Zeit hat. Sonst nehme ich auch schon mal den Bus von Gorndorf. Meine Schwiegertochter hat auch gar keine Fahrerlaubnis. Und wenn mein Sohn arbeitet, dann hat er den Wagen ja auch immer dabei. Und wenn ich dann im Bahnhof bin, dann ist ein Sonntag wie der davor.» Diese freundlichen Augen. Omablick. Gut zu Kindern.

«Und der danach auch», schob sie noch hinterher.

«Das kann ich mir vorstellen. Einer wie der andere. Außer wenn man mal durchnässt wird vom Regen. Oder wenn der Zug mal zu spät kommt.»

«Das gibt es nicht so oft.»

«Nein. Das passiert nicht so oft. An diesen 9. Oktober erinnern Sie sich also …»

Sie schüttelte den Kopf sehr entschieden.

Otto trank seinen Kaffee aus.

«Sie sind ein netter Mann», sagte Frau Krahmer, als er sich gerade erhoben hatte.

«Danke.» Otto fühlte sich wie ein Verlierer. Er hatte sich von dieser Frau aufs Glatteis führen lassen. Aber es gab noch andere Tage. «Ich finde allein hinaus.»

73 | DI 15. 11. 1983

Am nächsten Morgen war Otto nicht in Eile. Es war sein Tag am Gericht, ein alter Fall, und er musste erst gegen 11.00 Uhr in Gera zur Verfügung stehen. Es ging um den Fall eines Jungen, der seine gleichaltrige Freundin erstochen hatte. Sie hatten das innerhalb von einem halben Tag aufgeklärt, im Spätsommer, und jetzt hatte der Junge sicher zwölf Jahre Gefängnis zu erwarten. Er hatte gestanden, die Morduntersuchungskommission hatte gute Arbeit gemacht. Otto musste nur noch auf einige Fragen antworten, die mit der Auffindung der Leiche und dem Messer zu tun hatten, das unweit des Auffindungsortes aufgetaucht war.

Er startete den Wagen und fuhr ohne nachzudenken nach Jena hinein. Er stellte den Lada direkt vor der Tür ab, hinter der Frau Krahmer wohnte, und wartete.

Er hatte sich keinen Plan zurechtgelegt. Aber er wusste, das Josefa Krahmer mehr zu erzählen hatte. Wenn der Fall noch ein Fall wäre, dann würde er sie auf die nächste Polizeistation fahren und dort in ein Verhörzimmer setzen. Den meisten reichte das aus.

Die zweite Welle war schon vorüber, Schulkinder und Büroangestellte. Um zehn sollte er spätestens losfahren und eigentlich auch irgendwo etwas essen, bevor er im Gerichtssaal erschien. Sowieso wusste er nicht, ob Frau Krahmer heute

Morgen vor der Haustür erscheinen würde. Er hatte sich dagegen entschieden, bei ihr zu klingeln. Das wäre schon ein beeindruckender Auftritt, wenn er dort mit strengem Blick erschien. Aber der Moment, in dem sie ihn vor der Haustür warten sah, würde sie noch mehr beeindrucken.

Es dauerte bis nach 9. Die Tür ging auf, und Frau Krahmer kam mit dem leeren Einkaufsnetz heraus. Sie ließ die Tür hinter sich zufallen und bemerkte das Auto, das direkt vor der Tür stand. Otto hatte sich so platziert, dass er die Tür und die Frau direkt vor sich hatte, als sie ihn erkannte. Sie schrak kurz zusammen und ging dann denselben Weg wie am Vortag. Otto beeilte sich, aus dem Lada auszusteigen, und ging ihr hinterher.

«Frau Krahmer», sagte er. «Warten Sie doch noch einmal.»

Die alte Frau zögerte zuerst, machte dann drei schnelle, kurze Schritte nach vorn, um endlich doch zu warten. Otto war da schon neben ihr.

«Ich hab Ihnen doch gestern schon alles gesagt.» Sie kratzte sich mit der freien Hand an dem Arm, der das Netz hielt.

«Ja, das haben Sie gestern so formuliert. Aber sind Sie sich da so sicher?»

«Ja», sagte sie und ging weiter.

«Welchen Zug haben Sie denn am 9. Oktober genommen?» Otto ließ Frau Krahmer ein paar Schritte Vorsprung, dann folgte er ihr. Einmal nur schaute sie sich kurz um und beschleunigte dann ihr Tempo, so gut sie es vermochte. An der nächsten Ecke ließ Otto sie gehen. Es war Zeit für ein Frühstück.

74 | MI 16. 11. 1983

Am Morgen darauf hatte Otto nicht viel Zeit. Irgendwer im Ministerium des Inneren hatte ihre Hilfe angefordert. Eine umfängliche Razzia, hieß es, stünde an. Nicht einmal die MUK wusste, welches Ziel dieser Einsatz hatte.

Trotzdem stand er um 7.30 Uhr gegenüber dem Haus, in dem Frau Krahmer lebte. Ein Berg Kohlen war dort abgeladen worden. Irgendjemand würde die im Lauf des Tages in den Keller schaffen müssen. Es herrschte der übliche Verkehr jener Tageszeit, aber kurz vor 8 wurde es ruhiger. Otto war froh, dass Frau Krahmer ihn hier nicht von ihrer Wohnung aus sehen konnte, denn die lag zum Hof nach hinten hinaus.

Ein Funkstreifenwagen fuhr langsam durch die Lutherstraße. Zum Wegdrehen war es zu spät, also hob Otto die Hand und grüßte die Besatzung. Der Wagen hielt an. Am Steuer saß dieser Unterwachtmeister, dessen Namen er vergessen hatte. Hanke neben ihm war Hauptwachtmeister und kurbelte das Fenster herunter. Er hatte einen Mundwinkel hochgezogen, wie immer. «Was denn?», fragte er.

«Kleinigkeit nur», sagte Otto. «Muss nur was überprüfen.» Der junge Polizist neben ihm glotzte und hielt das Lenkrad so fest, als wolle es ohne ihn weg. Er wirkte, als sei er kaum zwanzig Jahre alt.

«Halt die Ohren steif», sagte Hanke. Der Wagen rollte wieder an, als die Haustür auf der anderen Straßenseite geöffnet wurde. Eine junge Frau kam heraus, Schwesternhaube auf dem Kopf. Sie hielt die Tür hinter sich weit offen. So konnte Otto Josefa Krahmer im Hausflur stehen sehen, als die Krankenschwester ihr die offene Tür anbot. Die Schwester drehte sich noch einmal zu ihr um, aber Frau Krahmer schüttelte den Kopf. Sie hatte genau gesehen, wer auf dem Bürgersteig wartete. Die Tür fiel zu.

Es war besser gelaufen, als Otto es sich erhofft hatte. Josefa Krahmer hatte nicht nur ihn gesehen. Vielleicht hatte sie sogar noch den Funkstreifenwagen bemerkt. Und falsche Schlüsse gezogen. Frau Krahmer hatte auch begriffen, dass Otto sie gesehen hatte. Sie, und ebenso ihr Zögern. Sie hatte unbedingt vermeiden wollen, ihm noch einmal zu begegnen. Das nächste Mal, dachte Otto, kriegte er sie.

75 | DO 17. 11. 1983

«Du bist irgendwie nicht bei der Sache.» Marion lag auf ihrem Bett, Decke bis zur Hüfte, eine Kerze brannte auf dem Nachttisch, Rotweinflasche und Gläser daneben. Draußen war es dunkel. «Musst du gleich weg?»

«Ja, das auch.» Otto kroch nackt zu ihr unter die Decke.

«Sag mir, was ist. Was sonst ist.» Marion zog die Decke über ihre beiden Leiber, bis nur noch die Köpfe herausschauten. «Es wird kalt.»

«Alles …» Otto küsste sie auf die Wange. «Die Arbeit ist anstrengend. Und wir kommen nicht zum Ziel.»

«Wie meinst du das?»

Otto setzte sich auf und zog die Decke mit sich hoch, sodass Marion ganz unter ihr verborgen war. Sie krabbelte auch hoch und guckte in Ottos grinsendes Gesicht. «Du kannst mir alles erzählen. Das weißt du, oder?»

«Hm, ich weiß. Aber ich darf ja eigentlich gar nichts sagen. War denn der Bücherdieb noch mal da?»

Marion guckte enttäuscht. «Ich hab ihn nicht noch einmal gesehen. Aber es gibt ja noch ein paar andere Buchhandlungen in Jena. Meinst du, der klaut da auch?»

«So, wie der das angestellt hat. Mit der weiten Jacke. Bestimmt.»

«Und das lohnt sich?»

«Kommt immer drauf an, was man braucht. Wir wissen ja nicht, was er sonst noch macht.»

«Du meinst, ob er irgendwo arbeitet.»

«Ich glaub nicht, dass der arbeitet.»

«Aber wie geht das?»

«Ganz sicher haben die Kollegen hier in Jena den auf dem Kieker. Die kennen den. Ich muss wirklich los.» Otto stand auf und suchte seine Unterhose. Fand sie neben dem Bett und stieg hinein.

«Und du weißt», sagte Marion und legte sich wieder hin. «Wenn du mir was erzählen willst …»

76 | FR 18. 11. 1983

Otto hatte den Donnerstag verstreichen lassen, ohne in der Lutherstraße auf Frau Krahmer zu warten. Den einen Tag gab er ihr. Er wusste, dass sie sich nach ihm umgedreht hatte an diesem Morgen. Und nicht nur einmal. Auf dem Weg zum Einkauf. Mit ihrem leeren Netz.

Zwei Minuten vor halb acht war es schon. Der Lada stand hinter der Ecke, und Otto hatte gerade noch einen freien Blick bis zur Haustür. Er versteckte sich nicht vor Josefa Krahmer, er hatte nur seinen Blickwinkel verändert. Und so wie sie ihn gestern nicht gesehen hatte, als sie das Haus verließ, so würde sie auch heute vergebens nach ihm suchen.

Es sei denn, sie dachte einen Schritt weiter.

Es sei denn, sie hatte gute Augen.

Viertel vor acht. Erwachsene und Kinder zu Fuß unterwegs. Otto musste achtgeben, dass Frau Krahmer nicht in irgendeinem Pulk verborgen war. Kurz nach acht war die Lutherstraße dann wieder leerer. Er war sich sicher, dass er Frau Krahmer nicht verpasst hatte.

Die Stimmung in der MUK war nicht gut gewesen in den letzten vier Wochen. Rolf hatte lautere Sprüche von sich gegeben als sonst. Heinz war eher einsilbig aufgetreten. Günter hatte in Besprechungen immer wieder versucht, Augenkontakt zu Otto herzustellen. Ich weiß, dass du recht hast, sagte sein

Blick. Aber was sollen wir machen, fragten seine Augen auch. Eine ordentliche Morduntersuchung würde ihnen guttun, aber so etwas konnte man sich weder wünschen noch aussuchen.

Da kam sie aus dem Haus. Kurzer Blick zur einen Seite, dann zur anderen, und Frau Krahmer war mit ihrem Einkaufsnetz auf dem üblichen Weg.

Otto startete den Lada und fuhr ihr hinterher. Heute hatte er einen klaren Plan. Am Ende der Lutherstraße war er mit dem Wagen kaum fünf Meter hinter Krahmer und folgte ihr in die Blumenstraße und die Jahnstraße bis vor das Universitätskrankenhaus. Sie ging stoisch wie ein Uhrwerk und merkte nicht, dass er hinter ihr war. Oder sie ignorierte das Motorgeräusch.

An der nächsten Ecke hielt sie kurz. Blickte sich flüchtig um und hatte den Fuß schon angehoben, um weiterzugehen, als sie sich noch einmal umdrehte, um sich zu vergewissern. Otto sah, wie ihr der Schreck durch die Glieder fuhr, als sie ihn in seinem Wagen erkannte. Sie blickte wieder nach vorn, blieb aber stehen. Dann wandte sich Frau Krahmer langsam um. Durch die Windschutzscheibe konnte Otto ihre Tränen sehen. Er stellte den Motor ab und stieg aus, nahm Josefa Krahmer am Arm, öffnete die Beifahrertür des Lada und half ihr auf den Sitz. Er fuhr los, ohne ein Ziel zu haben, während die alte Frau neben ihm hemmungslos weinte.

Erst als er an den Saaleauen gegenüber dem Stadion angekommen war, stoppte er den Wagen und wartete.

Er dauerte mehrere Minuten, bis Frau Krahmer mehrmals die Nase hochzog und in ihrem Mantel nach einem Taschentuch suchte. Sie nahm die Brille ab und fuhr sich mit dem Taschentuch über die Augen. Dann schnäuzte sie sich.

Otto schwieg. Die Zeit war auf seiner Seite.

Es dauerte einige Minuten, bis sich Frau Krahmer vorsichtig

räusperte. Er bemerkte, dass sie den Kopf zu ihm drehte. «Wollen Sie nicht etwas fragen?»

«Habe ich schon. Alles ist gefragt.»

Sie atmete tief ein und noch tiefer, bevor sie dann redete. «Ich habe nicht alles gesehen.»

«Haben Sie weggeguckt?»

Otto hörte sie schlucken. «Ich habe mich irgendwann so gesetzt, dass ich sie nicht sehen konnte.»

«Aber was haben Sie denn gesehen?»

«Wie sie den Neger verprügelt haben.»

«Und dann?»

«Dann habe ich mich auf die andere Bank gesetzt. Gegenüber.»

«Sie waren im selben Waggon?» Otto wandte sich Krahmer zu.

Leicht nickend sagte sie: «Aber ganz am anderen Ende.»

«Waren noch andere Leute im Waggon?»

Als sie nicht antwortete, sagte er: «Außer Ihnen und denen …»

«Nein.»

«Und der Schaffner?»

«Der ist gar nicht gekommen.»

«Wie viele waren das denn?»

«Die waren zu viert.»

«Vier Männer.»

«Ja. Jungens, die waren ja kaum erwachsen.»

«Und was haben Sie noch gesehen? Bevor Sie sich umgedreht haben? Wie hat das überhaupt angefangen?»

«Die sind reingekommen und zu dem gegangen.»

«Direkt? Ohne zu zögern?» Es war dunkel gewesen, dachte Otto. Vielleicht hatten sie Macamo im Licht des abbremsenden Zuges sitzen gesehen.

«Direkt. Ja.»

«Und wo war das?»

«In Schwarza.»

«Da sind die eingestiegen.»

«Ja.»

«Alle zusammen?»

«Ja, und ich glaube, die hatten etwas getrunken.»

Josefa Krahmer verschränkte ihre Hände.

«Die sind also auf den zu und haben … was?»

«Die haben den beschimpft.»

«Wie?»

«Mit Worten.»

«Ja, aber mit welchen?»

«Das … das ging alles so schnell.»

«Und dann?»

«Dann habe ich mich auf die andere Seite gesetzt.»

«Aber Sie haben gehört, was hinter Ihnen geschehen ist.»

«Sie haben den geschlagen.» Sie machte eine kleine Pause. «Sie haben den schon geschlagen, bevor ich mich umgedreht habe.»

«Ohne irgendwas zu sagen?»

«Ja.»

«Und was hat der Schwarze dazu gesagt?»

Sie nahm sich Zeit, bis sie antwortete. «‹Nein›», hat er gesagt. «‹Nein, nicht.›»

«Das war alles?»

«Ja. Dann konnte der nichts mehr sagen, glaube ich.»

Otto wartete.

«Weil die den so geschlagen haben.»

«Und dann … was ist dann passiert?»

«Ich habe mir die Ohren zugehalten.» Josefa Krahmer senkte den Blick. Otto sah Tränen auf ihren Mantel fallen.

«Was haben Sie denn noch bemerkt?»

Sie schüttelte den Kopf. «Ich habe mir doch die Ohren zugehalten.»

Otto glaubte ihr nicht. Aber das war auch nicht, was ihn gerade interessierte. Günters Rekonstruktion war ihm noch deutlich genug im Gedächtnis.

Wirklich wichtig war deshalb eine andere Sache. «Haben Sie einen von denen erkannt?»

Sie schüttelte den Kopf.

«Können Sie sie beschreiben?»

In ihrem Tränenstrom nickte Josefa Krahmer. «Einen von denen», sagte sie leise.

77 | SO, 20.11.1983

«Um diese Jahreszeit sieht das halt anders aus», sagte Otto. Sie saßen zu fünft im Lada, hatten gerade Saalfeld hinter sich gelassen und fuhren auf Schwarza zu. Es war kaum vier Uhr, aber fast schon dunkel, und es nieselte. «Ihr müsst euch das jetzt alles mal im Sommer und bei gutem Wetter vorstellen.»

Der Bungalow am Hohenwarte-Stausee, den sie sich angesehen hatten, war aus Holz und ganz gut in Schuss. Zwei etwas enge Schlafzimmer gab es, vor allem die Kinder würden zusammenrücken müssen, dafür war der Raum mit Küche und Sitzecke recht groß. Und von der Terrasse hatte man einen schönen Blick auf einen Arm des Stausees. Otto hatte schon bessere Hütten gesehen, aber nicht viele.

Birgit wandte sich zu den Kindern um. «Wenn wir da einen Bungalow haben, können wir am Wochenende hin, und ihr könnt am Wasser spielen. Und ich koche euch was Leckeres.»

«Das muss natürlich mit Mamas und Papas Arbeitszeit zusammenpassen», sagte sie noch.

«Ja … Und es ist ganz schön weit weg», sagte Otto, als ein Trabant vor ihnen am Bahnhof von Schwarza abrupt bremste. Er brachte den Lada zum Stehen und blickte dann zur Seite. Hier waren diese Kerle eingestiegen. Sechs Wochen war das schon her. Aber ein paar Dinge wusste er jetzt über sie. Über einen von ihnen jedenfalls. Was hatte er noch sagen wollen?

Ah, der Bungalow. «Das sind fast hundert Kilometer bis zum Stausee.»

Als die Straße wieder frei war, beschleunigte er den Wagen schneller als sonst. Er bemerkte Birgits Blick und ging mit dem Fuß wieder vom Gas. Die Kinder, klar.

«Und wir können dann im Sommer auch mal eine Woche oder zwei dableiben», sagte Birgit noch. «Da können wir Urlaub machen und müssen gar nicht zurück nach Hause.»

«Wenn wir beide Urlaub haben», sagte Otto und bemerkte, dass er doch wieder über der erlaubten Geschwindigkeit fuhr. Es war nicht viel los auf der Landstraße hinter Rudolstadt. Und er hatte gerade einen Plan gefasst. Dafür musste er seine Familie rechtzeitig zu Hause abliefern. Birgit hatte sich nach hinten gebeugt und war mit den Kindern beschäftigt, also beschleunigte er noch etwas. Eine Viertelstunde etwa, und sie wären zu Hause. Dann hat er noch genug Zeit, um zurückzufahren. Der erste der Züge, die in Saalfeld starteten, sollte kurz nach 17 Uhr in Schwarza halten. Das sollte er schaffen.

78

«Manchmal denke ich, dass du eine Geliebte hast», hatte Birgit gesagt, als die Kinder schon auf die Haustür zugerannt waren. «Aber ich weiß ja, wie wichtig deine Arbeit ist.» Dann hatte sie ihm einen Kuss gegeben. Mit Zunge, das hatte sie lange nicht getan. Otto hatte sich überrumpelt gefühlt und nicht gewusst, was er tun sollte. Er hatte den Kuss erwidert und war davongefahren.

Es regnete und er musste vorsichtig sein. Kurz stellte er sich vor, mit dem Wagen von der Straße abzukommen. Wie ihn das in Erklärungsnot bringen würde. Und? Was hast du da gemacht um diese Zeit? Er würde noch genug zu erklären haben, wenn er denen wirklich auf die Spur kam. Darüber hatte er sich noch gar keine Gedanken gemacht. Aber das war ein Problem von morgen. Oder übermorgen. Oder noch später.

Der Parkplatz vor dem Bahnhof in Schwarza war fast leer. Otto rannte auf den Bahnsteig. Es war sechs Minuten vor fünf. Er sah auf dem Fahrplan, dass der Zug in elf Minuten abfuhr. Wenn er pünktlich war.

Im Moment war Otto noch allein. Aber er hörte schon einen Wagen bremsen. Türen klapperten, der Motor wurde wieder lauter. Ein Mann in seinem Alter erschien und zündete sich ein paar Meter neben ihm eine Zigarette an. Er sah aus wie ein Repräsentant der Partei. Untere Ebene, stramme Haltung, blonder Schnurrbart unter großer Nase. Der blaue Anzug war den ganzen Tag getragen worden und hatte schon ein paar Regentropfen abgekriegt. Polizist konnte er auch sein. Aber dann würde er ihn kennen. Ein zweiter Mann erschien, schwer, nasse Schultern und Tropfen auf der fast nackten Schädelplatte. Seine Kunstlederjacke war an der Hüfte zu eng.

Der Zug fuhr ein.

Während der Schwere die drei Waggons mit den Augen absuchte, starrte der mit dem Anzug vor sich hin. Er wartete, bis der Zug stand, dann überbrückte er mit einem Schritt den Abschnitt am Gleis, der nicht überdacht war, öffnete die Tür und war drinnen verschwunden. Eine junge Frau stieg aus dem Zug, winkte dem Mann mit der Kunstlederjacke zu. Die beiden umarmten sich und gingen nach draußen. Der Zug fuhr wieder ab.

Von den vieren hatte Josefa Krahmer einen beschreiben können. «Manchmal fahren wir ein paar Wochen lang jeden Sonntag ein Stück zusammen.»

Er stieg immer in Schwarza ein und immer in Göschwitz

aus. Frau Krahmer saß dann stets schon im Zug, wenn er seine Fahrt antrat, und sie blieb noch ein paar Minuten lang sitzen, wenn er den Zug schon verlassen hatte. Und manchmal, wenn sie nicht den Abendzug um 20.53 Uhr nahm, sondern einen früheren, dann hatte sie ihn auch dort drin gesehen. Aber nur manchmal. Sie nahm ja auch meistens den späten Zug. Und nein, sie grüßten sich nicht. Sie hätte es vielleicht getan, hatte sie gesagt, aber der junge Mann beachtete sie gar nicht. Sie war ja auch nur eine alte Frau.

Ihre Beschreibung war etwas vage. Groß sollte er sein.

«Größer als ich?», hatte Otto gefragt.

Frau Krahmer hatte genickt und ihre Augen weit geöffnet. Gut, also deutlich größer.

Eher dreißig als zwanzig.

«Auf wie alt schätzen Sie mich?», hatte Otto gefragt.

Sie hatte geguckt und die Nase hochgezogen. «34?»

Das war gut, zwei Jahre zu viel, aber gut geschätzt.

Schlanke, vielleicht dürre Gestalt. Die Haare kurz.

«Wie kurz?», hatte Otto gefragt.

«Na, kurz eben.»

«So wie ich?»

«Nein, kürzer.» Dann hielt sie Zeigefinger und Daumen recht eng zusammen.

Bart?

Nein, eher nicht. Noch einmal nachdenken. Nein, kein Bart, ganz sicher nicht. Nur … sicher nicht gut rasiert.

Augen?

Phhhhh.

Das Gesicht?

«Ja, da war etwas», hatte sie gesagt.

Und Otto hatte gewartet. Ihr stumm eine Zigarette angeboten, die sie ablehnte. Und selbst hatte er auch nicht geraucht.

Frau Krahmer hatte eine Minute oder mehr gebraucht. «Da fehlt etwas.»

Otto hatte ihr Zeit gegeben.

Und noch ein bisschen später hatte sie ihn angesehen und gesagt: «Das Ohrläppchen ist es.» Sie hatte sich mit der rechten Hand an das linke Ohr gefasst, kurz innegehalten und dann das andere zwischen zwei Finger genommen.

Also rechts.

«Es fehlt.»

«Es ist nicht da?», hatte Otto gefragt.

«Nicht da …»

Der D-Zug Richtung Jena raste durch den Bahnhof.

«Das war der, der zuerst reingekommen ist», hatte Frau Krahmer gesagt.

Und dann noch: «Der hat dann auch sofort geschlagen.»

Otto ging unter dem Vordach auf und ab und rauchte eine Zigarette nach der anderen. Nicht mehr ganz eine halbe Stunde bis zum zweiten Zug des Abends.

Auf dem anderen Gleis hielt der Zug in Richtung Saalfeld. Ein paar Leute stiegen aus, niemand ein. Der Regen ließ nach.

Der Mann ohne rechtes Ohrläppchen war normalerweise allein unterwegs. Egal zu welcher Uhrzeit. Die anderen aus der Gruppe waren sonst nicht bei ihm. Und nein, sie wusste nicht, was er in Schwarza machte. Oder ob er in Schwarza oder in Jena lebte. Wie auch. Die beiden redeten ja nicht miteinander. Aber sie hätte ja etwas bemerkt haben können, ein Wort gehört vielleicht, einen Hinweis, dachte Otto, als er sie trotzdem fragte. Etwas, das auf die eine oder die andere Stadt hinwies.

Gut zehn Minuten noch bis zum nächsten Zug. Der Bahnsteig war und blieb leer. Der Zug kam und fuhr ab. Zwei Leute stiegen aus. Otto ging zum Lada, setzte sich hinein, drehte die Scheibe herunter und rauchte.

Wenn jemand, auf den die Beschreibung zutraf, auftauchen sollte, würde er in den Zug steigen. Und wenn nicht ... Er zog die Schultern zusammen und machte die Augen zu. Als er aufwachte, war es nach acht. Fast eine Stunde noch. In der Zwischenzeit musste ein Zug in die andere Richtung gefahren sein.

Ein anderer würde gleich ohne Halt durchfahren nach Saalfeld, das war der D-Zug. Und genau, da kam er schon.

Eine Familie mit drei Kindern erschien im Rückspiegel. Reisetaschen und Beutel, die beiden Kinder schleppten wie die Erwachsenen. Otto stieg aus und vertrat sich die Beine. Ein Schluck wäre genau das Richtige. Um wach zu werden. Um wachsam zu werden.

Es irritierte ihn, dass er nicht über den Fall reden konnte. Sie trugen immer alles zusammen in der MUK. Zuerst redete der eine, dann der andere. So ergab sich mal langsamer und mal schneller das Bild eines Falles. Es war so nützlich, den anderen die eigenen Erkenntnisse und Ideen mitzuteilen. Schon im Reden wurden die Konturen deutlicher sichtbar. In den Kommentaren und Nachfragen umso mehr.

Und jetzt?

Jetzt stand er allein auf dem Bahnhof in Schwarza. Er suchte einen Mann, den er nicht zur Fahndung ausschreiben konnte, weil ihr Fall kein Fall mehr war.

Eine zweite Familie kam fast rennend zum Bahnhof. Otto hatte gar nicht auf die Uhrzeit geachtet. Es war vier Minuten vor neun, und er konnte den Zug schon hören.

Der Mann, den er suchte, war nicht aufgetaucht.

Hätte er ihn erkannt? Aus der Nähe ganz sicher.

Otto ließ den Zug losfahren und wartete noch zwei Minuten ab, falls der Mann zu spät kam. Dann startete er den Lada.

Er war frustriert.

79 | DO 24. 11. 1983

Die Mittagssonne war ungewöhnlich warm für den späten November, und Otto suchte nach seiner Sonnenbrille, bevor er aus dem Lada ausstieg. Von der MUK war er der Erste vor Ort. Günter hatte noch auf Heinz gewartet, die beiden würden bald ankommen. Rolf hatte einen Termin gehabt und würde sicher auch irgendwann auftauchen. Und Konnie verlebte seine letzten Urlaubstage an der Ostsee.

Ein Schutzpolizist wartete, wo sich Zaun und Straße trafen, und wies ihm die Richtung. Der Finger zeigte am Zaun entlang, der vielleicht zweihundert Meter lang war. «Und dann noch um die Ecke. Da ist es dann.» An jener Ecke erkannte Otto eine andere Gestalt in Uniform.

Er wusste, dass er gleich einen toten Jungen sehen würde. Mehr hatte er aus der Polizeistation in Neustadt nicht erfahren. Hier am Zaun um die Schweinemastanlage in Weira war ein dünner Pfad zwischen festem Maschendraht und Waldrand, den Leute getrampelt hatten. Es roch streng nach Scheiße und Dung und so gar nicht nach Wald, und aus dem Inneren der Hallen hinter dem massiven Zaun kam das ununterbrochene Röcheln der Tiere. Ein Arbeiter in Kittel und Mütze stand zwischen den Hallen und glotzte ihn an.

Der uniformierte Genosse, der an der Ecke des Zaunes wartete, rührte sich nicht, als Otto sich näherte. Erst als er nur noch ein paar Meter entfernt war, wandte er sich zu ihm und bewegte den Arm. «Dahinten», sagte er steif und zeigte auf einen Ort, den Otto erst sah, als er den Schutzpolizisten erreicht hatte. Waldrand, wie rund um die ganze Anlage, einige geknickte Bäume. Mehrere Polizisten standen da. Otto zählte, es waren fünf. Einer sah ihn an, wie er zu ihnen stapfte, um zu der Gruppe und zum Auffindungsort zu kommen, die anderen hatten die Köpfe gesenkt.

Niemand von ihnen sagte auch nur ein Wort. Nur der, der ihn angeschaut hatte, ein Hauptwachtmeister, drehte sich und zeigte auf eine Stelle, einige Meter von ihrem Standort entfernt.

Otto stieg vorsichtig über ein paar Baumstümpfe. Als er eine kleine Erhebung unter seinen Füßen spürte, stellte er sich darauf, reckte den Hals und sah nackte Füße und Beine hinter dem Holz liegen. Und sein Geschlecht. Da waren nur wenige Haare unter dem Bauch, der Junge musste sehr jung sein. Einen halben Schritt machte Otto nach vorn, dann noch einen. Ganz friedlich lag er da. Wenn er nicht so nackt gewesen wäre, dachte er, dann hätte man ihn für schlafend halten können. Er suchte nach Wunden und Blut und Verletzungen der offensichtlichen Art, sah aber keine.

«Wer hat den gefunden?», fragte er in die Gruppe hinein.

«Die alte Frau Peukert mit dem Hund», sagte der Hauptwachtmeister. «Sie hat sich gewundert, dass der Hund nicht zurückkommt. Und da …» Er hob kurz die rechte Hand und drehte sie ein wenig, als würde das erklären, warum Frau Peukert dem Hund hinterhergegangen war.

An der Ecke des Zaunes tauchten Heinz und Günter auf. Günter mit seinem Koffer. Otto war erleichtert, sie zu sehen. Die beiden staksten grußlos zu ihnen hin. Als Heinz den Toten sah, verzog er das Gesicht. «So jung», sagte er. «Weiß man irgendwas?», fragte er und sah sich um.

Ein Schwein quiekte, als würde es gewürgt. Günter betrachtete den toten Jungen und blickte dann wortlos zu dem Schweinemastbetrieb hinüber, als bestünde ein Zusammenhang zwischen dem Quieken und dem Mord. Denn ein Mord musste es sein. So junge Menschen starben nicht einfach. Und wenn, dann hatten sie gewöhnlich etwas an.

80

«Der Junge sollte in der Schule sein», hatte jemand in Ottos Rücken gesagt, als sie die Polizeistation in Neustadt betraten. «Eigentlich», hatte die Person noch hinzugefügt.

Aber er hatte stattdessen am Waldrand gelegen und war mittlerweile nach Gera abtransportiert worden. Irgendetwas war offensichtlich falsch an der Annahme des Polizisten. Rolf war zu der Gruppe gestoßen, die in einem kleinen Raum im Neustädter Polizeigebäude saß. Heinz hatte sie davon unterrichtet, dass sie vorerst die Ermittlungen von Gera aus führen würden. Und Günter fasste zusammen, was er gesehen hatte.

Der Wind legte eine Ahnung von Schweinescheiße über das ganze Städtchen. Otto rümpfte die Nase und betrachtete die Kollegen, denen das nichts auszumachen schien.

Noch vor einer abschließenden Bewertung der Spuren in der Umgebung sagte Günter, dass der Junge, der Ulf Weimer hieß und zwölf Jahre alt gewesen war, keinerlei oberflächliche Anzeichen von Gewalteinwirkung aufwies. Er vermutete, dass dem Jungen die Luft zum Atmen genommen worden war. Kleidung war nicht gefunden worden, auch nicht in der Umgebung des Auffindungsortes, der, das sagten alle, etwas abseits gelegen sei. «Da kommt sonst niemand hin», sagte er. «Außer mit dem Hund.»

Der Junge war nicht vermisst gemeldet, aber am Vorabend zum letzten Mal gesehen worden. Die Eltern waren bekannt in Neustadt, sie galten als verwahrlost. Trotzdem war der Junge meistens zur Schule gekommen. «Viel hat nicht gefehlt, und die Kinder wären denen abgenommen worden», sagte Günter. «Da ist noch eine jüngere Schwester. Aber man kennt die halt hier. Eine Kleinstadt. Da agieren die Genossen anders als in einer großen Stadt wie Gera oder Jena.»

«Das hätte wohl mal längst passieren sollen.» Rolfs erste Meldung an dem Morgen. «Wie machen wir denn hier weiter?»

«Die Eltern sitzen hier in einem Raum», sagte Heinz. «Die kannst du übernehmen.»

Rolf nickte.

Heinz redete weiter. «Die Schutzpolizei befragt schon die Leute in der Nachbarschaft von dieser Familie Weimer. Wir gehen in die Schule. Die Klasse von Ulf wartet da in der POS auf uns. Die haben sie erst mal dortbehalten, das hatte ich so vorgeschlagen. Wenn die Eltern verstockt sind, dann können uns die Klassenkameraden sicher mehr erzählen.»

«Hat denn irgendwer einen Hinweis darauf, mit wem der Junge unterwegs war?», fragte Otto. «Ich habe dazu bislang nichts gehört.»

«Wer arbeitet denn in der Mastanlage?», fragte Rolf.

«Leute aus der Stadt», sagte Günter. «Da werden nicht so viele gebraucht. Die Tiere müssen ja nur wachsen. Und dafür müssen sie ab und zu mal gefüttert werden. Mehr nicht.»

«Irgendwer wird irgendetwas gesehen haben», sagte Heinz. «Das ist doch immer so. Und da setzen wir dann an.»

81 | SO 27. 11. 1983

Otto drehte das Fenster des Lada herunter und warf den Zigarettenstummel hinaus. Es waren keine fünf Kilometer mehr bis Schwarza. Die letzten Tage waren frustrierend gewesen. Niemand hatte den Jungen an der Schweinemastanlage gesehen. Und wenn, dann hatte es niemand erzählt. Mehrere Vertreter westdeutscher Fleischfirmen hatten sich am Mittwoch und Donnerstag in der Gegend aufgehalten. Zwei von denen hatten sie auch noch in Hotels in Gera angetroffen. Sie hatten nichts zu erzählen gewusst, das ihnen helfen konnte. Die anderen beiden waren schon hinter der Grenze. Soweit es die MUK in Erfahrung bringen konnte, lag gegen die zwei Männer im Westen nichts vor.

Der Parkplatz vor dem Bahnhof war leer bis auf einen Wartburg-Kombi, in dem Otto ein paar leere Bierkisten sah. Es war zehn vor fünf, als er auf den Bahnsteig kam, und dieses Mal war er nicht allein. Vier junge Soldaten waren da, auf dem Weg zu ihrer Kaserne, die bei Rostock sein mochte oder wo auch immer. Wenn sie auf dem Weg dorthin waren, würden sie in Jena in den D-Zug umsteigen. Zwei der Soldaten wurden von ihren Eltern begleitet. Nachdem Otto sich eine weitere Zigarette angezündet hatte, ging er zurück zum Wagen und holte den Flachmann mit dem Weinbrand aus dem Handschuhfach. Er ließ einen kräftigen Schluck über die Zunge laufen.

Auch im Dörfchen Weira, nur ein paar hundert Meter vom Auffindungsort entfernt, und in Neustadt, einen Kilometer weit weg, hatte niemand den Jungen gesehen. Nicht am Morgen und nicht am Mittag. Als die Frau mit dem Hund unterwegs gewesen war, hatte der Junge möglicherweise noch keine zwei Stunden dort gelegen. Auch die Arbeiter der Schweinemastanlage waren befragt worden, dazu noch drei Fahrer, die Tiere zum Schlachthof in Saalfeld gefahren hatten, ein Veterinär, der für mehrere Mastbetriebe im Bezirk zuständig und am Donnerstagmorgen vor Ort war, ebenfalls. Ein Futtermittelfahrer war ihnen entgangen, als er am Freitag in den Urlaub in der Tschechoslowakei gestartet war. Er war nicht verdächtig, aber vielleicht hatte er etwas gesehen. Und dann hatten sie auch noch einen hochrangigen Genossen befragt, den stellvertretenden Vorsitzenden der SED im Bezirk. Er war an diesem Donnerstagmorgen für ein Planungsgespräch in der Anlage gewesen. Aber er war sowieso über jeden Verdacht erhaben.

Der Zug kam, die Soldaten stiegen ein, die Eltern verschwanden. Der nächste Zug hielt, die drei Leute, die gekommen waren, kletterten hinein, niemand kam heraus. Otto ging zum Lada und setzte sich hinter das Steuer. Zuerst zog er an einer frischen Zigarette, dann holte er den Flachmann wieder hervor. Er war besser vorbereitet als am letzten Sonntag.

Wie viel Zeit hatte er noch? Genug, um sich ein wenig auszuruhen. Er legte die Flasche auf den Beifahrersitz und döste. Der Junge am Waldrand kam ihm in den Sinn, wie es immer war, wenn er gerade einen toten Menschen gesehen hatte. Das Bild brennt sich eben ein, dachte Otto wieder. Wolf, der alte Kollege, bei dem er noch viel gelernt hatte, bevor er in den Ruhestand gegangen war, hatte immer betont, wie wichtig dieses Gefühl war angesichts des Unrechts, das einem anderen zugefügt worden war. «Das nennen sie nicht so in der Ausbildung, aber das ist eine der Grundlagen des Gesellschaftsvertrags in der Deutschen Demokratischen Republik.» So hatte er es gesagt. Er hatte nie DDR gesagt, auch dann nicht, wenn er in Eile gewesen war. Immer Deutsche Demokratische Republik. Ihm hatte das etwas bedeutet. Eine der Grundlagen war, das hatte er ein paarmal gesagt, dass man das Gefühl umsetzt, das man empfindet, wenn man einen Menschen sieht, der nicht tot sein sollte. Und dann hatte er immer das mit dem Gesellschaftsvertrag betont. «Die Leute haben ein Anrecht auf Sicherheit, deshalb geben wir ihnen Arbeit. Ihnen allen. Aber sie haben auch ein Anrecht auf diese andere Art von Sicherheit. Deshalb müssen sie wissen, dass wir einen Mord sehr, sehr schnell aufklären wollen und auch können. Das ist eines unserer Versprechen an sie.» Wolf hatte auch noch einen Philosophen zitiert, der das mit dem Gesellschaftsvertrag mal vorgebracht hatte. Aber Otto hatte vergessen, welcher von denen es gewesen war. Das war nicht seine starke Seite. Er schloss die Augen. Ganz kurz.

Ein Wagen bremste scharf neben dem Lada, und Otto wurde aus dem Schlaf gerissen. Der Mann, der aus der Beifahrertür des Škoda kletterte, war groß, so viel begriff er gerade noch. Auf seinem Rücken wippte ein grüner Rucksack. Otto schüttelte sich und drehte das Autofenster hoch. Dann rannte er dem Mann hinterher. Er sprang in die gleiche Zugtür wie der Mann und holte erst Luft, als der Zug losfuhr.

82

Der grüne Rucksack hing vor Ottos Nase, während der Zug an Geschwindigkeit gewann. Sein Träger drehte sich herum.

«Glück gehabt», sagte er.

«Ja.» Otto meinte das anders als der Große. Er hatte tatsächlich Glück gehabt, dass er noch rechtzeitig aufgewacht war. Wenn es nicht diese quietschenden Bremsen gegeben hätte, würde er vielleicht immer noch schlafen. «Und was für ein Glück», sagte er. Milde Zustimmung ist etwas, das man schnell vergisst. Dreh dich weg, aber nicht zu schnell.

Der große Mann trug eine blaue Arbeitsjacke und einen roten Rollkragenpullover. Aber was Otto wirklich interessierte, war etwas ganz anderes.

«Fast hätten Sie den Zug verpasst, oder?»

Er hatte es komplett versaut. Der Große stand jetzt frontal vor ihm. Genau die Situation, die er hatte vermeiden wollen. Um jeden Preis.

«Ja, aber ist noch einmal gutgegangen.» Otto starrte noch kurz auf das rechte Ohrläppchen. Oder eher dahin, wo es fehlte. Dann drehte er sich langsam um und öffnete die Tür zu einem Waggon. Der Große hakte nicht nach. Otto hörte dessen Schritte in die andere Richtung verschwinden und setzte sich mit dem Rücken zur Tür. Am anderen Ende des Waggons bemerkte er zwei blonde Schöpfe, mehr konnte er nicht erkennen, andere Leute sah er nicht.

Der Zug hielt bald wieder, in Rudolstadt. Auf dem Gleis konnte Otto eine kleine Gruppe ausmachen, die hinter ihm einstieg und den Waggon betrat, in dem der Große saß. Niemand kam in seinen Waggon.

Otto wechselte die Position. Der Zug fuhr wieder ab. Er hatte den Mann gefunden, den er suchte.

Der Zug startete gerade in Orlamünde, zwei Arbeiter kamen in den Waggon, setzten sich schräg hinter ihn und begannen laut zu reden. Otto stand auf und ging zum Bereich zwischen den Waggons.

Durch das Glas der Schiebetür war nur der Kopf des großen Mannes von hinten zu sehen, der über den Sitz hinausragte.

Otto zog sich auf die Toilette zurück. Er wusch sich das Gesicht und pinkelte und wusch sich das Gesicht noch einmal. Was für ein Fehler, so tief zu schlafen. Und was für ein zweiter Fehler, dem Zielsubjekt physisch so nah zu kommen.

Sie hatten es aber auch ganz anders gelernt in der Ausbildung. Niemand war je allein auf so einer Mission. Übergeben war die Devise bei jeder Beschattung.

Die Klinke wurde gedrückt. Dann klopfte es an der Tür. Hoffentlich war das nicht sein Mann. Er musste ihm nicht schon wieder gegenübertreten. Er konnte sich taub stellen. Aber es klopfte schon wieder. Lieber schnell raus aus der Toilette, als dem Großen eine weitere Möglichkeit zu geben, sich an ihn zu erinnern. Er räusperte sich vernehmlich und drückte die Spülung. Dann öffnete er die Tür. Einer der Arbeiter aus Orlamünde stand dort. Otto atmete aus. Gleich sollten sie schon in Göschwitz einfahren.

83

Es machte nicht viel Mühe, an ihm dranzubleiben. Der Große bewegte sich so langsam auf der Rudolstädter Straße, dass Otto den Eindruck hatte, er wollte gar nicht nach Hause. Oder wohin er auch immer unterwegs war. Gleich hatten sie schon das alte Winzerla erreicht. Dahinter waren in der Dunkelheit die sechsstöckigen Häuser des Neubaugebiets zu sehen.

Umgedreht hatte sich der Mann noch nicht, seit sie den Zug verlassen hatten. Die Arme schwangen gleichmäßig neben dem Körper, synchron mit den Bewegungen der Beine, die in bis über die Knöchel aufgekrempelten Jeans steckten. Waren die aus dem Westen? Es war zu dunkel, um das zu erkennen. Und die Schuhe, die fielen auf. Waren die genäht? Es war ein dunkles Rot, das er noch nie an Schuhen gesehen hatte. Militärisch sah das aus, wie er sich bewegte, dachte Otto. Der Kerl marschierte nicht wie ein Soldat, aber er hatte es irgendwann gelernt. Und nicht nur das, es wirkte so, als habe er es gemocht.

Seine Füße beschrieben beim Gehen einen kleinen Halbbogen über dem Boden. Da konnte man noch an der Effektivität der Bewegungen arbeiten. Aber beim Auftreten gab er dem Fuß eine Extraportion Schwung mit. Da war ganz schön Kraft drin, in dem dünnen Körper. Man ging ihm aus dem Weg, wenn man ihn auf sich zukommen sah, und er war daran gewöhnt.

Ohne sich umzublicken, überquerte der Mann die Straße. Otto ließ einen schwarzen Wolga vorbeiziehen. Hoffentlich sitzt kein Funktionär darin, der mich kennt, dachte er kurz, als er dem Wagen hinterherschaute. Den alten Ortskern hatten sie fast schon hinter sich gelassen.

Otto verbarg sich hinter einem Trafohäuschen, als er dem Mann zu nah gekommen war. Er drückte sich an die Wand und wartete einige Sekunden. Als er sich wieder abdrückte, bemerkte er an der Wand einen mit einem Stift gemalten Penis. Eigentlich nur drei Bögen, Andeutungen in Form, aber jeder wusste, was gemeint war. Wer machte denn so etwas?

Der große Mann hatte die Straße längst verlassen und lief über einen Trampelpfad, um in die neue Siedlung zu gelangen. Die Häuser waren längst fertiggestellt, aber von der Infrastruktur fehlte noch ein wenig. Das dauerte manchmal. Es gab eben Prioritäten.

Als der Rucksack in einer Haustür verschwand, erinnerte sich Otto. Hier war er erst vor kurzem gewesen. Das Haus, das der Große betreten hatte, befand sich genau in dem Teil Winzerlas, in dem der verdammte Radunek seine Frau die Treppe hinuntergestoßen hatte. Ein Haus weiter nur war das geschehen. Da vorn hatte er damals den Lada abgestellt.

84 | MO 28. 11. 1983

Der Wochenbeginn war von seltener Ratlosigkeit geprägt. In der Morduntersuchungskommission gab es immer einen Hinweis, immer eine Idee, immer einen Weg, der sich auftat.

Nicht an diesem Montag. Rolf und Günter übernahmen die Aufgabe, einen Mann in Triptis zu überprüfen, der vor zwei Jahren einmal aufgefallen war. Er hatte vor einem Kindergarten gestanden und seine Hand so lange im Hosenschlitz gehabt, bis die Funkstreife gekommen war. Er hatte gesagt, er wollte nur pinkeln, aber konnte nicht erklären, warum er dann so lange vor dem Kindergarten gestanden hatte, wo seine Wohnung doch nur ein paar Minuten entfernt war.

Weil er oft keine Arbeit hatte, war er immer einer der Ersten, die man überprüfte, sobald es um irgendetwas mit Kindern ging. Und das war ja auch richtig. Irgendwo musste man ja anfangen. Otto hatte allerdings keine Hoffnung, dass diese Spur zu etwas führen würde. Und er war froh, nicht in Begleitung von Rolf zu sein. Ihm war es zuzutrauen, dass er den Mann mit der Hand im Hosenschlitz so heftig anging, dass er gestand. Und zwar egal was.

Otto war auf dem Heimweg und fragte sich, wie er weiter vorgehen sollte. Gleich musste er schon abfahren von der Autobahn. Konnie und er hatten tagsüber ein paar Leute aufgesucht, die irgendwann wegen verschiedener Sittlichkeitsdelikte aufgefallen waren. Alle hatten nachweisen können, wo sie am Mittwoch und Donnerstag gewesen waren. Auf der Arbeit natürlich.

Ein Genosse vom MfS aus Berlin, der darauf spezialisiert war, sich um Kontakte mit den Westbehörden zu kümmern, war auch auf den Fall angesetzt worden. Immerhin waren Leute aus dem Westen in Weira gewesen. Aber das würde dauern. Der Westen antwortete nicht sofort.

Auf dem Heimweg dachte Otto an Heiko Silber. Es hatte ihm keine Mühe bereitet, den Namen des Großen herauszufinden. Er war der Einzige in dem Haus in Winzerla, der je polizeilich aufgefallen war. Vor fünf Monaten war er auf einer Wache in Jena zum ersten Mal zugeführt worden. Wegen Rowdytums.

Einen Monat später dasselbe. Rowdytum. Dieses Mal geschehen in Erfurt. Und dann wieder zwei Wochen danach. Immer am Wochenende. Immer mit anderen in der Gruppe. Alkohol und Schlägereien. Ein viertes und letztes Mal war Silber am 9. Oktober in Schwarza zugeführt worden. Das war am Nachmittag gewesen, bevor Teo Macamo ermordet worden war.

Das Gleiche wie immer. Ein Gruppe junger Männer. Viel Alkohol. Am Ende eine Prügelei in der Innenstadt. Die Unterlagen stellten das nicht so deutlich dar. Und die andere Gruppe schien Reißaus genommen zu haben, niemand von ihnen war als Zeuge aufgetaucht. Aber der Wirt einer Gaststätte hatte ausgesagt, dass unter denen, die abgehauen waren, auch zwei Algerier gewesen waren. Andere Zeugen hatten das bestätigt.

Silber und drei andere würden sich dafür verantworten müssen. Rowdytum war ein ernstes Delikt. Auf der anderen Seite war Heiko Silber nie zu spät auf seiner Arbeitsstelle erschienen, dem VEB Holzbehälterbau in Jena. Das würde man ihm anrechnen. Und man wollte ja auch so eine junge Familie nicht zu sehr belasten. Silber und seine Frau Beate hatten zwei kleine Kinder.

Otto überlegte, wie er vorgehen sollte. Gleich wurde es dunkel. Da konnte er sich irgendwo in Winzerla auf die Lauer legen, wenn er nur dem Abschnittsbevollmächtigten aus dem Weg ging. Er fuhr durch Lobeda hindurch und war schnell auf der Brücke, die ihn über die Saale brachte.

So viel war ihm klar. Silber war sein Mann. Der 9. Oktober war der Tag, an dem Teo Macamo ermordet worden war. Und Silber hatte den Zug nach Jena genommen an jenem Abend. Zusammen mit drei anderen.

85 | DO 1. 12. 1983

«Er ist erstickt.» Günter saß über seinen Zettel gebeugt und referierte. «Das wissen wir jedenfalls. Druckstellen an der Nase und über der unteren Gesichtshälfte. Und er ist ausgezogen worden», er sah kurz auf, «oder hat sich ausgezogen, bevor er gestorben ist.»

«Dann ist das also», Rolf redete in Günters Satz hinein, «was Sexuelles.»

«Du weißt so gut wie wir alle, dass wir dazu mehr brauchen.» Günter rückte seine Lesebrille zurecht und starrte über ihre Ränder hinweg Rolf an.

«Du weißt aber auch, dass wir mit dem, was wir haben, arbeiten müssen.» Rolf zog seine Mundwinkel kurz hoch.

«Ja, Rolf, danke», sagte Heinz und stand von seinem Platz auf. «Das haben wir ja gerade auch alles gehört. Wenn der Junge nicht die ganze Nacht da gelegen hat, dann muss er irgendwo die Nacht verbracht haben, angezogen oder nackt, freiwillig oder nicht. Nur wissen wir dazu eben gar nichts. Er ist zuletzt am Abend gesehen worden. Und da müssen wir weiter ansetzen. Vorschläge?», sagte er, stand auf und fing an, hinter seinem Schreibtisch auf und ab zu gehen.

Otto setzte sich auf. «Es ist so früh dunkel, halb fünf oder so, und da ist so viel Wald, der kann überall gewesen sein. Bei einem Freund … Na gut, dann hätte sich der gemeldet. In einem Garten oder einem Bungalow. Da gibt es ja ein paar. Und es wird ja auch erst nach halb acht morgens hell. Das ist eine lange Zeitspanne. Fünfzehn Stunden. Wir müssen da ansetzen, wo wir ihn zuletzt haben. Und das ist …»

«Wir müssen einfach weitersuchen.» Heinz blieb beim Reden stehen. «Das ist ein Junge. Der muss doch aufgefallen sein. Ein Kind verschwindet nicht.»

Aber gesehen hatte ihn auch niemand, den Jungen, dachte Otto. Oder nichts darüber erzählt.

86

«So schnell bist du noch nie gekommen.» Marion saß auf Otto und griff hinter sich. Sie zog die Decke über ihre Schultern und beugte sich nach vorn, um ihn zu küssen.

«Tut mir leid.» Otto drehte den Kopf zur Seite und hielt die Wange hin. «Wirklich.»

«So etwas gibt es.»

«Soll nicht.»

«Passiert aber. Hab ich schon erlebt.»

Otto sah Marion in die Augen. «Hast du?»

«Hmhm.» Marion löste sich von Otto und legte sich neben ihn. «Aber du kannst das schon kontrollieren. Oder? So ein bisschen …»

«Ein bisschen. Ja.»

«Musst du dann an was Schlimmes denken, wenn du noch nicht kommen willst?»

«Ach, hör doch auf …»

«Es interessiert mich eben.»

Nur wegen Marions Frage erschienen Otto diese Bilder von dem toten Jungen. Er starrte an die Decke.

«Das muss dir nicht peinlich sein.» Marion streichelte seine Brust. «Oder ist es genau umgekehrt? Wenn du unkonzentriert bist …» Ihre Hand ruhte. «Hast du Ärger auf der Arbeit? Ein Fall?»

«Ein Fall.» Otto starrte immer noch an die Decke. «Wir haben da überhaupt keinen Ansatzpunkt. Wirklich nichts. Das hab ich noch nie erlebt.»

«Aber du darfst natürlich nicht darüber reden.»

«Ach …» Otto drehte sich zu Marion. «Da ist ein Junge, der ist eine ganze Nacht verschwunden gewesen. Und dann am nächsten Tag tot gefunden worden. Und wir wissen nicht, wo er war. Dabei haben wir in den letzten Tagen das Dorf auf den Kopf gestellt.» Er fuhr mit der Hand zwischen Marions Beine, um sie zu streicheln.

«Jetzt ist's zu spät dafür.» Marion zog seine Hand weg.

Otto legte sich wieder auf den Rücken.

«Komm», sagte Marion, fasste Otto an die Nase und drehte den Kopf wieder zu sich. «Red mit mir.»

«Eigentlich ist es was ganz anderes.»

«Birgit.»

«Nein.»

«Du willst Schluss machen.»

«Nein.» Otto lachte. «Es ist ein ganz anderer Fall.» Er blickte in Marions Augen.

Warten.

«Ein anderer Fall. Ich hab dir ganz kurz davon erzählt. Der Mosambikaner.»

«Den habt ihr abgeschlossen, oder?»

«Ja. Ich kümmere mich aber noch um ein paar Sachen.»

«Sachen.»

Otto erzählte Marion von den letzten Abenden. Wie er Heiko Silber gefolgt war. Einmal bis zu einer Wohnung in Lichtenhain. Da wohnte einer, der genau wie Silber schon wegen Rowdytums aufgefallen war. Am nächsten Abend hatte er dann vergeblich gewartet. Entweder war Silber zu Hause geblieben oder er war gar nicht erst in Winzerla erschienen nach der Arbeit. Irgendwann war Otto das Warten leid gewesen. Und am Vortag war Silber schon wieder in Lichtenhain gewesen. Das Interessante daran war, dass der junge Mann, der dort noch bei seinen Eltern lebte, am 9. Oktober auch bei der Keilerei in Schwarza dabei gewesen war. Otto hatte das überprüft.

«Und?», fragte Marion, als er aufgehört hatte zu reden. «Was bedeutet das?»

«Ich weiß es noch nicht.»

«Aber du wirst es nicht auf sich beruhen lassen.»

Otto schüttelte den Kopf und küsste Marion.

87

Der Lada stand so, dass Otto den Eingang des Hauses im Rückspiegel sehen konnte. Der Wagen zeigte wie die neben ihm mit der Front auf die gegenüberliegenden Gebäude, fünf plus eins. Er zog nur an seiner Zigarette, wenn niemand in der Nähe war, damit niemand das Glühen sehen konnte. Der Abschnittsbevollmächtigte war außer Dienst. Doch wer hatte wirklich jemals frei, wenn es darum ging, den Sozialismus nach vorn zu bringen? Niemand wollte sich mangelnde Wachsamkeit nachsagen lassen.

Es war schon fast eine halbe Stunde her, dass er einen schmalen Jungen das Haus hatte betreten sehen. Im Licht der Funzeln war sich Otto über dessen Alter nicht ganz klar, aber er hatte sich bewegt wie ein Halbwüchsiger. Zauselige Haare, am Knöchel aufgerollte Jeans und dicker Pulli. Er hatte auf dem

Klingelschild nicht nach dem Namen gesucht. Kannte sich also aus. Er tippte auf Besuch für Silber. Aber er war nicht der, der in Lichtenhain wohnte. Der war 24 Jahre alt. Die hatte der Junge nie im Leben.

Ein älterer Mann kam aus einem der Häuser, auf die er sah. Leicht gebeugt, den Kopf schräg nach oben gerichtet, war er zu alt und entsprach nicht dem Profil der Leute, die hier ihre zugeteilte Wohnung bezogen hatten. Er ging in Richtung Rudolstädter Straße, ohne Otto zu bemerken. Der zündete sich eine neue Zigarette an.

Ein weiterer Mann kam aus derselben Haustür. Auch er zu alt, um als junger Familienvater durchzugehen. War das vielleicht der ABV? Otto kannte ihn nicht. Der Mann trug Karohemd und graue Weste unter seinem Doppelkinn. Jetzt war er aus dem trüben Lichtkegel hinausgetreten und hatte einige Schritte auf den Lada zugemacht. Otto rutschte tiefer in den Sitz und sah im Rückspiegel gerade noch, dass Silber und der Jüngling das Haus auf der anderen Straßenseite verließen.

Der in Karohemd und Weste stand so nah am Lada, dass er eigentlich schon den Rauch der Zigarette riechen musste, der aus dem halboffenen Fenster entwich. Otto kam sich blöd vor. Er war Polizist, und er musste sich vor niemandem verstecken. Er hustete vernehmlich. Der Mann drehte sich kurz zu ihm, interessierte sich aber nicht dafür, was im Lada vorging. Also drehte Otto den Zündschlüssel und setzte den Wagen zurück.

Silber und sein Kumpan waren schon an der Rudolstädter Straße angekommen, als Otto den Lada langsam aus dem Neubaugebiet rollte. Es war nach halb acht, die Straßenbahnen fuhren nicht mehr allzu oft. Aber vielleicht kannten sie den Fahrplan. Sie konnten an der Endhaltestelle einsteigen. Oder Gott weiß was tun. Er wollte ihnen nicht zu Fuß folgen.

Die beiden waren schon an der Haltestelle vorbeimarschiert

und bewegten sich redend auf die Ernst-Abbe-Siedlung zu, Einfamilienhäuser und kleine Gärten. Silber gestikulierte heftig, der andere schlackerte mit den Armen. Wenige andere Leute waren zu Fuß unterwegs. Eine Straßenbahn kam aus Jena, halbvoll. Hinter der Ernst-Abbe-Siedlung war sich Otto sicher, dass sie ihr Ziel zu Fuß erreichen wollten. Er ließ den Lada am Straßenrand stehen und setzte die Verfolgung zu Fuß fort. Die beiden unterquerten die Brücke, über die die Bahnlinie nach Jena-West führte, und erreichten den Engpass zwischen den Bahngleisen.

Während die Bahn nach Westen bergauf geführt wurde, verliefen die Gleise in die Stadtmitte fast direkt neben der Straße. Die beiden Männer waren gleich am engsten Punkt angekommen. Otto erinnerte sich an einen Mordfall, der genau dort seinen Anfang genommen hatte. Ein alter Mann, nur eine Badehose am Leib, hatte am Straßenrand gelegen. Es war einer von Ottos ersten Fällen gewesen. Sie hatten drei Tage gebraucht, um herauszufinden, dass er bei einer Prügelei am Fluss zu viele Schläge gegen den Kopf hatte einstecken müssen. Sie hatten dann seine drei Kumpane vor Gericht gebracht.

Otto hatte ein seltsames Verhältnis zu dieser Gegend. Sie wirkte auf ihn wie eine verwunschene Höhle. Das hatte mit den Verbrechen zu tun, die hier immer wieder stattfanden. Dieser Mord, dazu ein Raub oder zwei, ein Exhibitionist war hier auch mal abends unterwegs gewesen. Tatsächlich aber ging dieses Gefühl auf seine Kindheit zurück. Es gibt diese Orte, die sich verändern, die aber für einen selbst die gleichen bleiben. Als Junge hatte er eine Zeitlang regelrecht Angst gehabt, diese enge Passage zu benutzen. Absurd eigentlich, denn die DDR war auch damals schon ein sicheres Land gewesen. Heute war sie es noch viel mehr, und trotzdem spürte er diesen Respekt. Er würde eine Kamera hier aufstellen lassen. Dann hätten sie auch hier alles unter Kontrolle. Aber das wäre natürlich viel zu aufwendig.

Das mit der Kamera hatte er einmal bei einem ihrer Abende in der *Heinrichsbrücke* fallengelassen. Die anderen hatten ihn angesehen, als wäre er nicht von dieser Welt. Dabei würde das doch dem Anspruch gerecht, den die Partei an die Sicherheit hatte. Er hatte das dann auch nicht wieder erwähnt. Vielleicht war er seiner Zeit ja einfach voraus, dachte Otto.

Genau am Auffindungsort von damals waren Silber und der andere nun. Der Bahndamm zur Rechten, etwas höher als die Straße gelegen, ein paar Häuser am Hang auf der anderen Seite, in der Mitte die Straße und die Straßenbahngleise nach Jena. Hinter dem Bahndamm lagen noch ein schmaler Weg und dann der Fluss. Silber gestikulierte unaufhörlich. Otto hörte den Zug aus Jena, bevor er ihn sah. Kurz bevor er die beiden erreichte, packte Silber den Jüngeren am Kragen und stieß ihn ein Stück in Richtung Bahndamm. Der Junge fing sich schnell wieder, bekam aber sofort einen erneuten Stoß. Der erwischte ihn falsch, er taumelte Richtung Bahndamm und Gleis. Silber griff beherzt zu und richtete ihn wieder auf, bevor der Zug sie passierte.

Otto beobachtete die beiden aus zu großer Distanz, um Gesichter zu sehen oder ihre Körpersprache zu erkennen. Aber er erwartete eine Reaktion auf die Attacke, auch wenn sie im Scherz geschehen war. Doch wenn sich der Jüngere beschwerte, dann tat er es nur verbal. Seine Körperhaltung war passiv. Er trottete neben dem Großen her. Silber war der Chef. Und Otto ließ ihnen mehr Vorsprung. Der Kleinere wäre nie unter den Zug geraten, dafür lag der Bahndamm zu hoch. Es war nicht mehr als eine Geste der Überlegenheit gewesen, dieser Stoß.

Was wusste er denn, worüber die beiden sich amüsierten. Gerade liefen sie am *Martinshof* vorüber, wo auch Otto nach der Arbeit schon mal auf ein Bier endete. Die Bahnstrecke senkte sich ab auf Straßenniveau an der Kreuzung zur Mühlenstraße, um dann am Paradiesgarten wieder zum Damm zu werden, richtig hoch nun, und die Männer gingen schweigend nebeneinanderher. Silber jedenfalls gestikulierte nicht mehr. Bald würden sie den Paradiesbahnhof erreichen. War es ein Fehler gewesen, den Wagen in Winzerla zu lassen?

Schon von weitem sah Otto den dicken Mann im Blaumann winken. Am Ausgang des Bahnhofs wartete er auf Silber und den Jungen. Wenn sie in einen Zug stiegen, dann musste er mitfahren. Die drei begrüßten sich mit Handschlag und fingen an zu reden. Otto drückte sich an den Bahndamm und zündete sich eine Zigarette an. Am Busbahnhof gegenüber dem Eingang war noch was los. Leute warteten. Ein Bus fuhr ab und entließ eine Dieselwolke, die deutlich sichtbar im Licht einer Laterne stehen blieb.

Das Trio drehte sich um und ging in den Bahnhof.

Als er den Eingang erreichte, sah Otto sie gerade zum Hinterausgang verschwinden und nach Norden gehen. Also ließ er sich Zeit. Entweder würden sie die Saale überqueren. Das würde er sehen, sobald er die Halle verließ. Oder sie würden am Fluss entlanglaufen. Dann hatte er Gelegenheit, sich an sie zu hängen. Auf dem Uferweg würden sie ihm nicht entkommen.

Sie waren nicht in Eile. Und nahmen erst die kleine Griesbrücke, um den Fluss zu überqueren. Bevor sie das Ostbad erreichten, schlugen sie sich in eine Gartensiedlung. Otto beschleunigte sein Tempo und sah gerade noch, wie die drei in einem kleinen Bungalow verschwanden. Er wartete ein paar Minuten, bevor er sich dem Licht näherte, das aus einem der Fenster fiel.

Das Holzhaus stand ein paar Meter entfernt vom Weg, wie alle anderen auf seiner Seite. Es war so dunkel in der Kolonie, dass die vier am Tisch ihn nicht sehen konnten. Bierflaschen, Brot und Wurst konnte Otto sehen. Silber saß mit dem Rücken zu ihm, den Blaumann und den Jüngling sah er von der Seite. Am anderen Ende des Tisches saß ein vierter Mann und trank aus der Flasche. Er war komplett kahlgeschoren.

Ein paar Minuten wartete Otto noch und sah, wie die vier weitere Flaschen öffneten. Vier Männer, dachte Otto. So viele waren es gewesen, die Teo Macamo gequält und ermordet hatten.

Beim Saufen musste er denen nicht zusehen. Also verließ er die Kolonie.

88 | FR 2. 12. 1983

Konnie und Otto standen vor dem Mehrfamilienhaus in Bad Blankenburg. Acht Wohnungen auf vier Etagen.

«Wir könnten irgendwo klingeln.» Konnie zog die Schultern zusammen. Es war kalt geworden über Nacht.

Otto schüttelte den Kopf. «Ich will erst klingeln, wenn ich vor seiner Tür stehe. Ich will den hören.»

«Da werden wir nichts hören. Der hatte Nachtschicht.»

Otto stellte sich auf die Zehenspitzen, um die Kälte aus den Füßen zu vertreiben. «Ich will einfach keine Überraschungen erleben.»

«Werden wir auch nicht. Der ist im Gefängnis gewesen, weil er eine junge Frau überfallen hat. Was soll der mit dem kleinen Jungen angefangen haben?»

«Jetzt lass uns doch mal unsere Arbeit machen. Blankenburg ist nicht so weit von Weira und der Schweinemast weg. Und Heinz hat angeordnet, das Netz weiter auszuwerfen. So machen wir das eben.»

Die Haustür wurde geöffnet. Eine Frau mit Dauerwelle kam heraus. So hatten Frauen das vor zehn Jahren getragen, dachte Otto. Sie kümmerte sich nicht darum, wer sie waren und warum sie ins Haus wollten. Vielleicht ahnte sie es auch.

In der zweiten Etage legte Otto den Finger auf die Lippen. In der Wohnung war kein Geräusch zu hören. Dann hob er die

Hand, ballte sie zur Faust und hieb gegen die Holztür. «Polizei», rief er. «Herr Dobereit, machen Sie auf. Polizei. Aufmachen!»

Er wartete fünf Sekunden und legte das Ohr an die Tür. Dann wiederholte er die Prozedur noch eine Spur lauter.

Der Geruch von kaltem Rauch und starkem Alkohol war das Erste, was er wahrnahm, als Dobereit die Tür öffnete. Er stand in Unterhose vor ihnen und stierte sie an.

«Herr Dobereit», sagte Otto leiser, «wir müssen mit Ihnen reden. Wo waren Sie am Mittwoch, den 23. November?»

Dobereit drehte sich um und ging in die Wohnung. Otto guckte Konnie an, der die Nase rümpfte. «Du», sagte er. «Rede du mit ihm.»

89

Es war schon dunkel, als er Konnie hinterherblickte. Dessen Warnblinker ging noch einmal als letzter Gruß, dann war er auf dem Weg nach Hause, nach Gera.

Otto fuhr in die andere Richtung. Er hatte noch Zeit, bis Silber von der Schicht kommen würde. Langsam fuhr er durch Rudolstadt und rauchte bei offenem Fenster. Kalte Luft kam in den Wagen. Erst als ein paar Tropfen fielen, kurbelte er die Scheibe hoch.

Ohne nachzudenken, hielt er kurz vor Kahla an. Er stellte den Lada am Straßenrand ab, stieg über die Gleise und stand dann am Rand der Aue.

Zu sehen war nicht viel. Sicherlich war auch tagsüber nicht mehr zu erkennen, dass hier ein Mordopfer gefunden worden war.

Ein Zug kam aus Jena und beleuchtete die Szene für ein paar Sekunden. Wer hatte eigentlich das Blut weggewischt im Zug?

War da überhaupt Blut gewesen? Vielleicht nicht. Oder nicht viel. Oder der Waggon war am nächsten Morgen in eine andere Richtung disponiert worden. Oder jemand hatte einfach sauber gemacht und keine Motivation gehabt, die Kollegen der Volkspolizei zu rufen.

Bringt nur Ärger, Zeit auf dem Revier zu verbringen. Wer wollte das schon?

Otto fuhr nach Winzerla hinein und wartete etwas weiter weg vom Hauseingang als am Vortag. Von seiner Position aus konnte er den ganzen Häuserblock beobachten. Er wartete noch nicht lange, als er den Glatzkopf sah. Er ging mit schwerem Schritt auf die Tür zu, klingelte und wartete. Kaum eine Minute später erschien Silber.

Die beiden begrüßten sich mit nicht viel mehr als einem Nicken und machten sich zu Fuß auf. Es war etwas früher als am Vortag, und bald stapften sie die Rudolstädter Straße entlang Richtung Jena-Innenstadt. Otto fuhr langsam hinterher, ließ eine Straßenbahn vorbei, die die beiden überholte, und fuhr der Bahn hinterher.

Hinter der engen Passage zwischen den Bahngleisen rollte er vor dem *Martinshof* aus und zündete sich eine Zigarette an. Es dauerte länger als erwartet, bis die beiden auftauchten. Eile hatten die nicht. Er stieg aus und folgte ihnen zu Fuß.

Silber und die Glatze verließen die Straße und gingen durch das Paradies an der Saale entlang. Vielleicht waren sie wieder unterwegs zu dem Bungalow. Otto überlegte eine Sekunde lang, den Wagen nachzuholen, entschied sich dann aber dagegen. Er wollte nicht riskieren, sie zu verlieren. Als sie auf der Höhe des Bahnhofs waren, hielten sie kurz an und redeten. Dann betraten sie ihn durch den Hintereingang.

Ein paar Momente ließ er verstreichen, dann folgte Otto ihnen. Schon durch das Glas in der Schwingtür sah er die beiden Köpfe. Silber und die Glatze saßen in der *Mitropa* an einem Tisch nahe dem Ausgang. Glatze leerte sein Bierglas gerade und Silber tat es ihm gleich. Dann stand er auf und ging zum Tresen. Er kam mit zwei neuen Gläsern zurück.

Otto war enttäuscht. Aber so war Polizeiarbeit eben. Warten und verfolgen. Verfolgen und warten. Vielleicht hätte er sich das hier sparen können.

Die Glatze sagte etwas, und Silber begann zu lachen, noch bevor er sich gesetzt hatte. Otto sah sich beim Abendessen mit Birgit und den Kindern. Er blickte auf die Uhr über dem Tresen. Es war ohnehin zu spät dafür. Birgit brachte die Kinder gleich zu Bett. Trotzdem gefiel ihm die Idee, nach Hause zu fahren. Sie hatten in dem Fall des toten Jungen keine Spur, die Wochenendarbeit rechtfertigte, und Heinz hatte sie für das Wochenende nach Hause geschickt.

Silber stand auf und trank den Rest im Stehen. Der andere leerte sein Glas ebenso, reckte sich und schob sich und seinen Stuhl nach hinten. Er reichte Silber eine Hand, der ihn hochzog. Dann kamen sie auf ihn zu.

Von der Treppe aus, die hoch zum Bahnsteig führte, sah er die zwei Männer zum Vorderausgang verschwinden. Otto wartete erneut ein paar Sekunden, dann stieß er die Vordertür auf und versuchte, den Bahnhofsvorplatz und den Busbahnhof mit einem Blick zu erfassen. Dabei hätte er sie fast übersehen, denn sie standen noch direkt neben der Tür. Otto zog sich wieder zurück. Er verließ den Bahnhof nach hinten hinaus und ging langsam durch den Bahnbogen am Park. Hier war es dunkel, und er konnte die beiden beobachten, ohne selbst gesehen zu werden.

Die Glatze zeigte auf irgendetwas oder irgendwen und kommentierte. Silber lachte. Dann wies er mit dem Kinn auf etwas, das er gesehen hatte, und redete dabei. Glatze lachte auch. Ein

Zug, der vom Saalbahnhof kam, hielt. Leute strömten aus dem Bahnhof. Arbeiter mit dreckiger und sauberer Kleidung, junge und alte Leute, bald war es vorbei. Es war schon spät, der Zug war nicht voll gewesen.

Ein Mädchen kam zuletzt aus dem Bahnhof und sah sich um. Sie war ungefähr fünfzehn und trug Rock und Bluse. Brav sah sie aus. Sicher eine gute Schülerin. Vielleicht eine Streberin. Sie strich ihr dunkles langes Haar zur Seite und ging in Richtung Süden, an Otto vorüber und merkte nicht, dass Silber und die Glatze ihr folgten. Silber hatte ein Grinsen auf dem Gesicht, so viel konnte Otto von seiner Position aus sehen. Die Glatze hatte diesen starren Blick, den Männer in bestimmten Situationen haben.

Er ließ die beiden vorübergehen und ging dann um das Betonfundament des Bahndamms herum. Das Mädchen war schon fünfzig Meter weit weg, doch die beiden schlossen langsam auf. Silber drehte sich einmal um die eigene Achse, dabei überprüfte er die Umgebung.

Otto wartete noch einen Moment und folgte ihnen dann.

Auf ihrer Seite nun der Bahndamm, drüben Verwaltungsgebäude. Eine Straßenbahn kam ihnen von Süden entgegen. Ein Bus fuhr in die Gegenrichtung. Zwei Trabant knatterten ihm hinterher. Ein Radfahrer ohne Beleuchtung folgte ihnen mühelos.

Das Mädchen war mit schnellen Schritten unterwegs. Die Glatze tickte Silber mit dem Ellbogen an, sie beschleunigten ihr Tempo.

Auch Otto legte an Geschwindigkeit zu. Gerade war das Mädchen in den Tunnel unter dem Bahndamm gegangen und seinem Blick entkommen, und er wollte schon laufen, da blieben Silber und die Glatze stehen. Er wäre fast gestolpert, als er stoppte und sich an den Bahndamm drückte. Was war geschehen?

Jetzt standen sie da und diskutierten. Das Mädchen war nicht mehr zu sehen. Sie war in den Park gegangen. Was hatten die beiden Männer denn vorgehabt?

Silber zeigte auf irgendetwas auf der anderen Straßenseite, das Otto nicht erkennen konnte. Die Glatze blickte nach beiden Seiten, dann rannten die Männer vor einer Straßenbahn, die nach Winzerla fuhr, hinüber. Ganz in einen dunklen Anzug gekleidet, zwei Taschen in den Händen, kam ein Mann an der Brauerei vorbei und erreichte die Kahlaische Straße.

Otto erkannte, dass es ein schwarzer Mann war. Er schleppte schwer an den beiden Taschen und war in Richtung Paradiesbahnhof unterwegs.

Silber und die Glatze schlossen die Lücke zu dem Mann bis auf etwa zehn Meter. Genau wie das Mädchen bemerkte er die Verfolger nicht. Ein Bus fuhr vom Bahnhof aus an und beschleunigte langsam. Das Duo verkürzte den Abstand zu dem Mann. Otto fuhr ein Schreck durch den Leib, als er erkannte, was sie vorhatten. Er fing an zu laufen, da erschien eine Frau am Puschkin-Platz vor ihnen. Sie schaute in ihre Richtung, kurz nur, und nahm den Bahnhof ins Visier. Dann schaute sie aber doch noch einmal zurück, was auch immer sie dazu veranlasst hatte.

Silber war bis auf einen Meter an den Schwarzen herangekommen, der Bus beinah auf ihrer Höhe. Otto war fast an der Glatze dran, als Silber die Frau bemerkte und ganz kurz vor dem Schwarzen mitten in der Bewegung anhielt. Die Glatze spürte Ottos Atem und drehte sich halb. Otto stieß ihn an und sagte: «Entschuldigung.»

Der Bus war vorübergefahren, als Otto die Straße hastig überquerte. Die Frau war einfach weitergegangen und der schwarze Mann auch. Hatten beide nichts bemerkt?

Otto versuchte, ruhig zu bleiben. Viel zu spät hatte er verstanden, was die beiden vorgehabt hatten. Wenn die Frau nicht gewesen wäre, ihr kurzer Moment der Irritation, hätte Silber den Schwarzen vor den Bus gestoßen. Er selbst hätte es kaum verhindern können.

Oder hatte er sich das nur eingebildet?

Erst am Bahnhof drehte er sich wieder um. Die Frau war noch auf der anderen Seite unterwegs. Der schwarze Mann war nicht mehr zu sehen. Silber und die Glatze standen immer noch dort, wo sie eben beinahe jemanden vor den Bus gestoßen hätten.

Aber sie waren nicht mehr allein. Ein Funkstreifenwagen hatte dort gehalten, und zwei uniformierte Kollegen standen bei ihnen zur Überprüfung der Personalien. Hatte ihnen jemand einen Hinweis gegeben?

Otto atmete aus. Wahrscheinlicher war, dass die Kollegen auf Streife waren und einen Grund gesehen hatten, die beiden unter die Lupe zu nehmen. Polizisteninstinkt vielleicht.

Auf die Volkspolizei war eben Verlass.

Meistens jedenfalls, dachte Otto.

90 | SO 4.12.1983

«Warte.» Bodo war ein paar Schritte voraus und hatte fast schon seinen roten Lada erreicht, als Otto ihn aufhielt.

«Ich muss eigentlich …», sagte er, den Schlüssel hatte er gerade ins Schloss gesteckt..

«Warte trotzdem.» Otto blickte zurück und sah Mutter im Fenster. Er winkte, sie winkte auch. «Lass uns reden», sagte er. «Im Wagen.»

Als sie saßen, suchte Otto nach Worten. Bodo starrte aus dem Fenster und wartete.

«Was machst du eigentlich gerade?», fragte Otto.

«Du weißt, was ich mache.»

«Ja. Grundsätzlich. Ich frage trotzdem. Du bist mein Bruder, und ich bin nicht der Klassenfeind.»

«Hast du Ärger in der MUK?»

«Wenn ich Ärger hätte, wärst du doch der Erste, der es mitkriegt.»

«Wie meinst du das? Willst du sagen, dass ich jemanden … Du bist verrückt.»

«Ist da wer?»

«Ach …» Bodo drehte sich ab und blickte aus dem Fenster. «Jetzt sag schon, was du willst.»

«Wie gehen wir eigentlich mit Nazis um?»

«Nazis? Hier?»

«Nazis.»

«Es gibt keine.»

Otto sagte nichts.

Bodo schwieg ebenfalls.

Otto legte seine Hände auf die Knie, dann hob er sie kurz an und rieb sie aneinander. Er ballte sie zu Fäusten, bevor er weiterredete.

«Du weißt so gut wie ich, dass das nicht stimmt.»

«Du hängst immer noch an dem Fall mit dem Afrikaner.»

Als Otto nicht antwortete, setzte Bodo nach. «Wie viele Leute haben dir gesagt, dass du die Finger davon lassen sollst?»

«Du auf jeden Fall.»

«Und Vater. Und Thiel. Und vielleicht auch noch einer aus der Spezialkommission, wenn es denen besonders wichtig gewesen ist. Aber der Befehl war doch klar. Die Ermittlung ist abgeschlossen.»

«Danke. Ich mag es, wenn mich mein eigener Bruder belehrt. Jetzt kannst du mir ja die Frage endlich beantworten.»

«Welche Frage?»

«Wie wir hier mit denen umgehen.»

«Es gibt keine, ich hab dir das doch gerade gesagt. Nazis sind eine Folge des kapitalistischen Wirtschaftssystems. Die gibt es folglich in der Bundesrepublik Deutschland. Nicht bei uns in der DDR.»

Es fing an zu regnen. Otto fiel ein, dass er vergessen hatte zu rauchen. Er holte die Packung hervor, zündete sich eine an und hielt Bodo das Feuerzeug hin. Der holte seine eigene Packung schon aus der Jacke.

«Und wer waren die beiden Arschlöcher, die ich Freitag dabei beobachtet habe, wie sie beinah einen Vertragsarbeiter unter den Bus gestoßen hätten?»

Bodo hustete. «Du hast was?»

«Ich hätte es verhindert.»

«Du bist …» Bodo lächelte. «Du hast dich tatsächlich über die Anweisungen hinweggesetzt, die du vom Leiter der MUK bekommen hast? Ich dachte, du wärst klüger.»

«Du hast gesagt, ich wäre naiv.»

«Naiv ja, aber doch nicht so blöd. Was, wenn das herauskommt?»

«Was dann?»

«Wenn du Glück hast, lassen sie dich den Verkehr regeln. Was waren das für Leute, denen du da gefolgt bist?»

Otto erzählte seinem Bruder von den Sonntagen, an denen er im Zug gesessen hatte. Von Frau Krahmer. Von dem Großen und seinen Freunden. Und von der Geschichte mit dem Bus.

Bodo nahm sich Zeit, bevor er antwortete. «Was hättest du denen erzählt, wenn du die daran gehindert hättest? Dass du ganz zufällig da vorbeigekommen bist? Und dann hättest du sie zugeführt, ja? Und das ganz allein?»

«Willst du immer noch sagen, dass es keine Nazis bei uns gibt?»

«Einzelfälle. Unpolitische und Asoziale. Nichts, was auch nur im Ansatz organisiert ist. Guck dir die doch an. Wenn du das richtig gesehen hast, streifen die den ganzen Abend durch die Stadt, um sich ein Opfer zu suchen.» Er schüttelte den Kopf. «Hilflos. Gefährlich natürlich, aber hilflos.»

«Immerhin hat der Silber eine Neubauwohnung in Winzerla gekriegt. Da haben sie den doch überprüft.»

«Ja, formal. Wenn er Parteimitglied ist und pünktlich zur Arbeit erscheint und seine Zeugungskraft bereits nachgewiesen hat oder wenigstens zwei dieser drei Kriterien erfüllt, dann kriegt er halt eine Neubauwohnung. Wo ist das Problem?»

«Und wie passt das zusammen? Asozial und pünktlich auf der Arbeit?»

«Es gibt immer Grenzfälle und immer wieder Fehleinschätzungen. Asozial ist ein weiter Begriff.»

«Und deine Arbeit? Wofür ist die gut?»

«Dafür, diese Fehleinschätzungen so gering wie möglich zu halten. Und jetzt lass mich fahren.»

91 | MO 5.12.1983

«… nur du kennst den Genossen noch nicht, Konnie.» Heinz sah den Junior an.

Konnie hob die Hand und nickte, um Hauptmann Beils zu begrüßen.

Heinz übernahm wieder. «Wir haben in Absprache mit dem Ministerium des Inneren und der Spezialkommission IX entschieden, dass wir die Ermittlungen an dem Mord an der Schweinemastanlage abgeben. Diese Spur in Stuttgart hat sich als am vielversprechendsten erwiesen. Genosse Beils …»

Der Hauptmann räusperte sich. «Ja», sagte er. «Wir sind im Austausch mit den Behörden in der Bundesrepublik Deutschland. Die sind auch kooperativ bei Kapitalverbrechen. Die Person, die uns interessiert, ist ein Rudolf Plock, der bei Bosch als Ingenieur arbeitet und in den letzten Jahren regelmäßig hier gewesen ist. Wie wir gehört haben, ist dieser Plock nun auf der Flucht. Oder, ich verbessere mich: Er ist nicht anzutreffen. Weil er Urlaub hat und niemandem etwas über seinen Verbleib gesagt hat, kann es durchaus sein, dass er tatsächlich nur irgendwo Ferien macht. Die Kollegen drüben sagen, sie hätten das im Griff. Er ist vor sieben Jahren einmal bei einem Übergriff aufgefallen.» Beils wirkte, als hätte er das in den letzten Stunden schon ein paarmal erzählt. Er leierte fast. «Da hat er einen 19-jährigen Mann angegriffen. Das ist im Sande verlaufen, weil der Mann drei Wochen nachdem er die Anzeige gestellt hatte, sie auch wieder zurückgezogen hat. Und ja, ich weiß. Das ist ein großer Unterschied, ein 19-Jähriger oder ein Junge. Da setzen wir dennoch an. Aber das wird dauern, das wisst ihr ja.»

«Und wir arbeiten noch ein paar Hinweise ab, die eingegangen sind», sagte Heinz. «Warten wir einfach ab, was wir da herausfinden. Es ist denkbar, dass wir wieder übernehmen. Aber ab jetzt ist die Spezialkommission in der Verantwortung.»

Otto betrachtete den Hauptmann. Seine Ermittlungsgruppe war für jene Fälle zuständig, die mit der BRD zu tun hatten. Tote Westbürger in der DDR zum Beispiel. Oder ein Fall wie dieser. Beils hielt Kontakt zu den Behörden im Westen, um einzugreifen in so einer Situation, wenn ein Westbürger in den Verdacht geraten war, in der DDR ein Kapitalverbrechen begangen zu haben. Beils wurde theoretisch auch kontaktiert, wenn ein DDR-Bürger im Westen jemanden umlegte. Aber das hatte es nicht gegeben, seit Otto in der MUK arbeitete. Und auch, natürlich, wenn ein DDR-Bürger im Westen unter verdächtigen Umständen starb. Aber wer sollte den reisenden Omas schon etwas antun?

So eine Position wie die, die Beils hatte, würden sie ihm nicht anbieten.

«Kommst du?» Konnie legte eine Hand auf seine Schulter.

Otto hatte gar nicht mitbekommen, dass die Versammlung beendet war. Rolf stand beim Hauptmann und redete auf ihn ein. Die anderen hatten den Raum schon verlassen. «Steht noch was an?», fragte er und drehte sich zu Konnie um.

«Wir sollen nach Hause fahren, hat Heinz gesagt.» Konnie war schon an der Tür. «Gehen wir noch einen trinken?»

92 | DI 6.12.1983

Der Genosse von der Spezialkommission war immer noch dabei, die Akten für den Fall des Jungen von der Schweinemastanlage zu übernehmen. Das war gut, weil klar war, dass die Sache weiterhin ernst genommen wurde. Und gleichzeitig schlecht, weil es immer schmerzte, einen nicht abgeschlossenen Fall abzugeben.

Aber das war immer noch besser, als die Arbeit an einem Fall ganz einzustellen, dachte Otto, als er den Lada in Winzerla zwischen zwei Trabants einparkte. Die Spezialkommission würde alles dafür tun, die Westspur zu verfolgen. Und wenn sie sich als nicht substanziell herausstellte, würde der Fall noch einmal ganz neu betrachtet werden müssen. Aber die Mörder von Teo Macamo waren auch noch frei, und sie versuchten erst gar nicht, den Fall zu lösen.

Würde er noch einmal einen ganzen langen Abend hier wartend verbringen? Am Vortag hatte Otto fast bis halb elf hier gestanden, ohne dass er Silber oder einen seiner Freunde gesehen hatte.

Das konnte er nicht die ganze Woche durchziehen. Birgit fragte immer wieder nach. Und er würde hier in Winzerla bald auffallen. Außerdem war er so müde. Zwei Stunden, sagte er sich. Es war kurz vor sieben, um spätestens neun würde er hier verschwinden. Wenn sich nichts tat. Jedenfalls war Licht zu sehen hinter den Fenstern der Silbers. Er stand mit dem Lada so, dass er den Hals recken musste, um nach oben zu sehen, aber es war hinter jedem einzelnen Fenster der Wohnung hell.

Vielleicht musste er Bodos Ratschlag ernst nehmen und die Sache fallenlassen. Er konnte das System nicht allein verändern. Manche Dinge sind eben, wie sie sind.

Auch wenn sie nicht gut sind.

Es begann, leicht zu nieseln. Das stete Geräusch der kleinen Tropfen auf dem Autodach war ein beruhigender Rhythmus, und er fühlte die Augenlider schwer werden. Dann schüttelte er sich, drehte das Fenster herunter und ließ die kalte, feuchte Luft in den Wagen. Aus dem Handschuhfach holte er die kleine Flasche und legte sie auf den Beifahrersitz. Dann zündete er sich eine Zigarette an und zog den Rauch tief in die Lunge. Erst danach gönnte er sich einen guten Schluck von dem Weinbrand. Die leichte Süße und der Alkohol rangen auf der Zunge mit dem bitteren Geschmack des Tabaks. Es war sensationell. Und es machte ihn wach.

Der Golf fuhr nun schon zum zweiten Mal an ihm vorüber. Vor einigen Minuten hatte er ihn gesehen und kaum beachtet, weil er so müde gewesen war, aber jetzt schaute er genauer hin. Neues Auto, Westkennzeichen, BA stand darauf, was war das noch einmal für eine Stadt? Der Fahrer, Otto erkannte nur einen Umriss, suchte etwas. Es musste die Adresse sein, denn Parkplätze gab es in der Gegend genug.

Als der Golf schließlich parkte, konnte Otto den Umrissen weitere Elemente zuordnen. Der Mann hatte eine lange Nase, darunter einen Schnauzbart, und er trug einen Pferdeschwanz. Er war vielleicht in Ottos Alter, aber breiter, die Schultern waren trainiert, das konnte man selbst unter der beigen Windjacke sehen, die der Mann jetzt schloss, als er ausstieg und auf Silbers Haustür zuging.

Er klingelte, drückte kurz darauf die Tür auf und war dann verschwunden. Otto blickte auf seine Armbanduhr. Es war fast halb acht. Er reckte sich wieder nach vorn und sah hoch. Dabei sah er diesen Mann mit der grünen Lederjacke, der gerade an Silbers Haustür vorbeiging. Den hatte er schon irgendwo gesehen. Er konnte sich nicht erinnern, wo. Und war überrascht, Silber und den Pferdeschwanz gemeinsam am Wohnzimmerfenster zu erkennen. Der Westler zeigte nach unten und Otto fühlte sich ertappt. Er zog sich zurück in den Sitz.

Kurz musste er nachdenken, um darauf zu kommen, dass der Golffahrer Silber nur gezeigt hatte, wo der Wagen abgestellt war. Er blickte wieder nach oben, aber am Fenster war niemand mehr zu sehen.

Otto blieb noch bis halb neun an seinem Platz, ohne dass Silber oder der Westbürger draußen auftauchten. Er fuhr nach Hause.

93 | MI 7.12.1983

Auf dem Weg nach Gera hatte Otto morgens den Umweg über Winzerla genommen. Der Golf hatte noch am gleichen Platz gestanden wie abends zuvor. Der Golffahrer hatte also entweder eine Einladung von Silber oder von jemand anderem, der nicht weit entfernt wohnte. Sonst hätte er nicht über Nacht in der DDR bleiben dürfen.

Am Abend war er früher als sonst in der Neubausiedlung. Es wurde gerade dunkel. Leute kamen von der Arbeit, es war belebter, als er es bisher gesehen hatte. Und keine Spur von dem Golf.

Otto rollte langsam an den geparkten Autos vorbei und fand das Westauto schließlich am anderen Ende der Straße. Er wendete und parkte den Lada so, dass er Silbers Haustür im Blick hatte. Den Schluck Weinbrand ließ er so lange im Mund kreisen, bis die Zunge brannte, dann zündete er sich eine Zigarette an.

Eine Frau von kaum zwanzig schob mit einer Hand einen Kinderwagen an ihm vorbei und hatte ein Kleinkind an der anderen Hand. Der Junge ließ sich mehr ziehen, als dass er selbständig ging. Otto zündete sich die vierte oder fünfte Zigarette innerhalb kurzer Zeit an, als der dünne junge Mann auftauchte, der mit Silber vor ein paar Tagen unterwegs gewesen war. Er klingelte und drehte sich dann ab. Er wartete nicht darauf, eingelassen zu werden.

Otto schnippte die Zigarette aus dem Fenster und sah, wie Silber und der Bundi aus der Tür traten, ohne den Jungen zu grüßen. Sie überprüften die Gegend und stiegen dann in den Golf. Der Junge machte es ihnen nach.

Das Westauto war gerade seinem Blickfeld entkommen, als Otto anfuhr. Bald war er ihnen in Richtung Jena auf der Spur. Er hielt Abstand, aber wenn er es für eine Sekunde aus den Augen verlor, würde er das satte Rot des Westautos auch von weitem im Dunkeln sehen.

Im Engpass war Otto dem Golf so nahgekommen, dass er Tempo rausnahm. Er folgte dem Wagen am Paradiesbahnhof vorbei, dann über die Brücke zur Karl-Liebknecht-Straße nach Jena-Ost. Und als der Golf dann zum Ostbad abfuhr, ahnte er, wohin die Reise gehen würde. Er sah Bier im Bungalow, viel Bier. Und er sah sich selbst die Beschattung gleich abbrechen. Was sollte er in der Kolonie rumstehen? Warum sollte er das Risiko eingehen, ertappt zu werden?

Der Golf parkte direkt vor dem Eingang. Otto näherte sich, drehte und fuhr ein Stück zurück. Er parkte den Lada so, dass er von der Kolonie aus nicht zu sehen war. Ein Mann, der ein paar Jahre älter war als er selbst, kam von der Liebknecht-Straße spaziert. Er war halb kahl auf dem Kopf und hatte einen tief über die Mundwinkel gezogenen Schnurrbart. Über dem Blaumann trug er eine Winterjacke, in der Hand hielt er eine Ledertasche. Otto rutschte tief in den Sitz und ließ ihn vorübergehen. Er folgte ihm zuerst mit den Augen, dann stieg er aus, ging ihm hinterher und sah, wie der Mann die Kolonie betrat.

Hinter einem Baum verborgen wartete Otto, als der Mann den Weg hinabging. Vor dem Bungalow, in dem sich Silber und die drei anderen vor kurzem getroffen hatten, standen zwei Männer, von denen er im Licht, das aus dem Fenster fiel, nur Umrisse erahnen konnte. Er meinte Silber zu erkennen, weil einer der beiden deutlich größer war als der andere. Der Mann mit der Tasche blieb bei ihnen stehen, sie gaben sich die Hände und verschwanden im Inneren des Bungalows.

Noch zwei oder drei Minuten lang blieb Otto an seinem Platz und machte sich dann auf. Am Tor drehte er sich noch einmal um. Niemand schien ihn zu beobachten. Aber die Dunkelheit konnten sich durchaus auch andere zunutze machen.

Als er drei Bungalows hinter sich gelassen hatte, wurde weiter den Weg entlang eine Tür geöffnet. Zum Licht kamen Stimmen, viele Stimmen schien ihm, die Tür wurde wieder geschlossen. Otto kletterte über einen Zaun und ging in die Hocke. Ein Schatten bewegte sich nah am Haus, und er konnte das Plätschern von Pisse hören, die konstant auf einen Punkt im weichen Boden fiel. Die Tür ging wieder auf, Stimmen waren erneut zu hören, die Gestalt verschwand.

Otto beeilte sich. Er lief fast, bis er das Licht erreichte, und blickte durch das Fenster.

Was er sah, hatte er nicht erwartet. Da saßen etliche Leute, alle jung auf den ersten Blick, alles Männer, auf Stühlen und vielleicht auch Bänken, so genau konnte er das nicht sehen. Und am anderen Ende des Raumes stand der Bundi und redete. Nein, er redete nicht. Er trug etwas vor.

Er hielt eine Ansprache. Deshalb war er nach Jena gekommen.

Otto blickte sich noch einmal um. Da war niemand. Aber er spürte ein Gefühl von Gefahr und Unsicherheit. Bleib nicht zu lange, sagte er sich.

Der Bundi strich sich mit einer Hand über den Zopf und machte dabei eine Redepause. Dann hob er den Zeigefinger und peitschte auf sein Publikum ein. Er schrie nun, und Otto konnte seine Stimme hören, nicht aber seine Worte. Dann zog er den Arm ein und blickte sein Publikum an. Ein einzelnes

Klatschen war zu hören. Silber stand auf und hieb die Hände gegeneinander. Andere machten es ihm nach, klatschten, standen ebenfalls auf. Der Junge, den Silber vor ein paar Tagen an den Bahngleisen gedemütigt hatte, drückte seinen Rücken nah am Fenster durch. Otto konnte ihn gut erkennen. Er hörte auf zu klatschen, stattdessen reckte er den rechten Arm schräg nach oben.

Otto machte, dass er davonkam.

94 | DO 8. 12. 1983

Man kannte ihn hier. Otto betrat das Haus, ohne sich auszuweisen. Auf der Treppe grüßte er zwei Männer, mit deren Gesichtern er eine Erinnerung verband. Im zweiten Stock öffnete er die Tür zum Sekretariat und legte den Zeigefinger auf die Lippen, als er Frau Steffens hinter ihrem Schreibtisch sah.

Das machte er immer so. Sie kannte das Spiel und lächelte pflichtbewusst. Dann blickte sie wieder auf irgendein Stück Papier vor ihrer Nase.

An der nächsten Tür horchte Otto kurz, bevor er sie öffnete und Bodo in dem großen Bürostuhl in diesem großen Büro sah, den Kopf leicht nach hinten gebeugt. Sein Bruder hob kurz einen Mundwinkel und machte dann ein fragendes Gesicht: Was willst du denn hier?

Otto legte den Finger wieder auf die Lippen. Das hatte er vor seinem Bruder noch nie gemacht, und der holte tief Luft und lehnte sich nach vorn.

Mit der geschlossenen Tür im Rücken drückte Otto den Finger mehrere Male auf die Lippen und schüttelte dann den Kopf. Bodo öffnete die Hände. Was soll das?

Otto zeigte zum Fenster und imitierte danach mit zwei Fingern gehende Beine. Und wartete auf eine Antwort.

Bodo stand zögerlich auf, holte seinen Mantel aus dem Schrank und ging zur Tür.

«Ich brauche kurz frische Luft», sagte er zu Frau Steffens.

Draußen gingen sie schweigend nebeneinander, bis sie mitten auf dem Platz der Kosmonauten angelangt waren. Es war kalt, die Leute um sie herum bewegten sich schnell.

«So.» Bodo fixierte ihn. «Das musst du mir wirklich erklären.»

«Hört eigentlich irgendwer mit, was du in deinem Büro erzählst?»

«In meinem Büro? Also, wenn mein Bruder mich nicht in Misskredit bringt, dann sicher nicht. Worauf willst du hinaus? Und komm mir nicht mit so was wie den kontrollierten Kontrolleuren. Wir sind hier nicht im Philosophieseminar.»

«Ich bin», Otto drehte sich um, «einfach vorsichtig.»

Bodo starrte auf den Boden und seufzte. «Der Afrikaner. Du kannst den nicht in Ruhe lassen.»

Otto in seinem Anzug schlug die Arme übereinander. Er spürte die Kälte vom Boden hochziehen. Und er erzählte vom Vorabend.

«Jetzt lass uns mal weitergehen», sagte Bodo und legte einen Arm um Ottos Schulter. «Muss ja nicht jeder mitkriegen, dass wir hier die politische Weltlage diskutieren.»

«Der hat dann dagestanden und auf die eingeredet. Und am Ende … Ich musste dann weg. Wenn die mich gesehen hätten. Da muss man doch was tun. Das ist doch dein Arbeitsfeld.»

«Werd mal was ruhiger.»

«Wie soll ich denn da ruhig bleiben? Das sind doch die, die den Macamo auf dem Gewissen haben.»

Bodo ließ den Arm um Ottos Schultern gelegt. «Erstens», sagte er leise, «will ich, dass du ruhiger wirst, weil ich nicht, von niemandem, gefragt werden will, was wir hier diskutiert haben. Irgendwer wird uns sehen und merken, dass etwas nicht in Ordnung ist. Das muss nicht sein.» Er machte eine

Pause. «Zweitens kann nur jemand irgendwen auf dem Gewissen haben, wenn er ein Gewissen hat. Das scheint mir eher ausgeschlossen bei den Subjekten, die du unter die Lupe genommen hast, obwohl dir jegliche Autorisierung dazu gefehlt hat. Und drittens …» Bodo begann, heftiger zu atmen. «Mein Gott, bist du eigentlich völlig bekloppt? Der Fall ist eingestellt. Was, wenn das jemand mitkriegt? Weißt du, was das für deine Familie bedeutet, wenn sie dir deinen Rang nehmen? Und denkst du eigentlich auch an mich? Ich habe auch eine Familie.»

«Aber wir müssen doch da irgendetwas tun.»

«Ja, was denn?» Bodo wurde selbst laut und nahm den Arm von Ottos Schultern. «Der Fall ist kein Fall mehr. Geh mit deiner Familie in die Feengrotten, wenn du nichts zu tun hast.»

«War ich schon.» Jetzt war Otto ganz ruhig. Er wusste, wie es gehen musste. «Ihr kümmert euch doch um alles. Dann kümmert euch doch um die. Mann, der kommt aus dem Westen und agitiert die. Das war der Hitlergruß. Ich hab es doch genau gesehen. Ihr müsst da handeln. Irgendwer muss was tun.»

«Wir tun doch was. Wir tun alles, was nötig ist.» Jetzt war es Bodo, der fast schrie.

«Und warum kommt dann dieser komische Langhaarige aus dem Westen und predigt vor denen? Ihr tut eben gar nichts. Das ist doch deine Verantwortung.»

«Das ist nicht meine Verantwortung. Woher willst du überhaupt wissen, was meine Verantwortung ist?» Sie standen unterhalb des Uni-Turms. Bodo schloss kurz die Augen. Dann redete er leiser weiter. «Also noch einmal: Das ist nicht meine Verantwortung. Ich habe mit denen nichts zu tun.»

«Aber was zum Teufel machst du dann?»

«Du weißt, was ich mache.»

«Ich weiß es nicht. Du führst Inoffizielle Mitarbeiter. Oder

Leute, die genau das tun. Das ist wahrscheinlicher bei deinem Rang.»

«Ja, aber ich habe mit denen nichts zu tun. Mit denen, die du da gesehen hast.»

«Aber irgendwer bei euch hat es doch. Irgendwer bei euch muss das doch im Griff haben.» Jetzt war es wieder Otto, der die Stimme erhob.

«Ja», sagte Bodo wieder ganz ruhig. «Wir haben das im Griff. Verlass dich darauf. Und schau mal, ich höre mich um. Ja?» Er guckte sehr streng. «Und du hältst dich bis dahin schön raus aus der Sache. Ja?»

Als Otto nicht sofort antwortete, legte Bodo nach. «Ja? Ist das klar? Ich melde mich.» Dann drehte er sich um und ging davon.

95

Otto stand auf dem Parkplatz vor ihrem Haus in Lobeda. Immer noch kamen Frauen mit dem Einkauf von der Kaufhalle. In der Wohnung war Licht, und er hoffte, dass Birgit nicht aus dem Fenster blickte. Marion würde er jetzt gern sehen. Er stellte sich vor, ihr die ganze Geschichte zu erzählen. Irgendjemandem musste man doch so etwas sagen können.

Birgit würde gerade das Abendessen auf den Tisch stellen. Vielleicht war sie mit den Kindern auch schon dabei. Eine Zigarette noch.

Mit dem Rauch in der Lunge sah er Silber und den Golffahrer. Er stellte sie in seinen Gedanken nach Winzerla in die Neubausiedlung. Ein Mittzwanziger aus der DDR in Arbeitskleidung und ein Bundesbürger mit Zopf um die dreißig. Was hatten sie sich zu sagen? Woher kannten sie sich?

Das war die Frage. Woher kannten die sich eigentlich?

Dann platzierte er sie vor den Bungalow in Jena-Ost. Eine ganze Bande junge Männer. Zum Teil sahen die noch aus wie Schuljungen. Otto sah den Hitlergruß im Bungalow und stellte den schmalen Jungen, an dessen Gesicht er sich nicht mehr erinnern konnte, zu Silber und dem Bundesbürger.

Er war nicht naiv, ihm war schon klar, was diese Leute miteinander verband. Und trotzdem hatte er wieder diese eine Frage. Wie kam der mit dem Zopf hierhin? Wer hatte ihn geschickt? Wer hatte ihn gerufen?

Die Zigarette war zu Ende geraucht. Otto startete den Lada. Er hatte etwas zu tun.

Dann wartete er doch noch einen Augenblick. Sah Birgit und die Kinder. Sah den leeren Stuhl am Tisch.

Er würgte den Motor ab und ging hoch.

96 | FR 9. 12. 1983

Der Rentner, der vom Balkon gefallen war, hatte sie den Tag über beschäftigt. Er hatte in einem Hinterhof in Gera gelegen, im zweiten Stock hatte es ihn erwischt. Gesehen hatte das niemand, und die Möglichkeit, dass jemand den alten Mann, der weit über achtzig war, einfach gestoßen hatte, war natürlich gegeben. Aber dann war da auch der bröckelnde Putz gewesen. An einer Stelle fehlten sogar ein paar der Ziegelsteine in der Mauer.

«Wenn er da drauf greift», Rolf hatte das auf dem Balkon stehend simuliert, «dann fällt er runter.»

«Vielleicht», hatte Heinz gesagt.

Balance verlieren, Schwächeanfall, blöder Zufall. Solche Wörter waren gesagt worden. Aber es war natürlich nicht ausgeschlossen, dass jemand anders in der Wohnung gewesen war. Auch wenn sich im Haus niemand erinnern konnte, je Besuch bei ihm gesehen zu haben.

Aber verantwortlich war ja immer einer. Und wenn es nur darum ging, dass der Balkon nicht gesichert gewesen war. Hatte jemand dem Alten gesagt, wie gefährlich es war, sich auf die Brüstung zu stützen?

Winzerla hatte andere Probleme, dachte Otto, als er einen Platz für den Lada suchte. Die Straßen hier waren nicht einmal fertig angelegt. Die Bauarbeiter waren schon weitergezogen zur nächsten Neubausiedlung. Sie hatten keine Zeit, einen Balkon am Altbauhaus zu reparieren.

Er hatte den Wagen kaum abgestellt und seine Zigarettenpackung gerade erst in die Hand genommen, als Silber plötzlich vor der Haustür stand. Er blickte sich um, als suchte er nach jemandem, und machte sich dann zu Fuß auf.

Otto ließ den Lada, wo er war, und folgte ihm, die Zigarette zwischen den Lippen. Er ließ Silber einen Vorsprung. Ohne den Golffahrer war der Mann immer zu Fuß unterwegs gewesen, und er ging davon aus, dass er seine Gewohnheiten nicht über den Haufen werfen würde.

Als Silber im Engpass verschwand, beschleunigte Otto sein Tempo. Silber kickte irgendetwas, das am Boden lag, in Richtung des Zuges, der aus Rudolstadt kam. Noch vor dem Paradiesbahnhof bog Silber ab und ging die Rathenaustraße hoch. Otto ahnte, wohin er unterwegs war.

Von der Maxim-Gorki-Straße aus beobachtete er, wie Silber ein Haus in einer Nebenstraße betrat, und machte sich dann auf zu seinem Auto in Winzerla. Was hatte er erwartet? Dass Silber jeden Abend eine politische Versammlung aufsuchte? Dass er einmal in der Woche jemanden verprügelte, demütigte oder umbrachte?

Otto wusste, wer in diesem Haus wohnte. Er hatte sich ein paar Informationen herausgesucht.

Silber besuchte seine Eltern.

97 | SO 11. 12. 1983

Bodo ließ auf sich warten. Mutter hatte den Braten schon auf dem Teller gehabt und dann wieder in den Backofen gestellt, um ihn warm zu halten. Jetzt stand sie am Fenster. Ihr Ältester war sonst nie zu spät.

«Da kommt er», sagte sie, während Vater vor sich hin schwieg.

Bodo öffnete entschuldigend die Hände, als er sich an den Tisch setzte. Er hatte den Blick auf Otto gerichtet. «Da war noch ein Gespräch», sagte er. «Konnte ich nicht verschieben.»

«Am Sonntag», sagte Mutter und schnitt den Braten auf.

«Auch am Sonntag ruht unsere Wachsamkeit nicht.» Bodo wandte sich an die ganze Runde.

Vater schaute so zufrieden wie immer, wenn Bodo irgendetwas Programmatisches verkündete.

Das Mittagessen verlief normal. Bodo erzählte. Die Eltern hatten Gelegenheit, stolz auf ihren Sohn zu sein. Und Otto aß schneller als sonst. Weil er nichts zu sagen hatte, und weil er endlich mit Bodo allein sein wollte. Zum Nachtisch gab es gedeckten Birnenkuchen, den er hinunterschlang.

Er legte Bodo noch im Treppenhaus eine Hand auf die Schulter. «Jetzt sag schon.»

«Lass uns rausgehen.» Bodo machte sich frei, ohne stehen zu bleiben. «Ich will nicht, dass uns hier jemand hört.» Vor der Haustür wartete er und sah zum Himmel. Es würde gleich regnen.

Otto lehnte die angebotene Filterlose wie immer ab und zündete sich eine eigene an.

«Wie ich es dir gesagt habe.» Bodo inhalierte und machte eine Pause. «Wir haben das alles im Griff.»

«Aber was heißt das?» Otto gestikulierte so heftig, dass ihm die Zigarette aus der Hand fiel. Er zündete sich sofort eine neue an.

«Was das heißt … Wir verfügen über genügend Informationen, um im Zweifelsfall sofort zuschlagen zu können.»

«Also habt ihr Leute bei denen?»

«Natürlich. Was denkst du denn? Wir haben überall Leute.»

«Aber was ist dann der Zweifelsfall?»

Eine Frau knapp über zwanzig kam mit je einem Kleinkind an den Händen auf die Haustür zu. Sie lächelte, als suchte sie Anschluss oder wenigstens einen kleinen Schwatz. Otto drehte sich ab und nahm im Augenwinkel wahr, dass Bodo es ihm gleichtat. Die Frau schloss die Tür auf und zog die Kinder hinein. Als die Tür ins Schloss gefallen war, holte Bodo Luft und antwortete.

«Eine Gefährdung der Deutschen Demokratischen Republik», sagte er langsam. «Das ist der Zweifelsfall und eine Frage, die du dir auch selbst beantworten kannst.»

«Und wo ist der Teo Macamo da? Der ist immerhin von denen in der Deutschen Demokratischen Republik umgelegt worden.» Ottos Stimme wurde lauter.

«Bis du so was entscheiden darfst, musst du noch ein paarmal befördert werden.» Bodo trat seine Zigarette aus. «Und ich übrigens auch.»

«Aber wann ist denn hier was gefährdet? Doch wohl, wenn jemand an Leib und Leben bedroht ist. Und das Leben von Teo Macamo ist so heftig bedroht worden, dass es jetzt zu Ende ist.»

«Jetzt komm wieder runter. Was hast du überhaupt mit dem Afrikaner? Den hast du doch gar nicht gekannt?»

«Bist du verrückt?» Otto war laut geworden. «Den alten Mann, der vorgestern vom Balkon gefallen ist, den hab ich doch auch nicht gekannt. Und den Jungen, der vor ein paar Wochen …»

Bodo schubste Otto an der Schulter. «Jetzt sei still. Das muss niemand mitkriegen.»

«Doch», rief Otto. «Alle sollen es mitkriegen. Ihr könnt nicht alles verschweigen.» Dann wurde er wieder leiser. «Was ist überhaupt mit diesem … Agitator aus dem Westen? Habt ihr den auch im Griff?»

Bodo ging davon, ohne zu antworten. Am Lada holte Otto ihn ein.

«Ich rede mit dir, und ich beantworte alles, was du mich fragst», sagte Bodo tonlos und schloss den Wagen auf. «Aber ich will hier kein Theater. Keine neugierigen Nachbarn und kein Kümmern von Mutter am nächsten oder übernächsten Wochenende. ‹Ich will, dass meine Söhne sich verstehen›, du kennst das ja. Dafür habe ich keine Zeit.»

Bodo setzte sich ans Steuer und redete weiter. «Komm schon.» Er startete den Wagen.

Erst am Nordfriedhof hielt er an, zog den Schlüssel ab und zündete sich ein Zigarette an. «Den haben wir auch im Griff. Der ist auch nicht zum ersten Mal hier.»

«Du hättest das sehen sollen. Da hat einer den Hitlergruß gemacht.»

«Da haben noch mehr den Hitlergruß gemacht, später.»

«Ihr hattet da jemanden drin?»

«Natürlich.»

Otto fiel dazu nichts ein.

«Er heißt Herbert Wolber. Und er war zum fünften Mal hier.

Ist gut vernetzt in der Szene drüben, aber tritt nicht so oft öffentlich in Erscheinung. Kommt immer für zwei oder drei Tage und trifft junge Leute hier, die nach Orientierung suchen.»

«Ha …» Otto sah Leute vom Friedhof kommen, die Frauen im Mantel, die Männer mit Jacke über dem Anzug. «Dann stimmt unsere Propaganda ja. Wenn hier was schiefläuft, dann steckt der Westen dahinter. Manchmal unterschätzen ja selbst wir das Handwerkszeug der politischen Analyse, das wir zur Verfügung haben.»

«Kein Grund, dich lustig zu machen.»

«Ich mache mich nicht lustig. Ich versuche nur zu verstehen, was da passiert. Da kommt jemand aus dem Westen, wiegelt unsere Jungs auf, und am Ende ist einer tot.»

«So einfach ist es nicht.»

«Nein, kann es ja nicht. Wie ist es überhaupt möglich, dass der hier vernetzt ist?»

«Das ist mal eine Frage. Da erkenne ich meinen Bruder. Meinen schlauen kleinen Bruder. Meinen schlauen kleinen, immer viel zu neugierigen Bruder.»

«Was nun? Du redest Blech. Wie kommt das also?»

«Die Kontakte laufen über Leute von hier. Wir sind ja nicht völlig untätig. Ab und zu, auch wenn wir das nicht an die große Glocke hängen, bringen wir welche von denen hinter Gitter. Wo sie meiner Meinung nach auch hingehören.»

«Oh, Scheiße. Und dann kommt die BRD und kauft sie frei.»

«So ist es.»

«Und dann …» Otto sah zu Bodo hinüber.

«Die nehmen drüben ganz unterschiedliche Rollen ein. Wenn sie wollen, haben sie da einen guten Status, fast als Märtyrer. Sie haben immerhin gesessen. Und das bei uns. Das zählt. Und Wolber, der in Bamberg lebt, hat da zu tun mit Arnold Friel.»

«Muss ich den kennen?»

«1976 freigekauft.»

«Und der … Moment mal … Wir produzieren die Neonazis für die BRD?»

«Wie meinst du das?»

«Na, wir zeigen doch immer mit dem Finger auf die. Das ist ja nicht nur stumpfe Theorie, dass der Kapitalismus den Faschismus gebiert.»

Bodo schüttelte den Kopf. «Ein paar Verführte auf unserer Seite widerlegen das ja auch nicht. Sieh mal: Die Menschen im Sozialismus sind ja nicht besser an sich. Sie haben nur bessere Bedingungen. Aber es wird nie passieren, dass es auch der Letzte kapiert.» Er startete den Motor wieder.

98

Otto hatte den Lada ein paar hundert Meter entfernt vom Bahnhof abgestellt und stand nun am Ende des Bahnsteigs in Schwarza. Es war ein Impuls gewesen. Am Sonntagabend waren die fünfzig Kilometer nach Schwarza schnell gefahren, und er hatte nicht lange nachgedacht. Erst jetzt fragte er sich, welche Art der Bestätigung er hier noch suchte. Teo Macamo war hier gewesen, im Zug. Das wusste er. Silber und seine Leute hatten ihn überfallen und dann umgebracht. Das wusste er auch. Auch wenn er im Moment nicht in der Lage war, das vor Gericht zu beweisen. Unter anderen Umständen würde er herausfinden wollen, was Silber in Schwarza tat, ob er dort eine Freundin hatte. Aber das hier waren nicht diese normalen Umstände.

Er hatte sich in eine seltsame Position gebracht. Zu wissen, wer für ein Verbrechen verantwortlich war, führte zu Konsequenzen, das hatten sie nicht erst im Kriminalistikstudium gelernt. Mehr noch, er war so aufgewachsen. Vater hatte ihn geschlagen, wenn er etwas ausgefressen hatte. Ohrfeigen. Nicht heftig, mehr symbolisch. Aber immer vor den andern. Vor Mutter. Und vor Bodo. Der hatte es deutlich seltener abgekriegt.

Was hatte Heinz gesagt? Einen ganz normalen Vorgang hatte er es genannt. Die Ermittlungen einzustellen sei ein ganz normaler Vorgang. Und niemand hatte widersprochen.

Jetzt, in genau diesem Moment, fühlte er sich ausgeschlossen.

Ausgeschlossen wie damals nach Vaters Ohrfeigen.

Otto blickte sich auf dem Bahnsteig um. Zwei junge Soldaten standen nicht weit von ihm, ein Ehepaar in seinem Alter mit zwei Kindern hatte sich auf einer anderen Bank niedergelassen. Er hatte sie alle nicht kommen hören.

Als er sich erhob, um zurück zum Lada zu gehen, hörte er die Stimmen der jungen Männer. Ohne nachzudenken drückte er sich hinter einen Pfeiler und sah Silber, der von den drei anderen begleitet wurde. Es waren jene vier, die er in dem Garten gesehen hatte. Der dünne Junge war da. Dann der Stämmige, der den Blaumann getragen hatte. Jetzt hatte er eine Steppjacke an und eine Mütze, beides aus dem Westen. Und der mit der Glatze war auch Teil der Gruppe. Jetzt konnte Otto mehr von ihm sehen. Er war fast so groß wie Silber und etwas breiter. Trotz der Kälte trug er nur einen Nicki über der Hose. Beim Gehen bewegte er die Arme kaum.

Otto entfernte sich bis zum Ende des Bahnsteigs und wartete, bis der Zug anhielt. Als die vier Männer vorn eingestiegen waren, lief er über den Bahnsteig zu einer Tür am anderen Ende des Zuges, nahm die Stufen mit einem Satz und wartete. Erst als der Zug in Rudolstadt gehalten hatte und wieder angefahren war, ging er langsam durch die Waggons. Die vier saßen ordentlich in einer Sitzgruppe und redeten miteinander. Er beobachtete sie durch das Fenster einer Tür, bis der Zug wieder hielt. Inständig hoffte er, dass Frau Krahmer nicht im selben Zug unterwegs war, konnte sie aber nicht entdecken. Ein paar Meter von ihnen entfernt setzte er sich hin. Dabei achtete er darauf, dass er von Silber nicht gesehen werden konnte, der aber ohnehin mit den anderen beschäftigt war.

Sie redeten leise. So leise, dass Otto kaum ein Wort verstehen konnte. Am gegenüberliegenden Fenster quatschten zwei junge Mädchen, deren Worte ihm immer wieder in die Quere kamen. Nach ein paar Minuten gab er die Idee auf, die vier zu belauschen. Erst kurz vor Kahla tauchte der Schaffner auf. Otto zeigte seinen Dienstausweis vor, und der Uniformierte ging weiter.

Die vier grüßten den Schaffner artig und warteten mit ihrer Unterhaltung, bis er wieder verschwunden war. Kurz darauf standen sie auf und gingen zur Tür. In Göschwitz folgte Otto ihnen mit einigem Abstand. Wo Silber wohnte, wusste er schließlich.

Die vier hatten noch nicht einmal die Hälfte des Weges bis zu Silbers Haus in Winzerla zurückgelegt, als Otto sie nicht mehr entdecken konnte.

Hatten sie ihn vielleicht bemerkt? Lauerten ihm irgendwo auf? Das musste nicht sein. Sie konnten einfach stehen bleiben und auf ihn warten. Sie waren schließlich mehr.

Waren sie irgendwo in einem Haus verschwunden? Nur waren hier fast keine Häuser. Das war das Niemandsland südlich von Jena.

Oder waren sie irgendwo abgebogen, und er hatte ihnen eine zu lange Leine gelassen? Otto rannte ein paar Schritte und blickte sich erneut um. Lief wieder eine kurze Strecke und erreichte eine Kreuzung, an der die Bebauung begann. An einer Hausecke lehnte er sich vorsichtig nach vorn und entdeckte die vier Männer. Sie gingen bergauf und bogen gerade zum Wohnheim der Vertragsarbeiter ab, genau dorthin, wo die MUK vor ein paar Wochen nach diesem Kaunda gesucht hatte, der bei ihren Ermittlungen kurz eine Rolle gespielt hatte. Was mochten die vier dort vorhaben?

An der nächsten Ecke wartete Otto einen Moment lang, beugte sich vor und sah die Gruppe in einiger Entfernung zum Wohnheim auf einer Brache stehen. Alle starrten zu dem Komplex hinüber. Zwei Mosambikaner gingen langsam an ihm vorbei. Sie bewegten sich gemächlich auf das riesige Wohnheim mit seinen drei ineinandergebauten Blöcken zu. Er meinte, ein Zögern in den Bewegungen des einen zu sehen, als sie sich den vier Männern näherten. Doch dann gingen sie weiter, als sei nichts. Otto vermochte nicht zu hören, was Silber ihnen hinterherrief, dafür war er zu weit weg. Doch einer der beiden Mosambikaner drehte sich kurz um. Silber machte eine drohende Armbewegung, und der Mosambikaner zog seinen Begleiter schnell in die Unterkunft hinein.

Die vier standen herum und redeten. Der Dünne zeigte auf das Wohnheim und lachte. Er war erst siebzehn, das hatte Otto in den Unterlagen zu diesem Zwischenfall in Schwarza am 9. Oktober gesehen. Und ging noch zur Schule. Die anderen stimmten in das Lachen ein. Die Glatze war als Einziger aus der Gruppe vorbestraft. Körperverletzung. Der mit der Steppjacke war wie der Junge bislang noch nicht aufgefallen. Da war nur diese Sache in Schwarza. Mehr Mosambikaner kamen aus der Stadt, darunter auch eine größere Gruppe. Otto vertrat sich die Beine. Als er wieder um die Hausecke blickte, prallte er fast gegen die vier.

«Hey», sagte der mit der Glatze, der vorn gegangen war.

Silber verharrte kurz und sah ihn an. Otto spürte, dass der Mann versuchte, ihn einzuordnen. Aber an die Begegnung im Zug schien er sich nicht mehr zu erinnern.

Der mit der Glatze war schon weitergegangen, und die drei anderen folgten ihm schließlich. Otto ließ ihnen wieder erheblichen Vorsprung und sah ein paar Minuten später, wie sie gemeinsam in Silbers Haus verschwanden.

99 | MO 12.12.1983

Den Krümel auf dem Kragen seines Jacketts sah Otto noch, aber er traute sich nicht, ihn kurz wegzuwischen. Er stand stramm und wartete darauf, dass der Oberstleutnant einen Ton sagte. Aber der starrte demonstrativ auf ein Blatt in der Akte vor sich. Sie war aus Pappe und nicht besonders dick, das Blatt vor den Augen des Vorgesetzten war mit kleinen Buchstaben vollgetippt. Und an drei Stellen stachen farbige Unterstreichungen heraus. Das war es, was Otto sah. Er stand zu weit weg, um mehr zu erkennen. Und er hatte einen Krümel auf dem Kragen.

«Rühren», sagte der Oberstleutnant schließlich, ohne aufzusehen. Der stellvertretende Leiter der Kriminalpolizei im Bezirk war nicht als harter Hund bekannt. Aber man erzählte sich, dass es gut war, sich seine Sympathie nicht zu verscherzen. Wenn er sie einmal entzog, war es schwer, sie wieder zurückzugewinnen.

Otto stellte einen Fuß versetzt vor den anderen und atmete durch, ohne sich freier zu fühlen. Gleich bei der Ankunft in Gera hatte ihn Heinz zu sich gerufen. «Da sind Dinge», hatte er gesagt, «die werfen ein Licht auf die ganze MUK.» Dann hatte er ihn eine Etage höher geschickt. «Wenn wir dir das nicht vermitteln können …», hatte Heinz noch leise gesagt.

Der Oberstleutnant betrachtete das Papier vor sich, dann legte er einen Finger auf einen Absatz und folgte langsam einer

Zeile. Es war eine Demonstration. Otto war immer noch nicht klar, worum es hier ging. Heinz' Geheimniskrämerei hatte ihn in erster Linie nervös gemacht. Endlich sah der Oberstleutnant auf.

«Oberleutnant Castorp.» Sein Blick war nicht freundlich. «Kennen Sie die Kompetenzen der Spezialkommission IX des MfS?»

Otto musste nachdenken. Natürlich wusste er, wofür die Genossen verantwortlich waren. Sie übernahmen im Zweifelsfall eine Untersuchung der MUK, wenn diese politisch brisant war. Oder erschien. Aber was wollte der Oberstleutnant von ihm hören?

«Natürlich, Genosse Oberstleutnant», sagte er und hoffte, dass das die richtige Antwort war.

«Dann werden Sie mir auch zustimmen, dass die Genossen von der Untersuchungsabteilung ganz genau wissen, was sie tun, wenn sie einen Fall in ihre Obhut nehmen.»

«Gewiss, Genosse Oberstleutnant», sagte Otto, ohne die Silben besonders zu betonen. Er hätte nur zu gern gewusst, was für eine Akte der Genosse da vor sich liegen hatte. Allerdings hatte er natürlich eine Ahnung.

«Erklären Sie mir also, Genosse Oberleutnant, welchen politischen Sinn das Ganze macht. Reden Sie frei, und verzichten Sie meinethalben auf das Geschwafel aus dem Studium.» Der Oberstleutnant lehnte sich in seinem Sessel zurück und verschränkte die Arme.

Ein Muskel in seinem glattrasierten Gesicht zuckte ein wenig, genau unter seinem linken Auge. Es machte Otto Angst. «Die … Also wenn …», stammelte er.

Der Muskel unter dem Auge des Oberstleutnants zuckte heftiger. «Nun machen Sie schon.»

Otto sammelte sich und versuchte frei zu reden. «Es ist eine

Frage der politischen Kompetenz und gesellschaftlichen Verantwortung. Wenn die Genossen von der Untersuchungsabteilung IX des Ministeriums für Staatssicherheit erkennen, dass ein Fall die Dimension …»

Der Oberstleutnant hob eine Hand, um Otto zu stoppen. «Ja, ja, ja. Ersparen Sie mir das. Und sich selbst auch. Sie wissen ja so gut wie ich, wie es läuft. Eins, Genosse Oberleutnant: Wie kann es sein, dass Sie, wo sich doch der Fall mit diesem mosambikanischen Vertragsarbeiter längst nicht mehr in den Händen Ihrer Morduntersuchungskommission befindet, wie kann es also sein, dass Sie dann», er zeigte mit dem Finger auf Otto, «dass Sie dann ganz allein immer noch und auf eigene Initiative und somit ganz ohne Absprache sowie Wissen Ihrer Kollegen und des Leiters Ihrer Morduntersuchungskommission immer noch dabei sind, in diesem Fall zu ermitteln?» Der Oberstleutnant holte Luft und nahm den Finger runter. «Erklären Sie mir das.»

Den letzten Buchstaben zog er ins Endlose. Otto meinte, ein paar Tropfen des Speichels auf seiner Seite des Schreibtischs landen zu sehen. Gut, das wusste er also jetzt. Dass das MfS den Fall übernommen hatte, war dem Beschluss, den Heinz weitergetragen hatte, nicht zu entnehmen gewesen. Was immer das auch bedeutete. Den Fall zu übernehmen und in ihm zu ermitteln, waren natürlich zwei Paar Schuhe. Den Eindruck, dass irgendwer an Silber und seinen Kumpanen dran war, hatte er in der letzten Zeit nicht gewonnen. Er war bei seinen geheimen Ermittlungen sicher niemandem auf die Füße getreten. Also … physisch. Und im Umkehrschluss hatte ihn niemand ermitteln gesehen.

Oder?

«Nun?» Der Oberstleutnant saß aufrecht. Die Unterarme lagen auf dem Schreibtisch.

Otto wusste, dass er eine Antwort liefern musste. «Es war unverantwortlich von mir», sagte er. «Ich habe mich treiben lassen von persönlichen Interessen.»

Der Oberstleutnant nickte. Gut.

Jetzt noch etwas mit einem persönlichen Anstrich. Formuliere eine nachvollziehbare Schwäche. «Der Mord an diesem Teo Macamo hat mich mitgenommen.» Sollte er noch weiter gehen? «Darf ich ganz ehrlich sein, Genosse Oberstleutnant?»

Ein Nicken. Schwer einzuschätzen.

«Es gibt diese Momente, die gehen einfach über das hinaus, was wir in der Ausbildung und im Studium lernen.»

Der Oberstleutnant rührte sich nicht. Das Zucken war kurz zu sehen. War er zu weit gegangen? War seine letzte Einlassung zu persönlich gewesen?

Der Blick des Oberstleutnants senkte sich zur Akte. Er holte tief Luft. «Das haben wir alle einmal erlebt.» Ausatmen. Einatmen. Der Blick wieder auf Otto. «Lernen Sie daraus.»

Auf dem Weg hinaus durch das Vorzimmer des Oberstleutnants hätte Otto beinah angefangen zu lachen, so erleichtert war er.

100

«Weil es so kalt ist …» Marion zog mit einer Hand die Decke bis zum Kinn hoch und knipste mit der anderen die Nachttischlampe an. «Ich weiß auch nicht, warum der Ofen nicht zieht. So eisig ist es doch gar nicht draußen.»

Otto zog das zweite Bein unter die Decke. Dann lupfte er sie so weit, dass er Marions Brüste sehen konnte. «Die sind ganz hart», sagte er und zeigte auf die Nippel.

«Denen ist eben auch kalt.» Marion drückte sich an Otto

und legte einen Arm um ihn. Mit der anderen Hand tastete sie an seinem Körper hinab und legte sie zwischen seine Beine. «Da ist es aber auch nicht richtig warm», sagte sie.

«Ja …» Otto schloss die Augen. «Die Zeiten …»

«Was ist los?» Marion schlang beide Arme um ihn. Als er nicht antwortete, drückte sie ihn fest. «Sag schon.»

Otto löste sich ein wenig aus der Umarmung und setzte sich halb auf. «Erinnerst du dich? Ich hab dich mal gefragt, ob jemand von uns weiß …»

«Hmhm.» Marion legte sich auf die Seite. Otto konnte ihre Augen nicht mehr sehen.

«Irgendwie ist das immer so, dass ich denke, da wissen Leute mehr, als sie sollten. Also, natürlich wissen immer ein paar Leute ein paar Dinge, von denen man denkt, es wäre besser, sie wüssten sie nicht. Das kann man ja nicht ändern. Dann muss man schon … was weiß ich … auf dem Leuchtturm arbeiten. Aber …» Otto blickte nach unten. «Hörst du mir zu?»

«Klar», sagte Marion und zog die Nase hoch.

«Was ist denn?» Otto rutschte ein Stück hinab.

«Nur die Kälte», sagte Marion. «Die Nase …»

«Ja, gut, und heute bin ich dann eine Etage höher zitiert worden. Das ist manchmal so. Dann geht es normalerweise um Perspektiven und was weiß ich. Was man so machen will in den nächsten Jahren. So was. Aber der …» Otto überlegte kurz. Er sollte und wollte nicht alles erzählen, was auf der Arbeit geschah, aber man musste es auch nicht übertreiben mit der Geheimniskrämerei. «Der ist Oberstleutnant, und der ist so etwas wie unser Vorgesetzter. Und der hat mir auf den Kopf zugesagt, dass ich mal den Fall von dem Mosambikaner ruhen lassen soll. Der hat gewusst, dass ich da noch was gemacht habe. Kannst du dir das vorstellen? Da war doch niemand dabei. Ich war doch immer allein.»

Marion stand auf und verließ mit schnellen Schritten das Zimmer. Otto hörte, wie sie sich die Nase schnäuzte. Dann kam sie im Bademantel zurück, eine Rolle Toilettenpapier in der Hand. Sie stellte sich mit dem Rücken zu Otto ans Fenster.

«Hörst du mir noch zu?», fragte er und sah Marion nicken.

«Wie kann der wissen, dass ich diesen Silber gefunden habe? So richtig geredet hab ich nur mit meinem Bruder darüber. Und na gut, der ist ja beim MfS, aber der würde mich nicht so hinhängen.»

Als Otto sah, dass Marion zitterte, stand er auf und legte von hinten seine Arme um sie. Er legte den Kopf an ihre Schulter und bemerkte die Tränen.

«Hey», sagte Otto.

«Die Fenster sind undicht.» Marion zeigte auf den Rahmen. «Da kommt die Kälte rein. Das ist es.»

Da war tatsächlich ein richtiger Spalt zwischen Fensterrahmen und Mauerwerk. Man konnte fast durchgucken. In den Altbauwohnungen war eine Menge zu tun. «Wirst du krank?», fragte er und wischte mit einem Finger ein paar Tränen von ihrer Wange.

Marion nickte nur.

101 | DI 13.12.1983

«Aus dem Westen ist er jedenfalls nicht», sagte Günter und betrachtete den Toten im Licht der Taschenlampe. Blau-weißes Hemd unter dem blutigen Kopf, offene Arbeitsjacke, die über einer Schulter eingerissen war. Hose passend zur Jacke, fleckig überall. Otto meinte trockenen Mörtel an einem Hosenbein zu sehen, aber der Strahl der Taschenlampe war schon woanders. «Weiß man ja nie», sagte Günter weiter. «Also, hier an der Autobahn.»

Otto drehte sich einmal um sich selbst, als Günter sich vom Toten abwandte und das Licht der Taschenlampe in die Umgebung hielt. Es war noch zu dunkel hier über dem Teufelstal. Die Autobahnraststätte war tagsüber gut besucht, aber Westleute waren hier seltener unterwegs als auf der Transitstrecke zwischen Marienborn und West-Berlin. Doch das konnten sie wohl tatsächlich ausschließen. Die Kleidung, der breite Schnurrbart, dazu die Tüte Milchdrops in der Jacke. Auf der anderen Seite wusste man erst immer alles, wenn man alles wusste. Otto wollte wieder nach Hause. Warum kümmerten sie sich um den und nicht um den anderen? Ohnehin passte der nicht in die Statistik. Vier Morde in drei Monaten hatten sie lange nicht mehr gehabt. Die Welt war durcheinandergeraten.

Konnie ging die Gegend ab zwischen dem Gasthaus und dem Zaun, an dem der Tote lag. Günter und Heinz steckten die

Köpfe zusammen. Rolf kam als Letzter. Er ließ seinen neuen Wartburg-Kombi stehen und kam auf Otto zugestapft. Trotz der Dunkelheit glaubte Otto zu sehen, wie er die Lippen zusammenzog und langsam nickte.

«Schönen Feierabend gehabt?», fragte er so laut in seine Richtung, dass es alle mitkriegen mussten.

Otto drehte sich ab, ohne zu antworten. Nachdem er sich gestern den Rüffel abgeholt hatte, war er gleich zu Marion gefahren. Aber Rolf konnte davon nicht wissen.

Und in der MUK hatten sie noch nicht über den Anschiss geredet. Schließlich hatten sie einen neuen Fall, das ging immer vor. Otto wusste auch gar nicht, wer Kenntnis davon hatte, was im Büro des Oberstleutnants gesagt worden war.

Rolf anscheinend. Wie immer. Jetzt klopfte er Otto auf die Schulter. «Wen haben wir denn hier?», fragte er, holte eine Taschenlampe hervor, schaltete sie an und inspizierte den Toten. «Baustellen gibt es eine ganze Reihe in der Nähe», sagte er und beantwortete damit seine eigene Frage.

«Baustellen gibt es überall.» Heinz erhob seine helle Stimme. «Wir werden den Ereignisort weiträumig absperren, solange es noch dunkel ist.» Er zeigte auf einen Trabant und einen alten Škoda, die am Restaurant geparkt waren. «Konnie, überprüf die mal. Wir müssen wissen, ob die mit unserem Mann hier zu tun haben. Und ihr beide …» Er kam auf Rolf und Otto zu. «Ihr müsst euch tatsächlich um die Baustellen hier in der Gegend kümmern. Papiere haben wir nämlich keine gefunden. Schaut euch an, wo frischer Mörtel benutzt wird. Und geht vorsichtig vor, wenn ihr Leute befragt, ob jemand nicht zur Arbeit erschienen ist, macht die Leute nicht unruhig.»

Das war genau das, was Otto sich für diesen Tag gewünscht hatte. Mit Rolf unterwegs zu sein. Rolf marschierte schon auf seinen Wartburg zu. Die Frage, welchen Wagen sie nehmen würden, war also beantwortet. Otto zog eine Zigarette aus der Packung und zündete sie an. Er gab Rolf mit einem Handzeichen zu verstehen, dass er erst rauchen würde, bevor er in den Wartburg stieg.

102 | DO 15. 12. 1983

«Du hättest sie fast geschlagen.»

«Hätte ich nicht.»

«Du hast den Arm oben gehabt.» Birgit stand mit dem Rücken an die Wohnzimmertür gepresst.

«Das war nur so automatisch. Ich schlag doch meine Kinder nicht.» Otto lehnte mit der Schulter an der Wand. Er war viel zu laut gewesen, als Kathrin die Tischdecke heruntergerissen hatte. So viel hatte gar nicht mehr auf dem Tisch gestanden. Birgit war schließlich gerade dabei gewesen, Ordnung zu schaffen. Aber eine Schüssel mit Gürkchen war auf dem Teppich gelandet. Und zwei leere Gläser, von denen eins kaputtgegangen war. Und zwei schmutzige Teller noch, von denen auch einer zerbrochen war. Es war schon eine Sauerei gewesen.

«Der Arm war oben.»

«Aber doch nicht zum Schlagen. Das war, weil ich aufgeregt war.»

«Du warst total aggressiv.»

«Ich hab's aber auch dreimal gesagt, dass sie das lassen soll.» Otto wusste, dass er zu laut gewesen war. Mit der Tischdecke in der Hand hatte Kathrin ganz erschreckt dagestanden und gar nicht gewusst, wie sie reagieren sollte. Erst als sich Otto vor ihr aufgebaut hatte, hatte sie angefangen zu weinen.

«Sie ist ein kleines Kind. Du musst in so einer Situation zu ihr gehen. Nimm sie in den Arm. Ich war doch gerade in der Küche. Und dann sehe ich, dass du sie fast schlägst.»

«Aber ich hab sie nicht geschlagen und auch nicht fast …» Otto zog sich zusammen.

«Du musst mal wieder schlafen.» Birgit legte ein Ohr an die Tür. Sie hatte die Kinder eben ins Bett gebracht. Nach ihrer Miene zu urteilen war alles ruhig im Kinderzimmer. «Und du musst weniger saufen. Hast du dich mal im Spiegel angeguckt?»

Als Otto nicht reagierte, kam sie gestikulierend auf ihn zu. «Und als ich über die Weihnachtsferien geredet habe, hast du überhaupt nicht zugehört. Das kriegen die Kinder doch mit. Was sollen die denn denken? Und dann sagst du mir nicht mal, was eigentlich los ist.»

«Was hast du denn über Weihnachten gesagt?»

«Wenn du das wirklich einmal machst, dann verlassen wir dich.»

«Was?»

«Die Kinder schlagen.»

103 | FR 16.12.1983

Der Bauarbeiter, der seinem Kollegen zuerst den Schädel eingeschlagen und ihn dann an der Teufelsbrückenschänke abgelegt hatte, war am Mittag in Neubrandenburg festgenommen worden. Er war zu seiner Mutter geflohen. Für die MUK war es eine einfache Aufgabe gewesen. Die beiden Männer waren abends in einer Gaststätte in Hermsdorf gesehen worden. Sie hatten zuerst getrunken und dann angefangen, sich zu streiten. Als der eine den anderen ins Gesicht geschlagen hatte, waren sie der Gaststätte verwiesen worden. Danach hatte niemand sie mehr gesehen. Jedenfalls hatten sie niemanden gefunden, der zu einer Aussage bereit gewesen war.

Der Mann wartete darauf, in den Bezirk Gera überführt zu werden. Gestanden hatte er noch nicht. Otto passierte das Hermsdorfer Autobahnkreuz, er war nur ein paar hundert Meter vom Auffindungsort entfernt. Den Mann würden sie bald so weit haben, dass er gestand. In der Morduntersuchungskommission herrschte große Zuversicht, den Fall schnell der Staatsanwaltschaft übergeben zu können.

Unterwegs entscheide ich mich, hatte er sich gedacht, als er eben den Autoschlüssel gedreht hatte, um den Lada zu starten. Aber je näher er Jena kam, desto absurder erschien ihm der Gedanke. Er hatte sich selbst betrogen. Otto wusste genau, dass er durch Lobeda hindurchfahren und in Winzerla enden würde.

Was er nicht wusste, war, was er dort zu erfahren hoffte. Er wusste, was es zu wissen gab. Da konnte er dem Silber noch so oft hinterherlaufen. Gerade ignorierte er die Kreuzung, an der er hätte abbiegen müssen, um nach Hause zu kommen. Birgit würde die Kinder ermahnen, die Teller leerzuessen, und sie bald ins Bett bringen. Sein Platz am Tisch war gedeckt, wie immer.

Die Parkplätze, von denen aus er bislang Silbers Haustür beobachtet hatte, waren alle belegt. Also stellte er sich etwas weiter entfernt auf und drehte die Scheibe herunter. Den ersten Zug der Zigarette hielt er in der Lunge, so lange er es vermochte, und fühlte sich dann konzentriert genug, um darüber nachzudenken, was er hier vorhatte.

Otto drehte den Rückspiegel so, dass er sich darin betrachten konnte. Die etwas zu runde Nase, die er nicht mochte, sah er nun im Halbdunkel. Die Stirn, die man bald hoch nennen würde, so wie die Haare da oben begannen auszufallen. Die Hand fuhr über die Wange. Er hatte sich angewöhnt, sich nur noch jeden zweiten Tag zu rasieren. Es fiel ohnehin nicht auf, so langsam wie der Bart bei ihm wuchs. Da war ein kleiner hellbrauner Fleck schräg unterhalb der Nasenwand. Hatte er den schon einmal gesehen? Der Finger spürte nichts, als er ihn ertasten wollte. Der Kamm lag vergraben im Handschuhfach. Er zog den Scheitel nach, der schon immer ein wenig zu sehr rechts lag. Das Haar hing jetzt knapp über die Ohren hinüber. Vielleicht sollte er sich einen Schnurrbart wachsen lassen. Das würde ihm ein männlicheres Aussehen verschaffen. Blöd nur, dass so ein Bart bei seiner Haarfarbe zwischen blond und farblos eigentlich gar nicht so gut aussah. Wenigstens hatte er ausdrucksstarke Augen. Birgit hat das immer gesagt. Früher. Ausdrucksstarke blaue Augen. Er stellte den Spiegel wieder ein und zog einen Flusen von der Anzughose.

Eines war ihm klar. Er musste diesen Fall bald loslassen.

Silber loslassen und vor allem Teo Macamo. Das war nicht das, was er wollte, aber wenn er in der Morduntersuchungskommission und in der DDR überleben wollte, hatte er keine andere Wahl. Auf der anderen Seite wusste er eben, was er wusste. Den Silber würde er aufgeben. Aber irgendwann begegnete man sich noch einmal. Und wenn es in zehn Jahren war. Oder in zwanzig.

Irgendwann.

Wenn der Silber nicht wegen irgendetwas anderem verurteilt und dann vom Westen freigekauft wurde. Dann kriegte er ihn.

Auf jeden Fall.

Irgendwann halt.

Die Haustür ging auf, und die Glatze kam heraus. Auch heute trug er trotz der Kälte nur ein Hemd. Otto konnte ihm folgen und den Fall dann endgültig begraben. Also drehte er den Schlüssel und startete den Motor. Wenn er der Straßenbahn hinterherfahren musste, wollte er dazu in der Lage sein.

Die Glatze war schon fast an der Rudolstädter Straße angekommen, und Otto wollte nur noch einen Moment warten, als auch Silber das Haus verließ. Er stoppte den Motor wieder. An der Straße hinten sah er die Glatze schon die Beine in die Hand nehmen, der würde also tatsächlich bald in der Straßenbahn sitzen. Silber achtete nicht auf seinen Besuch, schien also seine eigenen Pläne zu haben. Als auch er die Rudolstädter Straße erreicht hatte, folgte Otto ihm zu Fuß.

Einmal noch. Ein einziges Mal noch würde er ihm folgen.

Die Kälte spürte Otto erst, als eine Straßenbahn vorüberfuhr. Es fühlte sich an wie kurz vor dem Gefrierpunkt. Und er hatte immer noch keinen Mantel im Kofferraum.

Silber ließ sich Zeit. Er erreichte gerade die Ernst-Abbe-Siedlung und blickte sich kurz um. Ohne einen Platz zum Verbergen holte Otto seine Zigaretten hervor und zündete sich eine an. So konnte er wenigstens warten, ohne aufzufallen. Als er den ersten Zug in der Lunge hatte, sah er, wie Silber sich vornüberbeugte und hustete. Er spuckte etwas auf den Fußweg und ging dann weiter.

Es war klar, dass er damit aufhören musste. Der Oberstleutnant war deutlich genug gewesen. Er spielte mit seiner Laufbahn und mit dem Leben aller, die ihm nahestanden. Birgit. Die Kinder. Bodo vielleicht auch. Als er die Zigarette austrat, blickte er sich um, sah aber niemanden, der ihn verfolgte. Wer auch immer über ihn Bescheid wusste, dachte er. Aber vielleicht wusste ja niemand etwas. Vielleicht waren es auch nur blinde Hinweise, die wer auch immer weitergegeben hatte. Vielleicht war er einfach nur zweimal am falschen Ort aufgetaucht.

Er drehte sich erneut um. Der Blick nach hinten war frei. Niemand folgte ihm. Wirklich niemand. Was auch bedeutete, dass kein Mensch Silber auf den Fersen war. Wir haben das im Griff, hatte Bodo doch gesagt. Noch einmal blickte er hinter sich. Da war wirklich niemand.

Also, wie denn? Wie wollt ihr denn den da im Griff haben?

Aus der Ferne sah die schmale Eisenbahnunterführung aus wie das Tor zur Hölle. Es begann, ganz leicht zu regnen. Silber verschwand gerade im Engpass. Otto sah auf die Uhr. Es war nach acht. Er beschleunigte seine Schritte.

Unter der Brücke angekommen, hatte er sich Silber bis auf zwanzig Meter genähert. Er wartete wieder, um den Abstand etwas anwachsen zu lassen, und drehte sich dabei noch einmal um. Zu Fuß war hier kaum jemand unterwegs. Ein Kleinlaster fuhr vorüber und hinterließ eine dunkle Schmutzwolke. Otto unterdrückte ein Husten und wechselte die Straßenseite. Dort standen einige Häuser entlang der Straße, in deren Eingängen er sich, wenn nötig, besser verbergen konnte.

Drüben angekommen, wartete er eine Straßenbahn ab, die aus Jena kam, und konnte Silber dann dabei sehen, wie er sich erneut nach vorn beugte. Ein Krampf fuhr durch den Körper, und dann hustete und spuckte er.

Er spuckte mehr als eben. Silber übergab sich.

Nachdem er sich wieder aufgerichtet hatte, schüttelte er sich. Dann ging Silber schneller als vorher weiter. Otto ließ ihn gehen, folgte ihm so langsam, dass der Abstand noch ein wenig anwuchs. Gleich hatte Silber schon das erste Haus erreicht, das den Bahndamm von der Straße trennte. Der Engpass war zu Ende, die Straße wurde weiter. Es war der Beginn der Jenaer Innenstadt.

Am *Martinshof* war ihm Silber dann wieder zu weit weg. Otto lief ein paar Schritte in der langgezogenen Kurve hin zur Kreuzung an der Mühlenstraße, wo sich der Bahnübergang befand. Genau an der Kreuzung sah Otto den Mann stoppen und sich umblicken. Von einem Hauseingang aus, in den er sich schnell gedrückt hatte, beobachtete Otto, dass Silber einen Punkt fixierte, der nicht in seinem Sichtfeld lag.

Ein Trabant kam aus Jena, lauter knatternd als sonst, der Regen wurde stärker, Silber verschwand hinter einem Haus direkt am Bahnübergang.

Vorsichtig lief Otto zum nächsten Gebäude. Dann noch eines weiter. Hinter dem, auf das er jetzt schaute, es lag leicht nach hinten versetzt, war Silber verschwunden. Ein W50-Laster war mit stotterndem Motor hinter ihm zu hören, kam langsam heran. Für ein paar Sekunden bestimmte dessen Lärm seine Wahrnehmung.

Der Laster war immer noch laut, als Otto um die Hausecke auf der anderen Straßenseite sehen konnte. Silber stand dort neben einem Trafohäuschen direkt am Bahnübergang. Die Schranke war unten. Silbers Rücken war durchgedrückt, die Arme standen weit ab vom Körper. Dann ging das Zucken durch ihn hindurch, und er warf den Oberkörper nach vorn. Otto konnte den Schrei hören, der mit dem ersten Schwall kam, und dann auch das Pressen, das Silber mit einem hohen, rauen Ton begleitete.

Der W50 war mittlerweile nicht mehr zu hören, dafür wurde der heranrauschende Zug lauter, der sich vom Paradiesbahnhof näherte.

Silber übergab sich erneut. Das Geräusch, das er dabei produzierte, war für Otto nicht mehr zu hören. Denn der Zug rauschte heran. Wurde lauter und lauter.

Silber beugte sich wieder kurz nach vorn. Der Krampf, der durch den Leib fuhr, war schwächer als zuvor.

Otto atmete ganz tief ein.

Silber machte nun einen halben Schritt zurück und reckte den Hals vor. Er blickte zu Boden.

Otto atmete aus und wieder tief ein.

Der Zug war fast da. Hatte beinah die Kreuzung erreicht.

Silber stützte die Hände auf die Knie.

Der Zug war gleich da.

Otto blickte kurz nach links. Frei. Dann zur anderen Seite. Auch von dort war niemand zu sehen. Dann fing er an zu rennen.

Silber stand immer noch dort, wo er sich übergeben hatte. Der Kopf hing nach vorn. Sein Atem ging so schnell, dass Otto die Bewegung im Oberkörper sehen konnte, als er sich ihm mit langen Schritten näherte. Die Hände hielt er jetzt vor sich und verlangsamte die Geschwindigkeit, als der Zug die Kreuzung erreichte.

Im gleichen Moment stieß er Silber nach vorn.

Otto bremste abrupt ab und schloss die Augen.

104 | SA 17. 12. 1983

«Wir haben noch Zeit.» Otto spürte Bodos Hand auf der Schulter. Sie standen auf der Fußgängerbrücke und blickten auf das Saalewehr am Paradiesbahnhof. Das Wasser war grau und trüb.

«Ist doch egal. Wir trinken noch irgendwo ein Bier.» Otto machte sich los.

«Mann, du hast doch schon genug», rief Bodo ihm hinterher. «Dann bist du bis zum Spiel komplett besoffen.»

«Egal.» Otto war schon im Seidelpark. Das Stadion war nicht mehr weit. Drei Erfurter standen da, blickten auf das Wehr und den Fluss. Einer redete, die anderen hörten zu oder nicht.

Otto drehte sich kurz um. Bodo lehnte noch am Geländer.

Und die Erfurter standen da rum. Einfach so. Alle mit Jeansjacken, Aufnäher deutlich erkennbar in Rot und Weiß. Die Schals waren wegen der Kälte einmal um den Hals gelegt. Einer der drei war groß und jung, das war der, der ihm am nächsten stand. Der Zweite hatte eine gedrungene Statur, zu viel Fett, aber auch Muskeln, das erkannte Otto unter den Klamotten. Der Dritte war klein und drahtig, er war der Gefährlichste.

Otto nahm Anlauf und rannte die zwanzig Meter bis zu dem Trio.

Dem Drahtigen trat er in die Kniekehle. Er sackte weg, ohne sich groß zu beschweren. Otto erkannte, dass er nicht einmal zwanzig war. Den Gedrungenen zog er am Schal zu Boden und hieb ihm dabei mit der Faust ins Gesicht, das auch noch nicht richtig erwachsen aussah. Der Große machte noch eine erstaunte Miene, als ihm Otto in den Bauch schlug. Die Knie sackten ihm kurz weg, Otto ließ den Gedrungenen ganz los und trat dem Großen gegen eines der weichen Knie. Der fiel mit einem Schmerzensschrei hin.

Jetzt lagen sie alle am Boden.

«Otto?», hörte er seinen Bruder rufen. Und dann noch einmal panisch: «Otto?»

Der junge Drahtige, lange Nase über dem dünnen Schnurrbart, war auf allen vieren und versuchte sich zu erheben. Otto stellte sich vor ihn und trat ihm gegen das Kinn. Und sah fasziniert, welche Wirkung so ein Tritt hatte. Der Junge drehte sich und landete glatt auf dem Rücken, beide Hände am Hals, schlug er mit dem Hinterkopf auf dem Boden auf.

«Was machst du?» Bodo war schon am Ende der Brücke angekommen. «Hör auf», rief er laufend.

Weil er kurz seinen Bruder im Blick hatte, bemerkte Otto nicht, dass der Gedrungene aufgestanden war. Der Schlag traf sein Ohr und löste einen kurzen, hellen Schrei aus, der nur für ihn zu hören war. Er fuhr herum und hackte dem Kerl den Ellbogen in die Nase, mit aller Kraft. Da sackte er sofort zusammen.

Der Große war auch wieder aufgestanden. Otto schubste ihn zu Boden, was erstaunlich einfach war, und warf sich dann auf ihn. Er holte mit rechts aus und schlug ihm die Faust irgendwo unters Auge.

Etwas brach.

Ein komischer Ton kam aus dem Mund, um den herum auch nur wenig Flaum zu sehen war. Otto holte noch einmal aus und hörte Bodos «Nein!», während sein Arm plötzlich festhing.

Bodo zog ihn von dem Großen herunter, der anfing zu weinen.

Die Hände in seinem Rücken, die ihn kurz darauf zurück zur Brücke stießen, mussten die seines Bruders sein. Otto spürte sie unter den Schulterblättern, während in seinem Kopf irgendetwas begann, sich ganz schnell zu drehen. Er machte einen Schritt, wurde wieder von hinten gestoßen, machte noch einen Schritt, stolperte und fing sich wieder. Noch ein Schritt, und er musste sich am Geländer der Brücke festhalten, als hinter ihnen eine Gruppe Fußballfans her trabte. Dann drehte sich wirklich alles.

Die Arme seines Bruders verhinderten, dass er hinfiel. «Otto, bist du bescheuert?», fragte Bodo. Nur seinen Mund konnte er sehen.

«Bist.»

«Du.»

«Bescheuert.»

In Ottos Kopf tanzte alles. «Ich kann die Erfurter einfach nicht leiden», sagte er.

Aus dem Park war noch ein leises Winseln zu hören.

Glossar

Abteilung Jumo: In der Abteilung Jugendmode wurde in den Warenhäusern der DDR Kleidung angeboten, mit der, der Name sagt es, jüngeres Publikum gekleidet werden sollte. Es ist auch vorgekommen, dass dort schon einmal die begehrte Westoberbekleidung zu haben war.

Blueser: Vertreter einer Gegenkultur, die nicht nur, aber auch Musik hörte, die sich auf den Blues bezog. Bevor sich in der DDR die Szenen in den 1980ern ausdifferenzierten, waren die Blueser eine Art übergreifender Rahmen, die in Anlehnung an die Hippiekultur im Westen das Leben im Osten erträglicher machten. Beliebtes Kleidungsstück: das Fleischerhemd.

Bundi: Wie auch der Begriff «Wessi» ein Begriff für Menschen aus der Bundesrepublik Deutschland, also salopp für Bundesdeutsche. Junge Leute, die in den 1980ern in der DDR den Begriff benutzten, sagten möglicherweise in Selbstbezeichnung auch «Zoni» für Menschen mit DDR-Pass.

Erster Angriff: Polizei- und Militärbegriff aus den 1920ern. Der Erste Angriff umfasst die Sicherung des Auffindungs- oder Tatortes, gegebenenfalls auch Festnahme oder Fahndung. Der Begriff war und ist in der BRD ebenfalls gebräuchlich, hat es aber nie zu einer echten Karriere in den narrativen Künsten gebracht. Einzig der Schriftsteller Norbert Horst, im Zweitberuf Kriminalbeamter, benutzt ihn regelmäßig. Und der weiß natürlich, wovon er redet.

HO-Gaststätte: Restaurant oder Kneipe der HO, der Handelsorganisation, einer volkseigenen Gesellschaft, die neben Gastronomie auch Hotels oder Warenhäuser unterhielt.

IKM (Inoffizieller Kriminalistischer Mitarbeiter): Zu den vielen Zuträgern und Konspirateurinnen des Systems gehörten die Inoffiziellen Kriminalistischen Mitarbeiter, die wiederum in weiteren Untergruppen geführt wurden, zum Beispiel als IKMR – das R stand hier für Rechtsbrecher. Das waren Leute, die zum Beispiel als ehemalige Sträflinge besonders erpressbar waren.

MZ: Motorrad aus dem VEB Motorradwerk Zschopau. Zschopau ist eine Kleinstadt im Erzgebirge und nahe der tschechischen Grenze gelegen.

Nicki: Kurzärmelige Obertrikotage, im Westen T-Shirt genannt. Gern getragen über einer Nietenhose, im Westen – und später auch in der DDR – als Jeans bekannt.

ND: Die Tageszeitung Neues Deutschland war von 1946 bis 1989 das «Organ des Zentralkomitees der Sozialistischen Einheitspartei Deutschlands» und ist heute eine unabhängige «sozialistische Tageszeitung».

Zuführen: Das Äquivalent zur westdeutschen Festnahme. Zugeführt wurden Leute, die einer Straftat verdächtigt wurden, für die aber noch kein richterlicher Haftbefehl vorlag. Zugeführt wurden auch Einzelne oder Gruppen von Menschen, die bei Polizeiaktionen wie solchen gegen Demonstrationen nicht eindeutig oder schnell genug identifiziert werden konnten. Schließlich deckte die Zuführung auch Aktionen ab, während deren die Polizei Straftaten zu verhindern suchte.

Danke

Obwohl ich über einige Jahre hinweg viel Zeit in der Deutschen Demokratischen Republik verbracht habe, bin ich doch immer ein Beobachter geblieben. Viele Fragen, die ich an diese Zeit hatte, wir reden hier von einer abgeschlossenen historischen Epoche, hätte ich ohne die Hilfe von Tom Franke und Lutz Semmler, beide ehemalige Bürger der DDR, nur schwer beantworten können. Sie haben mir Tag und Nacht zur Seite gestanden, Fragen beantwortet (auch solche, die ich gar nicht erst gestellt habe), Kapitel gelesen und kommentiert und einfach dafür gesorgt, dass ich mich in der Lage gefühlt habe, eine Fiktion wie diese zu entwerfen.

David Gray, Anne Kuhlmeyer und Henning Pietzsch haben ebenfalls ihre Lebenserfahrungen in der DDR mit mir geteilt.

Martin Baltes, Gerda Heck, Anette Hoffmann, Dorothee Plass und Klaus Viehmann haben das Buch gelesen und mir geholfen, meine Murmeln beisammenzuhalten.

Stefan Stake hat mich in die Geheimnisse der Deutschen Reichsbahn eingeweiht.

Mit Ibraimo Alberto und Julia Oelkers habe ich versucht, die Situation der mosambikanischen (und auch anderer) Vertragsarbeiter in der DDR zu begreifen, die so verschieden war von jener der sogenannten Gastarbeiter in Westdeutschland.

Michael Henrichs und Hans Schefczyk haben mir professionellen Ratschlag mit auf den Weg gegeben.

Frieder Döring hat mir vermittelt, was mit einem Körper passiert, wenn man einen Menschen so ums Leben bringt, wie das im Buch Teo Macamo geschieht.

Danke auch dem Referat Presse und Öffentlichkeitsarbeit der Stadt Gera für schnelle Hilfe, Peter Peukert für den Kumpeltod und Bob Tschernay für eine Geschichte, ohne die ich die DDR nicht wirklich verstehen würde.